教育部人文社会科学重点研究项目基地重大项目成果

法国新闻传播史

陈继静 著

人民日报出版社

图书在版编目（CIP）数据

法国新闻传播史 / 陈继静著 . —北京：人民日报出版社，2016.6
ISBN 978-7-5115-3999-1

Ⅰ.①法⋯　Ⅱ.①陈⋯　Ⅲ.①新闻事业史－法国　Ⅳ.① G219.565.9

中国版本图书馆 CIP 数据核字（2016）第 138292 号

书　　　名：法国新闻传播史
著　　　者：陈继静
出 版 人：董　伟
责任编辑：梁雪云
出版发行：人民日报出版社
社　　　址：北京金台西路 2 号
邮政编码：100733
发行热线：(010) 65369527　65369846　65369509　65369510
邮购热线：(010) 65369530　65363527
编辑热线：(010) 65369526
网　　　址：www.peopledailypress.com
经　　　销：新华书店
印　　　刷：北京鑫瑞兴印刷有限公司
开　　　本：710mm×1000mm　1/16
字　　　数：279 千字
印　　　张：18.75
版　　　次：2017 年 6 月第 1 版　2017 年 6 月第 1 次印刷
书　　　号：ISBN 978-7-5115-3999-1
定　　　价：42.00 元

目录

CONTENTS

第一章 序论 ……………………………………001

　　第一节　历史地理、行政区划与国际地位……… 002
　　第二节　文献与研究……………………………… 005
　　第三节　结构与创新……………………………… 024

第二章 历史上的非印刷新闻 ……………027

　　第一节　图画、符号与仪式……………………… 028
　　第二节　口头新闻………………………………… 032
　　第三节　手抄新闻………………………………… 040

第三章 旧制度时期的印刷品：1468—1789 ……045

　　第一节　印刷书籍………………………………… 046
　　第二节　定期刊物………………………………… 057

　　　　第三节　官方管制 …………………………………… 075

第四章　出版自由与新闻管制：1789—1814 ……………… 089
　　　　第一节　自由理想与恐怖现实：1789—1794 ………… 091
　　　　第二节　形形色色的新闻控制：1794—1814 ………… 107

第五章　大众新闻业的诞生：1814—1870 ………………… 115
　　　　第一节　出版管制的尾声：1814—1848 ……………… 117
　　　　第二节　第二共和国的政策反复：1848—1851 ……… 132
　　　　第三节　新闻监管逐渐放松：1852—1870 …………… 135

第六章　大众新闻业的繁荣：1870—1914 ………………… 143
　　　　第一节　党派报纸与阶级仇恨：1870—1879 ………… 145
　　　　第二节　1881年《新闻自由法》 ……………………… 149
　　　　第三节　报业的黄金时代：1881—1914 ……………… 157

第七章　集中垄断与战争的破坏：1914—1945 …………… 167
　　　　第一节　一战的宣传：1914—1918 …………………… 168
　　　　第二节　战后恢复：1918—1939 ……………………… 171
　　　　第三节　二战的破坏与抵抗：1939—1945 …………… 184

第八章　战后改造与调整：1945—1974 …………………… 191
　　　　第一节　战后改造：1944—1946 ……………………… 192
　　　　第二节　危机与改革：1947—1974 …………………… 202

第九章　竞争与多元化：1974—1999 ······ 215

　　第一节　七大公营广电公司：1974—1982 ······ 216
　　第二节　最高视听委员会：1982年至今 ······ 219
　　第三节　民营广电的诞生：1982年至今 ······ 223
　　第四节　媒介集团 ······ 234

第十章　新媒体时代：2000—2016 ······ 239

　　第一节　报刊业的危机 ······ 240
　　第二节　公营广电与数字化 ······ 247
　　第三节　新世纪的传媒政策 ······ 253

结　论 ······ 262

参考文献 ······ 265

附录一　历年宪法的称谓与发布时间 ······ 279

附录二　媒体与传媒机构索引 ······ 280

附录三　人名索引 ······ 287

第一章 序 论

法国是一个历史悠久、特点鲜明的传媒大国。众多的政治、经济、历史、地理、文化因素共同作用，造就了当代法国新闻业的特质。研究法国新闻传播史，需要抛开英美新闻史的研究视角，结合法国独特的历史文化背景进行考察。然而，当前我国的法国新闻史研究才刚起步，很多研究只是把法国放在外国新闻史的框架中，过于强调西方国家的传媒业共性，导致法国新闻史发展的特点及其独特贡献被忽视。

第一节　历史地理、行政区划与国际地位

　　法国具有悠久的历史与文化传统，近代以来政治上经历了激烈的变革与动荡，新闻传媒业的发展与政治格局的演进密不可分。考古发现表明，早在距今 200 万年前，法国境内就留下了人类活动的遗迹，距今 10 万年前出现了早期智人尼安德特人（Homo neanderthalensis），距今 4 万年前又出现了晚期智人克罗马尼翁人（Cro-Magnon）。公元前 7 世纪—前 1 世纪，来自中欧山区的凯尔特人（Celt）越过莱茵河，逐渐散居到法国全境。公元前 51—公元 476 年，罗马帝国征服了这些人，称他们为高卢人（Gallia），并设立了高卢行省。5 世纪初，北方蛮族不断入侵高卢行省，罗马帝国岌岌可危。到公元 486 年，蛮族法兰克人（Frank）领袖克洛维（Clovis I）侵占高卢地区，建立了墨洛温王朝（Mérovingiens，约公元 481—751），由此开启了法兰克王国时期（les Royaumes des Francs）。公元 751 年，宫相矮子丕平（Pépin le Bref）夺取政权，建立加洛林王朝（Carolingiens，公元 751—987），他的三个儿子通过《凡尔登公约》（*Le traité de Verdun*，公元 843）瓜分国土，其中西法兰克王国构成现代法国版图。此后法国历经卡佩王朝（Capétiens，公元 987—1328）、瓦卢瓦王朝（Valois，1328—1589）、波旁王朝（Bourbons，1589—1789），直到 1789 年大革命推翻中央集权君主专制。这以后，形形色色的保皇派与共和派不断斗争，导致法国政权在共和国与帝国之间摇摆，先后出现了第一共和国（1792）、第一帝国（1804）、第二共和国（1848）、第二帝国（1852）。第三共和国（1870）建立后不久，共和派终于在国会中占据多数席位，防止了

帝制复辟。进入 20 世纪后，法国经历两次世界大战，二战后建立第四共和国（1946），又经过 1958 年的改革与修宪而进入第五共和国时期（1958）。

地理位置决定了法国新闻业总是与周边各国有着密切的联系。法国是欧洲大国，国土面积约 55 万平方公里，在欧洲排名第三。国家地图呈六边形，地势东南高西北低，与比利时、卢森堡、瑞士、德国、意大利、西班牙、安道尔、摩纳哥等国接壤。法国南部是地中海，西部是大西洋，与西北方向的英国隔着英吉利海峡。由于上述地理格局，早在旧制度时期（L'Ancien Régime），[①] 法国国王便通过皇家特许制和书报检查制严密控制出版业，很多出版物只能在邻国印刷并走私到国内。20 世纪上半叶，法国政府严密管制新兴的广播业，为邻国建立对法广播的民营电台创造了市场。直到今天，这些"外围台"依然是法国受众的重要选择。1993 年欧盟建立以来，法国与周围各国展开了更加密切的合作，合股投资广播电视公司、联合制作影视节目等举措层出不穷。

从行政区划上看，法国境内共有 22 个区[②]、96 个省和 36400 个市镇。大巴黎区（即法兰西岛）是人口最稠密的地区。据统计，2014 年法国总人口有 6661 万左右，其中法兰西岛人口就有 1100 万，这意味着大巴黎区集中了全国 16.5% 的人口。所以，法国新闻业的历史发展素有一条隐秘的线索，即巴黎与外省的分野。在旧制度时期，巴黎是法国新闻业的中心，以《公报》（La Gazette）为首的官方报刊大都在巴黎发行，外省很少有定期刊物。大革命以后，由于激烈的政治斗争（如雅各宾派清洗新闻业），再加上中央政府的政策鼓励（如拿破仑帝国下令每个外省创立官方报纸），外省新闻业才逐渐发展起来。二战以后，左派联合政府改造新闻业，取缔了很多战时投敌的媒体，导致巴黎媒体失去影响力，外省的报纸和广播台反而获得了发展空间。如今，法国已经形成了外省新闻业日益繁荣、其影响超越巴黎媒体的局面。

从国际地位上看，法国在欧洲甚至全世界的大国地位，决定了法国的新

---

① "旧制度"指的是 15 世纪以来法国形成的中央集权君主制，1789 年法国大革命后被摧毁。
② 2016 年 10 月 1 日起，法国将把本土 22 个大区合并成 13 个。

闻业具有国际性影响。早在大革命爆发前的旧制度时代，法国便是欧洲大陆的文化中心。自18世纪直到20世纪初，法国一直是仅次于英国的帝国主义强国，其殖民地遍布全球。尽管经历二战的重创，法国还是成为二战的战胜国，也是安理会的常任理事国。此外，法国还是欧洲联盟和北约的创始会员国、法国集团和《申根协定》（Schengen Agreement）的成员国。1789年法国大革命后通过的《人权宣言》（*Déclaration des Droits de l'homme et du citoyen*）首次以宪章的形式提出了言论自由是天赋人权，启发了很多国家宪法或宪法性文献的相关陈述。1881年通过的《新闻自由法》（*la Loi sur la liberté de la presse de* 1881）是当时世界上最先进的新闻法，被瑞典、葡萄牙、荷兰、芬兰等很多欧洲国家借鉴。创立于1832年的哈瓦斯通讯社（Agence Havas）是全世界第一个通讯社，为路透社等其他通讯社培养了人才。19世纪末，随着法国的殖民扩张，哈瓦斯社垄断了全世界法语地区的新闻服务。二战以后，在哈瓦斯社基础上建立的法国新闻社（L'Agence France-Presse，AFP）依然维持了国际性通讯社的地位。

图 1-1　法国手绘图（李歌吟作）

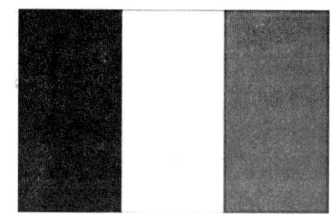

图 1-2　法国国旗

第二节 文献与研究

法国新闻传播史受到的学界关注相对较少,因此有必要对这一领域的研究进行系统的梳理,给未来的研究者提供参考。总体而言,法国学者最早开始法国新闻史的研究,成果也最多,涵盖法国图书报刊出版、广播电视业、新媒体、新闻立法与管制等各个方面。英语世界的相关研究虽然主要兴起于二战以后,但在国际学界都有很大影响。尤其是在旧制度的图书出版、新闻自由与法国大革命、广播电视体制改革等方面,很多英文研究成果对历史学、社会学、文化研究等领域影响深远。相比之下,中国学者的法国新闻史主要起步于20世纪80年代,研究成果仍以个案研究与概要介绍为主,系统性的研究尚付阙如。

一、法文文献

法语新闻史研究中,最醒目的成果是一系列新闻通史。较早的法国新闻通史由19世纪末法国新闻史权威欧仁·阿坦(Eugène Hatin)完成。他最早于1846年撰写了120页的《法国新闻史》小书,1853年扩展为320页的《报纸》。因为身处19世纪下半叶,他将法国新闻史分成两个阶段,第一阶段(1631—1789)讨论旧制度的新闻业,第二阶段讨论现代新闻业(1800—1880)。[1]在此基础上,他编著了8卷本《法国报业的政治史与文学史》,成为19世纪最有代表性的法国新闻史著作,被后来很多学者提起或引用。[2]20世纪尤其是二战以来,新闻通史的研究又出现了新的成果。乔治·魏尔(Georges Weill)

---

[1] Eugène Hatin, *Le Journal*, 2 ed. (Paris: G. Baillière, 1853).

[2] Eugène Hatin, *Histoire du Journal en France: 1631-1853*, 2 ed. (Paris: P. Jannet, 1853).

是其中的先行者，他的著作讨论了法国政治报刊的起源和发展历史。① 到 20 世纪 60 年代，先有热内·德·里瓦尔（René de Livois）出版两卷本的《法国新闻史》，② 后有克劳德·贝朗热（Claude Bellanger）出版的《法国新闻通史》，③ 两者成为 60 年代系统研究法国新闻业发展史的代表作。引人注目的是，自 20 世纪 90 年代开始，法国新闻史家中出现了一种研究视角的转向，传统的媒介视角被新闻记者视角所取代。马克·马丁（Marc Martin）与克里斯蒂安·德尔波特（Christian Delporte）先后出版了法国近代新闻通史著作，其标题中都出现了"新闻业""新闻记者"等关键词，令人耳目一新。④ 当代较新的通史性著作则是吉勒·费耶尔（Gilles Feyel）于 2000 年出版的，讨论范围始于 18 世纪、终于 20 世纪末，基本涵盖了法国近代新闻史的主要阶段。⑤

除法国新闻通史外，还有一批新闻断代史的研究。例如，亨利·阿夫纳尔（Henri Avenel）的研究始于大革命，终于 1900 年；⑥ 雷蒙·马内维（Raymond Manevy）的研究始于勒诺多，终于罗什福尔，这两个人物均堪称旧制度与新时期的报业大亨⑦；玛丽-夏娃·泰朗蒂（Marie-Ève Thérenty）与阿兰·瓦扬（Alain Vaillant）的新著则梳理了 19 世纪的新闻界与文学界。⑧ 以上三部作品均是跨度

---

① Georges Weill, *Le Journal: Origines, Évolution et Rôle de la Presse Périodique* (Paris: La Renaissance du livre, 1934).

② René de Livois, *Histoire de la Presse Française*, 2 vols. (Paris: Les Temps de la presse, 1965).

③ Claude Bellanger, *Histoire Générale de la Presse Française* (Paris: Presses Universitaires de France, 1969).

④ Christian Delporte, *Histoire du Journalisme et des Journalistes en France: du XVIIe Siècle à Nos Jours* (Paris: Presses universitaires de France, 1995); Marc Martin, *Histoire et Médias: Journalisme et Journalistes Français* (Paris: Albin Michel, 1991); Marc Martin, *Médias et Journalistes de la République* (Paris: O. Jacob, 1997); Marc Martin, *Les Grands Reporters: Les Débuts du Journalisme Moderne* (Paris: Audibert, 2005).

⑤ Gilles Feyel, *La Distribution et la Diffusion de la Presse: du XVIIIeSiècleau IIIeMillénaire* (Paris: Panthéon-Assas, 2002).

⑥ Henri Avenel, *Histoire de la Presse Française Depuis 1789 jusqu'à Nos Jours* (Paris: E. Flammarion, 1900).

⑦ Raymond Manevy, *La Presse Française de Renaudot à Rochefort* (Paris: J. Foret, 1958).

⑧ Marie-Ève Thérenty and Alain Vaillant, *Presse et Plumes: Journalisme et Littérature au XIXe Siècle* (Paris: Nouveau monde, 2004).

极大、涵盖商业报刊发展盛期的新闻断代史。此外，让·安德烈·富歇（Jean André Faucher）研究了1830—1960年间的法国新闻史，①米歇尔·帕尔梅（Michael Palmer）研究了法国新闻业黄金时代（1863—1914）②，也是值得关注的重要著作。

通史与断代史外，还有一批聚焦于特定阶段或特定主题的专题研究。例如，旧制度时期的口头传播与手抄新闻原本主要是英语学者的兴趣点，法语学者反而较少关注，但最近20年，这方面的法文著作也日益增多，研究的范式与讨论的对象也与英语学者十分相近。除众多论文外，较有代表性的是穆罗（Moureau）③和利尔蒂（Lilti）④的专著。

法国人对本国近代印刷书籍的研究始于二战以后。1942年，路易·玛丽·米雄（Louis Marie Michon）首先发表了研究15—16世纪印刷史的著作，为研究法国印刷书籍的起源奠定了基础。⑤60年代，三部有关17世纪印刷书籍的研究著作出版：一是亨利－让·马丁（Henri-Jean Martin）有关巴黎图书出版业的研究；⑥二是热纳维耶芙·博莱默（Geneviève Bollème）有关盛行于乡村市集的廉价历书、蓝皮书的研究；⑦三是罗贝尔·芒德鲁（Robert Mandrou）的专著，研究了法国东部重要贸易城市特鲁瓦（Troyes）的廉价蓝皮书。⑧这

---

① Jean André Faucher and Noël Jacquemart, *Le Quatrième Pouvoir: la Presse Française de 1830 à 1960* (Paris: l'Écho de la presse et de la publicité, 1969).

② Michael Palmer, *Des Petits Journaux aux Grandes Agences: Naissance du Journalisme Moderne, 1863-1914* (Paris: Aubier, 1983).

③ François Moureau, ed. *De Bonne Main: la Communication Manuscrite au XVIIIe Siècle* (Paris: Universitas 1993).

④ Antoine Lilti, *Le Monde des Salons: Sociabilité et Mondanité à Paris au XVIIIe Siécle* (Paris: A. Fayard, 2005).

⑤ Louis Marie Michon, *Histoire de l'Imprimerie aux XVe et XVIe Siècles* (Paris: Éditions Elzévir, 1942).

⑥ Henri-Jean Martin, *Livre, Pouvoires et Société à Paris au XVIIe Siecle: 1598-1701*, vol. 1 (Geneva: Librairie Droz, 1969).

⑦ Geneviève Bollème, *Les Almanachs Populaires aux XVIIe et XVIIIe Siècles* (Paris: Mouton, 1969); Geneviève Bollème, *La Bibliothèque Bleue: Littérature Populaire en France du XVIIeau XIXe Siècle*(Paris: Julliard, 1971).

⑧ Robert Mandrou, *De la Culture Populaire aux 17e et 18e Siècles: la Bibliothèque Bleue de Troyes* (Paris: Stock, 1964).

些研究反映了启蒙运动前印刷书籍在法国盛行程度，尤其凸现了巴黎与外省在书籍消费方面的明显差异。到 70 年代，勒内·穆利纳（René Moulinas）出版了一部厚重的专著，讨论 18 世纪法国南部城市阿维尼翁（Avignon）的图书印刷和出版业，又为这一研究提供了新的个案。

对旧制度定期报刊的研究始于 19 世纪，经过一百多年，到 20 世纪八九十年代发展至鼎盛。正如前文所述，19 世纪新闻史大家欧仁·阿坦较早研究了近代报刊在欧洲的起源①，并关注荷兰出版的法文公报和法国境内的地下报刊。② 自 20 世纪 80 年代开始，前文提及的吉勒·费耶尔与另外两位新闻史大家皮埃尔·雷塔（Pierre Rétat）和让·斯加尔（Jean Sgard）陆续发表了大量有关旧制度时期图书出版与报业情况的著作。费耶尔早年曾研究旧制度最大官报《法兰西公报》（*Gazette de France*）在外省的印刷与传播③，由此开始深入研究旧制度的新闻业④，后来还曾出版有关大革命期间报业的辞书。⑤ 皮埃尔·雷塔的著作大都集中于旧制度末期与大革命盛期的法国报纸⑥，但 21 世纪的新著也开始讨论欧洲各国的法文公报，为理解当时的走私刊物提供了更多证据⑦。让·斯加尔的研究焦点与雷塔相近，但其成果更多地表现为史料、

---

① Eugène Hatin, *La Presse Périodique dans les Deux Mondes* (Paris: Firmin Didot, 1866).

② Eugène Hatin, *Les Gazettes de Hollande et la Presse Clandestine aux XVIIe et XVIIIeSiècles* (Paris: R. Pincebourde, 1865).

③ Gilles Feyel, *La "Gazette" en Province à Travers Ses Réimpressions, 1631-1752* (Amsterdam: Holland University Press, 1982).

④ Gilles Feyel, "La Presse Provinciale au XVIIIe Siecle: Geographie d'un Reseau," *Revue historique* 552 (1984); Gilles Feyel, *l'Annonce et la Nouvelle: la Presse d'Information en France sous l'Ancien Régime, 1630-1788* (Oxford: Voltaire Foundation, 2000).

⑤ Gilles Feyel, *Dictionnaire de la Presse Française pendant la Révolution,1789-1799*. (Ferney-Voltaire: Centre international d'étudedu XVIIIesiècle, 2012).

⑥ Pierre Rétat, *Les Journaux de 1789: Bibliographie Critique* (Paris: Presses du CNRS, 1988); Pierre Rétat, *La Révolution du Journal: 1788-1794* (Paris: Presses du CNRS, 1989); Pierre Rétat, *Textologie du Journal* (Paris: Minard, 1990); Pierre Rétat, *Le Dernier Règne: Chronique de la France de Louis XVI, 1774-1789* (Paris: A. Fayard, 1995); Pierre Rétat and Jean Sgard, *Presse et Histoire au XVIIIè Siècle: l'Année 1734* (Paris: Presses du CNRS, 1978).

⑦ Pierre Rétat, Jeanne-Marie Métivier, and Bibliothèque nationale de France., *Les Gazettes Européennes de Langue Française: Répertoire* (Paris: Bibliothèque nationale de France, 2002).

书目与词典等资料汇编。① 除此之外，20 世纪 80—90 年代还出现了几部专题研究，聚焦于旧制度报业的某个特定方面。例如，尼娜·拉特纳·吉尔巴（Nina Rattner Gelbart）着重研究了旧制度时期的激进报刊，② 克劳德·拉布罗斯（Claude Labrosse）讨论激进报纸如何推动法国大革命的到来，③ 马克·马丁（Marc Martin）聚焦于大革命前后 10 年间军队报纸的发展情况。④

1789 年大革命爆发后，报刊层出不穷，立场极端，稍纵即逝，这段时期的新闻业自然成为研究热点。20 世纪 60 年代，著名新闻史学家雷蒙·马内维（Raymond Manevy）首先将大革命与新闻自由斗争并置研究，探讨了旧制度的书报检查、革命后的新闻自由等问题。⑤ 到 80 年代，更深入细致的研究开始出现。让-保罗·贝尔托（Jean-Paul Bertaud）讨论了大革命爆发时期（1789—1792）的保皇派报纸，⑥ 乌齐·埃利亚达（Ouzi Elyada）则聚焦于对立面——同时期的大众化报刊与小册子。⑦

此后的每一历史阶段，几乎都有相关专题研究。例如，夏尔勒·马克·德格朗热（Charles Marc des Granges）研究了波旁王朝复辟时期（1814—1830）

---

① Jean Sgard, *Bibliographie de la Presse Classique, 1600-1789* (Genève: Slatkine, 1984); Jean Sgard, *l'Ecrivain devantla Révolution: 1780-1800* (Grenoble: Université Stendhal de Grenoble, 1990); Jean Sgard, *Dictionnaire des Journaux, 1600-1789*, 2 vols. (Paris: Universitas, 1991).

② Nina Rattner Gelbart, "'Frondeur' Journalism in the 1770s: Theater Criticism and Radical Politics in thePrerevolutionary French Press," *Eighteenth-Century Studies* 17, no. 4 (1984); Nina Rattner Gelbart, *Feminine and Opposition Journalism in Old Regime France: Le Journal des Dames* (Berkeley: University of California Press, 1987).

③ Claude Labrosse and Pierre Rétat, *Naissance du Journal Révolutionnaire, 1789, Librairie du Bicentenaire de la RévolutionFrançaise* (Lyon: Presses universitaires de Lyon, 1989); Claude Labrosse, Pierre Rétat, and Henri Duranton, *l'Instrument Périodique: la Fonction de la Presse au XVIIIeSiècle* (Lyon: Presses universitaires de Lyon, 1985).

④ Marc Martin, *Les Origines de la Presse Militaire en France: 1770-1799* (Vincennes: Ministère de la défense, 1975).

⑤ Raymond Manevy, *La Révolution et la Liberté de la Presse* (Paris: Éditions Estienne, 1964).

⑥ Jean-Paul Bertaud, *Les Amis de Roi: Journaux et Journalistes Royalistes en France de 1789 à 1792* (Paris: Perrin, 1984).

⑦ Ouzi Elyada, *Presse Populaire and Feuilles Volantes de la Révolution à Paris, 1789-1792: Inventaire Méthodique et Critique* (Paris: Société des études robespierristes, 1991).

的文学刊物，尤其聚焦于小说与批评。① 罗歇·贝莱（Roger Bellet）、让－皮埃尔·金茨（Jean-Pierre Kintz）先后对第二帝国时期（1852—1870）的报刊进行了研究，② 雅各·凯泽（Jacques Kayser）对第三共和国时期（1870—1940）的报刊进行了研究，③ 亨利·勒纳（Henri Lerner）聚焦于这段时期的左派激进报纸，④ 雅各·勒泰夫（J. Letheve）则考察了同时期影响重大的报刊讽刺漫画。⑤ 巴黎公社是第三共和国短暂而特殊的一段时期，A. 加尼埃（Gagnière）的著作便以此为研究对象。⑥ 针对 20 世纪以后的各阶段，也有不少专题研究。雷蒙·马内维另有一部专著聚焦于两次大战期间（1914—1939）的法国新闻业，⑦ 克劳德·埃斯捷（Claude Estier）则研究了 1914—1962 年间的左派周刊。⑧ 二战结束后不久，乔治·科捷（Georges Cottier）与前文提及的克劳德·贝朗热先后出版了有关二战时期的地下抵抗报刊的研究著作。⑨ 80 年代，同样的主题再次被讨论，莫里斯·武泰（Maurice Voutey）研究了内地占领区的地下报刊。⑩ 有关二战后初期法国报业史的研究，当以让·莫坦为代表。他的两本著

---

① Charles Marc des Granges, *La Presse Littérairesous la Restauration, 1815-1830: le Romantisme et la Critique* (Genève: Slatkine Reprints, 1973).

② Roger Bellet, *Presse et Journalisme sous Le Second Empire* (Paris: Armand Colin, 1967); Jean-Pierre Kintz, *Journaux Politiques et Journalistes Strasbourgeois sous Le Second Empire, 1852-1870* (Strasbourg: Istra, 1974).

③ Jacques Kayser, *La Presse de Province sous la TroisièmeRépublique* (Paris: Armand Colin, 1958).

④ Henri Lerner, *La Dépêche, Journal de la Démocratie: Contribution àl'Histoire du Radicalisme en France sous la TroisièmeRépublique*, 2 vols. (Toulouse: Université de Toulouse-Le Mirail, 1978).

⑤ Jacques Letheve, *La Caricature et la Presse sous la IIIe Republique: par Jacques Letheve* (Paris: Armand Colin, 1961).

⑥ A. Gagnière, *Histoire de la Presse sous la Commune: du 18 Mars au 24 Mai 1871* (Paris: E. Lachaud, 1872).

⑦ Raymond Manevy, *Histoire de la Presse, 1914 à 1939* (Paris: Éditions Corréa and cie, 1945).

⑧ Claude Estier, *La Gauche Hebdomadaire 1914-1962* (Paris: Armand Colin, 1962).

⑨ Georges Cottier, de la *Résistance à Révolution: Anthologie de la Presse Clandestine Française* (Neuchâtel: Éditions de la Baconnière, 1945); Claude Bellanger, *Presse Clandestine, 1940-1944* (Paris: Armand Colin, 1961).

⑩ Maurice Voutey, *La Presse Clandestine sous l'Occupation Hitlérienne: 1940-1944* (Dijon: CNDP, CRDP, 1986).

作讨论了战后法国政治报纸发展的历史，并断言自 1946 年《宪法》颁布以后，独立的自由报纸已经不复存在。① 让·施韦贝尔（Jean Schwoebel）的研究也有同样深刻的反省，他的著作讨论了报业与权力、资本的关系。② 同一时期，法国国家政治科学基金会发布的报告也讨论了同一问题。③

此外十分重要的是有关当代法国新闻业的介绍。这方面的代表性著作是系列丛书《法国新闻业》(*La presse française*)。皮埃尔·阿尔贝尔（Pieere Albert）从 1968 年开始主持编著该书，每四年出版一卷，最近一卷出版于 2008 年。④ 该书实际上是法国新闻业的发展报告，全面总结了法国新闻业发展的阶段性状况。

除上述研究外，还有一些特定角度的研究。例如，地方报刊的研究始于 20 世纪 80 年代，以 M. 马蒂安（M. Mathien）的地区日报研究为始，⑤ 新千年又有著述颇丰的马丁·马克出版的新作，聚焦地方报刊兴起阶段的研究。⑥ 相对而言，巴黎新闻业的研究起步更早。1945 年热内·马泽迪耶出版的相关著作，研究范围始于旧制度的报业大亨勒诺多创办《公报》，终于第二次世界大战，涵盖巴黎新闻业最鼎盛的一段时期。⑦

有关法国广电业的研究始于二战以后。早在 1946 年，让·特弗农就已出版了有关法国广播电视诞生时代的研究。⑧ 同样的问题到 20 世纪末得到另一位学者的回应，卡罗琳·于尔曼－莫里亚（Caroline Ulmann-Mauriat）从政

---

① Jean Mottin, *Histoire Politique de la Presse, 1944-1949* (Paris: Éditions Bilans Hebdomadaires, 1949); Jean Mottin, *Les Maîtres de la Presse* (Paris: Mouvement de liberation du peuple, 1956).

② Jean Schwoebel, *La Presse, Le Pouvoir et l'Argent* (Paris: Éditions du Seuil, 1968).

③ *Problemes et Techniques de Presse*, ed. Foundation Nationale des Sciences Politiques (Paris: 1950).

④ Pierre Albert, *La Presse Française* (Paris: La Documentation française, 2008).

⑤ M. Mathien, *La Presse Quotidienne Régionale* (Paris: Presses Universitaires de France, 1983).

⑥ Marc Martin, *La Presse Régionale: des Affiches aux Grands Quotidiens* (Paris: A. Fayard, 2002).

⑦ René Mazedier, *Histoire de la Presse Parisienne de Théophraste Renaudot à la IVe République, 1631-1945* (Paris: Éditions du Pavois, 1945).

⑧ Jean Thevenot, *l'âge de la Télévision et l'Avenir de la Radio* (Paris: Les Éditions ouvrières, 1946).

治史的视角考察了法国广播业的起源阶段。①1979年，勒内·杜瓦尔（René Duval）出版了《法国广播史》。②1982年，雅各·穆索又出版了《法国电视史》。③这段时期正值法国最高广电管理机构大举改革前夕，这两部著作对法国广播电视业自诞生至建立国家全面垄断的过程进行了完整的梳理。到20世纪90年代，随着广播电视业的全面自由化与多元化，类似的研究大量出现。玛丽-夏娃·夏马尔（Marie-Ève Chamard）与菲利普·基弗（Philippe Kieffer）基于两年调查而撰写了有关20世纪80年代法国电视业变迁的专著，着重探讨了电视业结束公营、开放民营的原因、效果与影响。④H.米歇尔（H. Michel）的著作聚焦于法国电视史上的重大事件。⑤L.弗兰切斯基尼（L. Franceschini）对法国广播电视业的相关法规进行了研究。⑥值得关注的还有广电业相关的资料汇编，如1984年塞西尔·梅亚代尔（Cécile Méadel）与卡罗琳·莫里亚（Caroline Mauriat）代表法国电视史委员会与广播史委员会编著的广电史资料，1999年让-诺埃尔·让纳内（Jean-Noël Jeanneney）出版了有关法国广播电视业的研究词典。⑦最近的成果是广播电视研究的开创者让·特弗农的新著，对法国20世纪的广播电视史进行了总结。⑧

对特定传媒机构的研究也有不少。有关法新社的研究早自该社创立不久

---

① Caroline Ulmann-Mauriat, *Naissance d'un Média: Histoire Politique de la Radio en France (1921-1931)* (Paris: Harmattan, 1999).

② René Duval, *Histoire de la Radio en France* (Paris: A. Moreau, 1979).

③ Jacques Mousseau and Christian Brochand, *Histoire de la TélévisionFrançaise* (Paris: F. Nathan, 1982).

④ Marie-Eve Chamard and Philippe Kieffer, *La Télé: Dix Ans d'Histoires Secrètes* (Paris: Flammarion, 1992).

⑤ H. Michel, *Les Granes Dates de la Télévision Française* (Paris: Presses Universitaires de France, 1995).

⑥ L. Franceschini, *La Régulation Audiovisuelle en France* (Paris: Presses Universitaires de France, 1995).

⑦ Jean Noël Jeanneney, Agnès Chauveau, and Sophie Bachmann, *l'Écho du Siècle: Dictionnaire Historique de la Radio et de la Télévision en France* (Paris: Issy-les-Moulineaux, 1999).

⑧ Jean Thevenot, *Trente Ans d'Aantenne: Ma Radio et Ma Télé des Années Cinquante* (Paris: Harmattan, 2009).

后便开始出现。莱斯利·J. 马丁（Leslie J. Martin）于 1950 年出版了有关法新社的著作，介绍了法新社建立初期的情况。①九年后，皮埃尔·弗雷德里（Pierre Frédérix）出版的著作将法新社的历史进一步上述至 1835 年哈瓦斯通讯社的建立，分析了两者之间的传承关系。②有关特定报纸的研究，也有不少例子。战后不久，热拉尔·瓦尔特（Gérard Walter）曾经研究过大革命时期的激进派报人埃贝尔和他的《杜歇老爹报》。③1959 年，雷蒙·巴里永（Raymond Barrillon）探究了 20 世纪 30 年代《巴黎晚报》（*Paris Soir*）大获成功的原因，并将之归结为"让·普鲁沃斯特策略"，即广泛采用各种广告营销手段。④2001 年，阿兰·瓦扬与玛丽-夏娃·泰朗蒂再次合作，研究了埃米尔·德·吉拉丹的著名廉价报刊《新闻报》（*La Presse*）。⑤2005 年，在《鸭鸣报》（*Le Canard Enchaîné*）创刊 90 年之际，洛朗·马丁出版了有关这份政治讽刺报刊的专著。⑥

在新闻管制与新闻法方面，首先有旧制度时代的书报检查制度研究，包括 20 世纪 90 年代出版的两部著作，⑦以及同一时期弗朗索瓦·韦耶（Françoise Weil）对旧制度时代禁书的讨论。⑧其次是新闻法的研究。亨利·赛利耶（Henry Celliez）等人在 1881 年《新闻自由法》颁布后不久，便发布了负责制定该法案的委员会、立法机关等制定的先期报告、草案等文献，为后来的学者考察

---

① Leslie J. Martin, "The Rise and Development of Agence France-Presse," *Journalism Quarterly* 27, no. 2 (1950).

② Pierre Frederix, *Un Siècle de Chasse aux Nouvelles: de l'Agence France-Presse, 1835-1957* (Paris: Flammarion, 1959).

③ Gérard Walter, *Hébert et Le Père Duchesne, La Roue de Fortune Collection d'Études Historiques Dirigée par Jacques d'Avout from Old Catalog* (Paris: J. B. Janin, 1946).

④ Raymond Barrillon, *Le Cas Paris-Soir* (Paris: Armand Colin, 1959).

⑤ Alain Vaillant and Marie-Ève Thérenty, *1836, l'An 1 de l'ère Médiatique: Étude Littéraire et Historique du Journal "La Presse," d'Emile de Girardin*(Paris: Nouveau monde, 2001).

⑥ Laurent Martin, *Le Canard Enchaîné: Histoire d'un Journal Satirique 1915-2005* (Nouveau Monde Editions, 2005).

⑦ Georges Minois, *Censure et Culture sous l'Ancien Régime* (Paris: A. Fayard, 1995); Robert Netz, *Histoire de la Censure dans l'Édition* (Paris: Presses universitaires de France, 1997).

⑧ Françoise Weil, *l'Interdiction du Roman et la Libraire, 1728-1750* (Paris: aux Amateurs de Livres, 1986); Françoise Weil, *Livres Interdits, Livres Persécutés, 1720-1770* (Oxford: Voltaire Foundation, 1999).

《新闻自由法》的时代背景与制定过程提供了重要的史料。①

最后但同样重要的是女性主义视角的研究。这方面，先有埃弗利娜·叙勒罗（Evelyne Sullerot）、② 后有安妮–玛丽·吕冈，她们都以法国女性报刊和杂志为研究对象。③ 最近，德尼·马雷夏尔（Denis Maréchal）研究了19世纪末活跃在外省报纸中的著名女记者热纳维耶芙·塔布伊（Geneviève Tabouis），既是女性视角，也是少有的针对新闻记者的研究。④

二、英文文献

由于大革命在世界历史上的重大意义，旧制度时代的各个面向都成为英语学者的研究热点，新闻传播领域也不例外。例如，18—19世纪中期的法国沙龙⑤ 与沙龙女主人⑥ 早已不是新鲜话题，甚至针对早期"职业"新闻搜集者"包打听"（nouvellistes）也已有英文专著。⑦ 在21世纪新媒体的语境中，罗伯特·达恩顿（Robert Darnton）又以18世纪中期的流行歌谣为研究对象，勾勒了一个互联网诞生前早已长期存在的"早期信息社会"。他的研究揭示，宫廷精英的权力斗争、文人墨客的启蒙思想、中下阶层的流言蜚语并非各行其是，而是相互利用。口头新闻、手抄新闻与印刷新闻从来就不是前后相继、

---

① Henry Celliez and Charles Étienne Le Senne, *Loi de 1881 Sur la Presse* (Paris: A. Chevalier-Marescq, 1882).

② Evelyne Sullerot, *Histoire de la Presse Féminine en France, des Origines à 1848* (Paris: Armand Colin, 1966).

③ Anne-Marie Lugan, *La Presse Féminine: Fonction Idéologique* (Paris: F. Maspero, 1978).

④ Denis Marechal, *Geneviève Tabouis: Les Dernières Nouvelles de Demain, 1892-1985* (Paris: Nouveau monde, 2003).

⑤ Steven D. Kale, *French Salons: High Society and Political Sociability from the Old Regime to the Revolution of 1848* (Baltimore: Johns Hopkins University Press, 2004).

⑥ Jolanta T. Pekacz, *Conservative Tradition in Pre-Revolutionary France: Parisian Salon Women* (New York: Peter Lang, 1999).

⑦ Frantz Funck-Brentano and Paul d'Estrée, *Les Nouvellistes* (Paris: Hachette, 1905).

非此即彼的历史现象。①

18世纪的图书史领域也有众多的成果。1958年，大卫·T. 波廷杰（David T. Pottinger）的著作讨论了旧制度时期的图书贸易，为后来法国图书史研究的繁荣奠定了基础。②自70、80年代开始，历史学家借鉴人类学理论和视角，为这一方向注入新的活力。例如，罗伯特·达恩顿着眼于旧制度时期的图书生产机制。他既研究启蒙巨著的制造（如伏尔泰的《哲学问题》、狄德罗的《百科全书》）③，也探讨违禁作品（如色情文学）的生产，甚至认为两者之间有着复杂的联系（色情作品的暗号便是"启蒙"读物）。④他对出版商、书商与作者的研究揭示，即使是色情文学、反动小册子的作者，也与特许出版商、书商一样，想尽办法进入体制内。大革命的鼓动者与旧制度联系远比一般想象的更紧密。⑤又如，娜塔莉·泽蒙·戴维斯（Natalie Zemon Davis）研究了16世纪里昂的印刷工人和印刷行会，揭示了这一新兴行业无产阶级的

---

① Robert Darnton, "An Early Information Society: News and the Media in Eighteenth-Century Paris," *American Historical Review* 105, no. 1 (2000): 1-35; Robert Darnton, *Poetry and the Police: Communication Networks in Eighteenth-Century Paris* (Cambridge: Belknap Press of Harvard University Press, 2010); Robert Darnton, *The Devil in the Holy Water, or the Art of Slander from Louis XIV to Napoleon* (Philadelphia: University of Pennsylvania Press, 2010).

② David T. Pottinger, *The French Book Trade in the Ancien Régime, 1500-1791* (Cambridge: Harvard University Press, 1958); Thierry Rigogne, *Between State and Market: Printing and Bookselling in Eighteenth-Century France*, vol. 5 (Oxford: Voltaire Foundation, 2007).

③ Robert Darnton, "Reading, Writing, and Publishing in Eighteen-Century France: A Case Study in the Sociology of Literature," *Daedalus* Winter (1971); Robert Darnton et al., *The Widening Circle: Essays on the Circulation of Literature in Eighteenth-Century Europe* (Philadelphia: University of Pennsylvania Press, 1976); 罗伯特·达恩顿著，顾杭、叶桐译：《启蒙运动的生意：〈百科全书〉出版史（1775—1800）》，北京：生活·读书·新知三联书店，2005年版；罗伯特·达恩顿著，萧知纬译：《拉莫莱特之吻》，上海：华东师范大学出版社，2011年版。

④ 罗伯特·达恩顿著，郑国强译：《法国大革命前的畅销禁书》，上海：华东师范大学出版社2012年版，第82—88页；Robert Darnton, *The Corpus of Clandestine Literature in France, 1769-1789* (New York: W.W. Norton, 1995)。

⑤ Robert Darnton, *Bohème Littéraire et Révolution: Le Monde des Livres au XVIIIe Siècle*, Hautes Études (Paris: Gallimard: Seuil, 1983); Robert Darnton, "The High Enlightenment and the Low-Life of Literature in Pre-Revolutionary France," in *The French Revolution and Intellectual History*, ed. Jack R. Censer (Chicago: The Dorsey Press, 1989); Marie-Christine Skuncke and Robert Darnton, *Media and Political Culture in the Eighteenth Century* (Stockholm: Kungl. Vitterhets Historie och Antikvitets Akademien, 2005).

经济利益、宗教信仰与组织认同的复杂关系。① 此外，罗歇·沙尔捷（Roger Chartier）与阿兰·比罗（Alain Bureau）先后出版了有关旧制度时期印刷术与出版业的论文集。文集中的论文分析了印刷术对旧制度社会各阶层的影响，尤其揭示了教会与世俗政府如何利用印刷文字控制民众的行为与思想。有些论文还讨论了节日庆典、陈情书、蓝皮书等旧制度时期的各种重要传播形式。② 这些研究都运用新史料重新审视旧制度时期的出版业，得出了很多与传统史学相反的结论，构成了新文化史的研究趋向。③

新趋向也反映在旧制度的报刊研究中，尤其是对反对派报刊、激进报刊或地下报刊的研究。1932 年，米尼·M. 米勒（Minnie M. Miller）发表了有关路易十四时代定期刊物的研究。④ 60 年代，玛丽·诺埃勒·格朗–梅尼尔（Marie Noële Grand-Mesnil）考察了更早时期的反对派报纸，即福隆德运动中反对首相马萨林（Cardinal Jules Mazarin）的刊物。⑤ 90 年代，杰里米·D. 波普金（Jeremy D. Popkin）撰文总结和梳理了大革命后两个世纪的法国报刊史研究，揭示了报刊史研究的文化史转向。⑥ 波普金自己也是后一股潮流的代表人物之一。他出版的多部著作都聚焦于大革命前夕或大革命盛期的

---

① 娜塔莉·泽蒙·戴维斯著，钟孜译：《法国近代早期的社会与文化》，北京：中国人民大学出版社 2011 年版，第 16–17 页；Natalie Zemon Davis, "A Trade Union in Sisteenth-Century France," *Economic History Review* 19 (1966)。

② Roger Chartier, *The Cultural Uses of Print in Early Modern France* (Princeton: Princeton University Press, 1987); Alain Boureau and Roger Chartier, *The Culture of Print: Power and the Uses of Print in Early Modern Europe* (Cambridge: Polity, 1989).

③ Hans-Jürgen Lusebrink and Jeremy D. Popkin, *Enlightenment, Revolution, and the Periodical Press* (Oxford: Voltaire Foundation, 2004).

④ Minnie M. Miller, "The French Periodical Press During the Reign of Louis XIV," *The French Review* 5, no. 4 (Feb. 1932).

⑤ Marie Noële Grand-Mesnil, *Mazarin, La Fronde et la Presse: 1647-1649* (Paris: Armand Colin, 1967).

⑥ Jeremy D. Popkin, "The Press and the French Revolution after Two Hundred Years," *French Historical Studies* 16, no. 3 (1990).

报纸，侧重分析报纸的党派立场与革命的关系。① 同样重要的是，杰克·理查德·森瑟（Jack Richard Censer）分别研究了启蒙运动时代（17—18世纪）的激进报纸②和大革命爆发初期（1789—1891）的政治报纸③，揭示了这两个时期政治新闻记者之间的紧密联系，揭示了大革命的文化起源。④ 与上述主题相对的是旧制度时代的书报检查制度研究。吉尔斯·巴伯（Giles Barber）讨论了18世纪管制出版的法律《出版法令》（*Code de la librairie*）⑤。罗伯特·沙克尔顿（Robert Shackleton）集中考察了启蒙时代的书报检查制度。⑥ 雷蒙德·伯恩（Raymond Birn）在梳理书报检查制度的基础上，勾勒了皇家书报检查官的群体像，并以大量实例分门别类地讨论了检查官的审查原则。⑦ 克里斯托弗·托德（Christophe Todd）着重讨论了审查制度的瓦解过程。⑧

---

① Jeremy D. Popkin, *The Right-Wing Press in France, 1792-1800* (Chapel Hill: University of North Carolina Press, 1980); Jeremy D.Popkin, "The Prerevolutionary Origins of Political Journalism," in *The Political Culture of the Old Regime*, ed. Claude Mazauric and Keith M. Baker, The French Revolution and the Creation of Modern Political Culture (Oxford: Armand Colin, 1987); Jeremy D. Popkin, *News and Politics in the Age of Revolution: Jean Luzac's Gazette de Leyde* (Ithaca: Cornell University Press, 1989); Jeremy D. Popkin, *Revolutionary News: The Press in France, 1789-1799*, Bicentennial Reflections on the French Revolution (Durham: Duke University Press, 1990); Jeremy D. Popkin, *Media and Revolution: Comparative Perspectives* (Lexington: University Press of Kentucky, 1995); Jeremy D.Popkin and Bernadette Fort, eds., *The Memoires Secrets and the Culture of Publicity in Eighteenth-Century France* (Oxford: Voltaire Foundation, 1998).

② Jack Richard Censer, *The French Press in the Age of Enlightenment* (London: Routledge, 1994).

③ Jack Richard Censer, *Prelude to Power: The Parisian Radical Press, 1789-1791* (Baltimore: Johns Hopkins University Press, 1976).

④ Jack Richard Censer and Jeremy D. Popkin, *Press and Politics in Pre-Revolutionary France* (Berkeley: University of California Press, 1987); Jack Richard Censer, *The French Revolution and Intellectual History* (Chicago: Dorsey Press, 1989).

⑤ Giles Barber, "French Royal Decrees Concerning the Book Trade, 1700-1789," *Australian Journal of French Studies*, no. 3 (1966).

⑥ Robert Shackleton, *Censure and Censorship: Impediments to Free Publication Inthe Age of Enlightenment*, vol. 8 (Austin: Humanities Research Center, University of Texas, 1975).

⑦ Raymond Birn, *The Royal Censorship of Books in Eighteenth-Century France* (Stanford: Stanford University Press, 2012).

⑧ Christopher Todd, *Political Bias, Censorship, and the Dissolution of the "Official" Press in Eighteenth-Century France* (Lewiston: Edwin Mellen Press, 1991).

罗宾·迈尔斯（Robin Myers）与迈克尔·哈里斯（Michael Harris）则比较了17—20世纪英法两国的出版管制。①

与法语学者一样，英语学者也热衷于研究大革命催生的立场迥异、散漫不羁而又难以长命的报刊。休·高夫（Hugh Gough）②、哈维·奇兹克（Harvey Chisick）③的著作都研究了大革命的激进报刊。相反，默里·J.威廉（William J. Murray）④集中讨论了大革命中的右派报纸，哈维·奇兹克分析了保皇派《国王之友报》（*L'Ami du Roi*）的编辑、发行和阅读情况。⑤杰里米·波普金的新著是研究七月王朝初期的政治报刊。⑥

19世纪的法国报业研究以较长时期的断代史为主。克莱德·托格马丁（Clyde Thogmartin）研究了从1631年勒诺多创办《公报》到20世纪末的法国新闻史，基本涵盖了近代新闻业的主要发展阶段。⑦艾琳·柯林斯（Irene Collins）研究了1881年《新闻自由法》至1914年第一次世界大战期间的法国新闻业，这是法国报业的黄金时期。⑧琼·K.切勒比（Jean K. Chalaby）的论文则集中探讨1830—1920年法国新闻业对英美新闻业的效仿。⑨20世纪的

---

① Robin Myers and Michael Harris, eds., *Censorship and the Control of Print in England and France, 1600-1900* (Winchester: St. Paul's Bibliographies, 1992).

② Hugh Gough, *Newspaper Press in the French Revolution* (Chicago: Dorsey Press, 1988).

③ Harvey Chisick, Ilana Zinguer, and Ouzi Elyada, *The Press in the French Revolution, Studies on Voltaire and the Eighteenth Century,* (Oxford: Voltaire Foundation, 1991).

④ William J. Murray, *The Right-Wing Press in the French Revolution: 1789-1792* (London: Boydell Press for the Royal Historical Society, 1989).

⑤ Harvey Chisick and Thomas-Maurice Royou, *The Production, Distribution and Readership of a Conservative Journal of the Early French Revolution: The Ami du Roi of the Abbé Royou* (American Philosophical Society, 1992).

⑥ Jeremy D. Popkin, *Press, Revolution, and Social Identities in France, 1830-1835* (University Park: Pennsylvania State University Press, 2002).

⑦ Clyde Thogmartin, *The National Daily Press of France* (Summa Publications, 1998).

⑧ Irene Collins, *The Government and Newspaper Press in France, 1881-1914* (New York: Macmillan, 1959).

⑨ Jean K. Chalaby, "Journalism as an Anglo-American Invention: A Comparison of the Development of French and Anglo-American Journalism, 1830s-1920s," *European Journal of Communication* 11, no. 3 (1996).

众多研究围绕战争对新闻业的影响而展开。罗斯·F. 柯林斯（Ross F. Collins）探讨了法国政府在第一次世界大战期间实行的新闻审查。① 洛朗·韦雷（Laurant Véray）以一战期间的电影新闻片为例，揭示了政府利用媒体宣传战争的机制。② 克利福德·威格尔（Clifford Weigle）的两部著作聚焦于两次大战的中间期，一则研究巴黎报纸，③ 一则研究哈瓦斯通讯社的兴起与衰落。④ V. 比尼翁（V. Bignon）和 M. 弗朗德罗（Marc Flandreau）的论文试图解释二战前报业衰退与财团并购同时出现的原因。⑤ 道格拉斯·麦克默特里（Douglas McMurtrie）的论文研究二战时期沦陷区的地下报刊如何支持戴高乐（de Gaulle）将军领导的抵抗运动。⑥ 肯尼思·奥尔森（Kenneth Olson）、利昂·罗林（Leon Rollin）等人讨论了二战以后报纸在印刷、广告、资金、政府干预等方面遭遇的挑战。⑦ 1962年国际新闻协会（International Press Institute）发布的系列报告也梳理了战后法国的报业格局、成败得失、新闻法规。⑧ 法国广播电视业不同于英美模式，因此也受到英语学者的关注。鲁思·托马斯（Ruth Thomas）研究

---

① Ross F. Collins, *The Development of Censorship in World War I France* (Association for Education in Journalism and Mass Communication, 1992).

② Laurent Véray, "1914-1918, the First Media War of the Twentieth Century: The Example of French Newsreels," *Film History* 22, no. 4 (2010).

③ Clifford Weigle, "The Press in Paris from 1920 to 1940," *Journalism Quarterly* 18 (1941).

④ Clifford Weigle, "The Press in Paris from 1920 to 1940"; Clifford Weigle, "The Rise and Fall of the Agence Havas," *Journalism Quarterly* 19 (1942)..

⑤ Vicent Bignon and Marc Flandreau, "The Price of Media Capture and the Debasement of the French Newspaper Industry During the Interwar," *The Journal of Economic History* 74, no. 3 (2014).

⑥ Martin, *La Presse Régionale: des Affiches aux Grands Quotidiens*.

⑦ Kenneth E. Olson, "The New Struggle for Freedom of the Press in Europe," *Journalism and Mass Communication Quarterly* 23, no. 1 (1946); Leon Rollin, "Lag in Economic Recovery Reflected in French Press," *Journalism Quarterly* 25 (1948); Kenneth E. Olson, "Newsprint, Advertising Problems Plague French Postwar Press," *Journalism Quarterly* 27, no. 1 (1950).

⑧ P. -M. Dessinges, *The Law and the Press in France* (IPI Report, 1962); P. -M. Dessinges, *The Press of Paris and the Press of Provinces* (IPI Report, 1962); Maurice Herr, *Readers "Melting Away" from Political Press of France* (Zurich: IPI Report, 1962); Robert Salmon, *Successes and Anxieties Mark Growth of French Press* (Zrich: IPI Report, 1962).

了法国广播业与民主制的关系。①G. 黑尔（G. Hare）研究了法国开放广电业民营以来的十年（1982—1992），并以"丛林法则"形容这段时期民营广电业的竞争。②雷蒙德·库恩（Raymond Kuhn）的《法国媒体》系统梳理了法国新闻史及其政治、经济背景，但讨论焦点却是广播电视。全书大量篇幅讨论了戴高乐时期的电视业、法国广播电视局（ORTF）的兴衰、国家垄断的终结与广电业的自由化、私有化等问题。③而对法国当代电视业的概要性介绍，则有希拉·佩里（Sheila Perry）的著作。④此外，理查德·柯林斯（Richard Collins）研究了欧共体背景下法国的广播电视政策，着重解析了法国政府如何解决维持民族文化与建构无国界电视的矛盾。⑤传媒集团的扩张在英、美等国已有很多研究，而法国的情况却较少引发讨论，这类研究尤其难得。罗埃·戴维森比较了当前传媒集团并购的法国模式与美国模式，认为法国的传媒集中过程更多地受到行政权力的干预，不如美国模式那样商业化。⑥另外，克拉克·埃里克·胡尔特奎斯特（Clark Eric Hultquist）研究了20世纪上半叶加拿大媒介巨头汤姆森集团在法国的扩张。⑦

自20世纪90年代以来，还出现了一些采用少数族裔视角的研究。例如，

---

① Ruth Thomas, *Broadcasting and Democracy in France* (Philadelphia: Temple University Press, 1976).

② G. Hare, "The Law of the Jingle, or a Decade of Change in French Radio," in *Popular Culture and Mass Communication in Twentieth Century France*, ed. R. Chapman and N. Hewitt (Lampeter: The Edwin Mellen Press, 1992).

③ Raymond Kuhn, *The Media in France* (London: Routledge, 1995); Raymond Kuhn, "Squaring the Circle? The Reconciliation of Economic Liberalization and Cultural Values in French Television," in *De-Westernizing Media Studies*, ed. Myung-Jin Park and James Curran (London: Routledge, 2000).

④ Sheila Perry, "Television," in *Aspects of Contemporary France*, ed. Sheila Perry (London: Routledge, 2002).

⑤ Richard Collins, *Broadcasting and Audio-Visual Policy in the European Single Market* (London: John Libbey, 1994).

⑥ Roei Davidson, "An 'Insider's Game': Framing Media Mergers in France and the United States," *International Communication Gazette* 68, no. 4 (2006).

⑦ Clark Eric Hultquist, "Americans in Paris: The J. Walter Thompson Company in France, 1927-1968," *Enterprise and Society* 4, no. 3 (September 2003).

A. 哈格里夫斯（A. Hargreaves）的专著探讨了后殖民时代法国电视中的少数族裔，^① 斯蒂芬·M. 克劳切（Stephen M. Croucher）的论文探讨了法国穆斯林的媒介使用。^② 罗伯茨的论文探讨了法国当代7家主流媒体推动2010年面罩与罩袍禁令的原因。^③

三、中文文献

中国学者对法国新闻史的研究，起步于翻译引介^④和教材梳理。^⑤ 相比之下，特定历史阶段的新闻史研究仍相对较少。沈固朝广泛引用中西文献，系统梳理了欧洲书报检查制度，并将君主专制国家法国作为典型个案深入讨论。^⑥ 杨慧彦的硕士论文从传播学视角讨论了18世纪末法国的口头新闻。^⑦ 梁萱简要介绍了拿破仑的新闻宣传思想，^⑧ 韩伟华就同一话题展开了更为深入的讨论。^⑨ 展江集中讨论过19世纪30年代法国的报纸文学。^⑩ 陈日农梳理了巴黎公社时期的法国报纸。^⑪ 朱静的两篇论文讨论19世纪末20世纪初

---

① A. Hargreaves, "Gatekeepers and Gateways: Post-Colonial Minorities and French Television," in *Post-Colonial Cultures in France*, ed. A. Hargreaves and M. McKinney (London: Routledge, 1997).

② Stephen M. Croucher, Deepa Oommen, and Emily L. Steele, "An Examination of Media Usage among French-Muslims," *Journal of Intercultural Communication Research* 38, no. 1 (March 2009).

③ Anne Corbett Roberts, "Veiled Politics: Legitimating the Burqa Ban in the French Press," *Atlanta Review of Journalism History 12*, no. 1 (2015).

④ 刘建明：《法国的大众传播研究》，《国际新闻界》1982年第3期，第6-11页。

⑤ 陈力丹：《世界新闻传播史》，第三版，上海：上海交通大学出版社2016年版；程曼丽：《外国新闻传播史导论》，上海：复旦大学出版社2004年版；郑超然等：《外国新闻传播史》，中国人民大学出版社2000年版。

⑥ 沈固朝：《欧洲书报检查制度的兴衰》，南京：南京大学出版社，1999年版。

⑦ 杨慧彦：《十八世纪末公共领域在法国社会博弈中的作用》，北京：中国人民大学硕士论文2013年。

⑧ 梁萱：《拿破仑新闻宣传思想与实践初探》，《新闻天地》2011年第2期，第27-28页。

⑨ 韩伟华：《论大革命与拿破仑时代的法国新闻自由》，《国际新闻界》2012年第9期，第6-11页。

⑩ 展江：《1830年代法国的报纸文学与商业革命》，《看历史》2011年第4期，第180-181页。

⑪ 陈日农：《巴黎公社的革命报纸》，《新闻业务》1961年第4期，第42页。

法国报业盛行的受贿现象。① 李峰的三篇论文分别讨论战后法国报业发展的新趋势：即报业资本日益集中、报纸内容的"非政治化"、地方报业的兴起。② 周小兰对法国学者的新闻史研究综述《法国的新闻史研究》为了解这方面的学术动态提供了参考。③ 法国新闻业的法律法规是中国学者研究较多的领域。孙娴系统梳理了大革命至第二共和国（1789—1852）的新闻出版法，并分析了这段时期法国重要的报纸。④ 周孚林的论文聚焦于1881年《新闻自由法》这部当时最先进的新闻法。⑤ 辛兰香的论文比较了韩国与法国的新闻法，可惜对比较前提缺乏必要的讨论。⑥

法国传媒业的管理体制与英美模式不同，政府干预、政策引导相对更多，因此引起中国学者关注。较早讨论法国媒体管理体制的有孙维佳⑦，最近几年的同类研究还有吴飞与姚颖、⑧张玉与黄延峰、⑨汪梦⑩、刘鸣筝⑪等。与出版业管理体制相比⑫，广播业管理体制引起较多学者关注，如较早的许崇山、⑬孙

---

① 朱静：《报价起伏大成法国报业受贿主因》，《中国报业》2013年第9期，第76-77页；朱静：《法国报业受贿现象原因浅析》，《今传媒》2013年第8期，第29-30页。
② 李峰：《论战后法国报业集中化的趋势》，《国际新闻界》1987年第2期，第21-27页；李峰：《战后法国报业的"非政治化"》，《法国研究》1987年第1期，第87-94页；李峰：《战后法国地方报业的兴起》，《国际新闻界》1987年第3期，第32-36页。
③ 周小兰：《法国的新闻史研究》，《世界历史》2009年第3期，第61-70页。
④ 孙娴：《1789—1852年法国新闻出版法剖析》，《世界历史》1992年第1期，第56-63页。
⑤ 周孚林：《法国〈新闻自由法〉评析》，《河北法学》2004年第11期，第134-136页。
⑥ 辛兰香：《韩国〈新闻法〉与法国〈出版自由法〉的对比研究》，《新闻传播》2009年第12期，第94页。
⑦ 孙维佳：《浅谈法国新闻法规》，《国际新闻界》1985年第3期，第30-33页。
⑧ 吴飞、姚颖：《法国当代传媒体制与表达自由理念探析》，《浙江大学学报：人文社会科学版》2004年第1期，第117-124页。
⑨ 张玉、黄延峰：《法国新闻传播管理体制管窥》，《军事记者》2006年第7期，第43-44页。
⑩ 汪梦：《法国传媒监管制度考察》，《北方经贸》2009年第3期，第54-56页。
⑪ 刘鸣筝：《法国新闻法规调整机制的变化》，《新闻爱好者》2010年第5期。
⑫ 孙维佳：《法国广播体制改革》，《新闻记者》1987年第10期，第45页。
⑬ 许崇山：《法国广播电视业体制的沿革》，《新闻广播电视研究》1984年第2期，第24页。

维佳,①后来的李波与胡正荣,②较近的罗治平。③林诗庭尤其大量引用法国广电机构的官方材料,系统梳理了法国公营广播电视体系的沿革。④

对法国传媒业的现状介绍,较早有王泰玄,⑤较近的如李翔,⑥2015 年甘露对法国传媒发展的现状进行了详细的分析,并总结出传统媒体继续衰退、新媒体发展放缓的总体特点。⑦有的介绍限于某类媒体,如当代法国杂志、⑧收费网络报纸等。⑨还有的针对特定机构,如介绍法国新闻学院、⑩法国文化电台、⑪对外传播媒体法国电视 5 台。⑫新世纪以来,法国传统报业面临新的挑战,这一类的研究也开始出现。如郭瑞煌⑬与陈淑荣⑭讨论了法国报业面临的资金压力,郭建良聚焦《世界报》同人办报模式遭遇的挑战。⑮

从上述梳理可以看出,法国新闻史的研究以法语学者为主流,但英语世界的贡献也不容忽略。中文世界的相关研究起步于 20 世纪 80 年代,且以教材、论文为主,尚没有较为深入的专著,更没有通史性的著作。

---

① 孙维佳:《法国报刊出版业的体制、结构及特点》,《国际新闻界》1999 年第 5 期,第 71-75 页。
② 李波、胡正荣:《垄断与"解放"的历史:法国广播电视制度的两次转型》,《现代传播:中国传媒大学学报》2011 年第 9 期,第 39-42 页。
③ 罗治平:《法国广播电视的历史分期与体制变革》,《法国研究》2000 年第 1 期,第 135-139 页。
④ 林诗庭:《法国公共广播电视体系与传媒产业分析》,台北:淡江大学硕士论文,2007 年。
⑤ 王泰玄:《法国的广播电视》,《国际新闻界》1986 年第 2 期,第 43-44 页。
⑥ 李翔:《浅谈法国传媒业特点》,《科技文汇》2012 年第 8 期,第 204、206 页。
⑦ 甘露:《新媒体发展放缓:2015 年法国传媒发展报告》,胡正荣、李继东、唐晓芬主编:《全球传媒发展报告(2015)》,北京:社会科学文献出版社,2015 版,第 95-148 页。
⑧ 张书卿:《2004 年法国杂志发行增长,电视类杂志领航》,《出版参考》2005 年第 12 期,第 34 页。
⑨ 张子让:《重塑 21 世纪的报纸——法国付费网络报〈参媒〉的成功之路》,《新闻记者》2013 年第 9 期,第 24-29 页。
⑩ 郭京花:《不培养记者的法国新闻学院》,《中国记者》1985 年第 11 期,第 41-42 页。
⑪ 沈志红:《畅游法国文化电台:法国广播文化的特色与内涵》,《法国研究》2004 年第 1 期,第 197-207 页。
⑫ 雷霏:《法国对"法语世界"的传播策略解析——以 tv5monde 电视台为例》,《国际新闻界》2010 年第 10 期,第 93-98 页。
⑬ 郭瑞璜:《法国三大日报被迫吸纳外部资金》,《今传媒》2005 年第 7 期,第 54-54 页。
⑭ 陈淑荣:《法国大众传媒实现的艰难历程》,《社会科学论坛》2005 年第 1 期,第 90-93 页。
⑮ 郭建良:《严肃报纸放下身架——谈法国〈世界报〉改版》,《新闻记者》2005 年第 12 期,第 67-68 页。

第三节　结构与创新

　　本书是国内第一部系统梳理法国近代新闻业历史发展进程的著作。作者大量借鉴法语、英语世界的相关史料与研究成果，尝试以中国学者的视野建构一部法国新闻传播史的主要脉络。

　　全书共分十章。第一章为序论，勾勒了理解法国新闻传播业所必须的历史地理、行政区划与国际地位，并详细梳理了法国新闻传播史领域已有的法文、英文与中文研究成果。第二章至第十章为主体部分，按时间顺序讨论了法国近代新闻业的史前、开端、发展与现状。其中第二章讨论近代印刷业出现以前的新闻，按照非语言新闻、口头新闻、手抄新闻等传播形式分别介绍。第三章讨论了法国大革命以前的印刷新闻，集中分析了书籍与报刊两种类型，并重点探讨了旧制度的书报检查制度与特许出版制度。第四章涉及大革命以至拿破仑帝国时期，梳理了各种政权的更迭背景，在此基础上揭示了巴黎与外省的报业发展，革命恐怖与新闻管制的反复，新闻立法的逐渐形成。第五章与第六章讨论法国报业的黄金时代，从1814年到第一次世界大战，广泛分析了新闻业繁荣的政治、经济、文化、技术背景，并重点研究了1881年《新闻自由法》、哈瓦斯通讯社、巴黎重要的商业报刊等内容。第七章涵盖两次世界大战及其中间期，讨论了战时的宣传与监管、附逆与抵抗。第八章涉及二战以后直至20世纪80年代的历史，先后讨论了战后重建与恢复，1947年以来报业的危机与兼并，广电业与通讯社的国家垄断等问题。第九章讨论20世纪的最后20年，侧重介绍80年代以后新闻业的自由化与多元化改革，尤其梳理了最高视听委员会的形成过程，勾勒了民营广播、电视媒体的格局。第十章介绍法国新闻业的现状与前景，主要讨论新媒体语境下的挑战与机遇。

　　与国内已有的法国新闻传播史研究相比，本书试图在历史分期与史料挖掘方面有所创新。全书以媒介社会学视角为基础，结合法国史背景，建构了法国新闻史的研究框架。这样的安排既是为了摆脱以媒介史为主的技术决定论,也是为了避免了以政治经济史线索取代新闻传播史脉络。在史料收集上,作者尽可能全面地搜罗与整理法国历史上的重要媒体、人物与事件,并大量引用法国国家图书馆网络数据库提供的媒体原件。本书提及的大量外省媒体,甚至包括一些巴黎媒体,都是首次出现在中文文献中。众多新闻界的代表人物,如勒诺多、庞库克、马拉、吉拉尔丹、罗什福尔、塔布伊等人,亦是首次在中文文献中有专节论述。全书用5章篇幅详述19世纪末—21世纪初的法国新闻业,某些媒体发行量和收视率的数据更新至2014年,一些重要事件更新至2015年。

第二章 历史上的非印刷新闻

CHAPTER 2

现代新闻业伴随着古登堡印刷术而诞生,但这并不意味着在此之前法国不存在新闻传播。在印刷新闻出现之前的漫长时期,法国人利用各种符号、仪式、口头、手抄等手段传播新闻,这些非文字的新闻形式在不同的历史时期都发挥了重要作用。

第一节　图画、符号与仪式

早在距今4万年前，法国境内的晚期智人"克罗马尼翁人"（Cro-Magnon）便已在法国西南部多尔多涅河和索恩－罗纳河峡谷的洞穴中留下众多精湛的洞穴壁画。其中在多尔多涅地区拉斯科岩洞发现的"受伤的野牛"绘于公元前1.5万年—前1万年间，是世界上最著名的壁画洞穴之一。在法国南部比利牛斯山地区发现的"三兄弟洞窟岩画"，得名于发现岩画的三兄弟，已经发展出多色图画的技术。这些壁画或在洞穴顶部，或在幽暗深处，画中有些动物被尖状物反复戳划留下印痕。可见克罗马尼翁人绘制壁画并非只是为了欣赏，很可能是用于施行交感巫术，以捕获真正的动物。

图2-1　洞穴壁画《受伤的野牛》

公元前4500—前2000年的新石器时代，早期凯尔特人（Celt）在濒临大西洋的布列塔尼半岛上竖起了3000多块巨石，构成石阵、支石墓、岩冢、独石等。这些石头大都树立在卡纳克（Carnac），少数位于东部的滨海拉特里尼泰（La Trinité-sur-Mer），因此被称为卡纳克巨石阵（Alignements de Carnac）。① 由于石阵排列整齐，当地人传说它们原本是罗马大军，被教皇科

---

① 皮埃尔·米盖尔著，桂裕芳、郭华荣译：《法国史》，北京：中国社会科学出版社2010年版，第5页。

尔内留斯（Cornelius）变成了石头。历史学家则认为它们可能是征服者砍劈当地岩石造成的，目的是纪念祖先的丰功伟绩。

再往后，高卢人（Gaulois）留下更多宗教传播的遗迹。为了举行宗教仪式，他们在寄生木、泉水、森林、高山、村落中建立祭祀场所，摆放大大小小的木十字架、雕像和酒杯等。公元前58—前51年，高卢地区被罗马征服，帝国皇帝奥古斯都（Imperator Caesar Divi F. Augustus）下令在里昂的克鲁瓦鲁斯（Croix-Rousse）山坡上竖起

图 2-2　油画《法国国王路易十四》

代表长发高卢60多个邦的雕像，每年8月1日召集各邦（civitas）代表举行崇拜罗马和奥古斯都的仪式。各邦代表都会在仪式现场赞扬或批评罗马总督的施政效果，这无形中向罗马帝国传达了高卢人的舆论。①

进入书写时代，图像、符号与仪式依然能向不识字的民众传播信息，比如制造君主形象。据统计，路易十四时代以国王为主题的版画共出现700幅，勋章则多达300种，②此外还有金字塔、纪念圆柱、骑马雕像、巨石雕像、凯旋门、半身大理石像、半身铜像等各种艺术形式。法国人迷信国王的触摸可以治愈疾病，因此国王的触诊成为神奇的仪式。路易十五在1722年加

---

① 米盖尔：《法国史》，第16页。
② Asa Brig and Peter Burke. *A Social History of the Media: From Gutenberg to the Internet*. 2 ed. Cambridge: Polity, 2009, p. 57.

冕礼后触诊 2000 次，路易十六在 1775 年 6 月 14 日触诊 2400 次。① 但启蒙运动开始摧毁王室权威，孟德斯鸠、伏尔泰等人均撰文嘲笑过这一迷信的仪式。

大革命则彻底摧毁了旧的权威。国王路易十六与王后玛丽·安托瓦内特（Marie Antoinette）被当众处死。不久以后，无数革命领袖也被推上断头台，对当权者的公开处决成了最富戏剧性的仪式。

图 2-3　路易十六被处死 ②

革命符号取代了君主的形象。日常用品如扇子、盘子等都被印上了革命口号，如"第三等级万岁"等。大革命期间出版的 6000 多种印刷图片不再以国王为主题，转而描绘革命场景与革命领袖。画家雅克-路易·大卫（Jacques-Louis David，1748—1825）为革命者创作了很多画像，他的作品《马拉之死》将雅各宾派领袖让-保罗·马拉（Jean-Paul Marat）描绘成大革命的

---

①　丹尼尔·罗什著，杨亚夫、赵静利、尹伟译：《启蒙运动中的法国》，上海：华东师范大学出版社 2011 年版，第 255 页。

②　图片来源：诺埃尔·斯密特著，由权译：《罗伯斯庇尔传》，北京：人民文学出版社 2015 年版，扉页彩图。

殉道者，令人印象深刻。① 负责拆除巴士底狱的建筑商皮埃尔－弗朗索瓦·帕卢瓦（Pierre-Francois Palloy）把拆下的绳子、锁链和砖块都做成了纪念品，其中每块砖石都被刻成巴士底狱的微缩模型，传至今日已经成了珍品。执政府与第一帝国时期，建筑师用新型的公共建筑来体现国家认同，如佩西埃和方丹建造了卡鲁塞尔广场的凯旋门、马德兰教堂、光荣殿、旺多姆圆柱，夏尔格兰设计了星形广场的凯旋门。

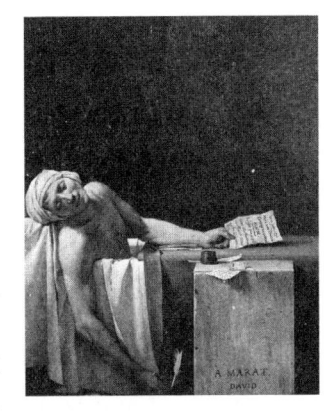

图 2-4　大卫的油画《马拉之死》

大革命也塑造了新的仪式。联邦节是大革命以来参与者最多、影响最大的节日庆典。1790 年 7 月 14 日即攻占巴士底狱一周年纪念日，各省代表都来首都与巴黎人缔结国家联邦条约，庆祝联邦节。30 万不同年龄和行业的志愿劳动者在战神广场（Champ de Mars）建起巨大的祖国祭坛，上面刻有"人民、法律、祖国、宪法"的题词。各省代表高举 83 面绣着橡树花环的旗帜，组成白色方阵，从坦帕利亚街心花园游行 5 个多小时到达战神广场，在祖国祭坛上庄严宣誓。② 1794 年 5 月 31 日，国民议会更是颁布了有关崇拜至高无上者的法令，规定了 36 个"十日节"（decadi），即每个月第 10 日庆祝的节日，其中包括攻占巴士底狱的 1789 年 7 月 14 日，攻占杜勒丽宫的 1792 年 8 月 10 日，处决国王路易十六的 1793 年 1 月 21 日等。除联邦节外，其他的节日还包括人民主权节、最高存在节、公众舆论节、理性节，以及纪念自由与平等、爱国、仇恨暴君、节俭、坚忍、农业和后世的节日等。③ 节日期间，巴黎和外省大城市的露天广场都举行规模巨大的庆典，成千上万人参与其中，画家雅克－路

---

① Briggs and Burke, *A Social History of the Media*, p. 82.

② 阿·列万多夫斯基著，陈森、张锦霞译：《马拉传》，北京：商务印书馆 2015 年版，第 170—178 页。

③ 卡尔·贝克尔著，何兆武译：《18 世纪哲学家的天城》，北京：生活·读书·新知三联书店 2001 年版，第 145 页。

易·大卫经常为这些节日设计舞蹈或仪式。①

第二节 口头新闻

在印刷媒体盛行之前的漫长时期，法国人主要依靠口头传播交换新闻。早在公元前 7 世纪，高卢人便已开始传诵各种神话、传说。到 18 世纪中期，宫廷秘闻与重大时事在巴黎的街头巷尾、咖啡馆与贵族沙龙中广为流传，这种"18 世纪的传播网络"发挥了摧毁国王权威的重要作用。

一、历史上的口头传播

公元前 7 世纪—公元前 1 世纪，现代法国人的祖先高卢人已经开始传诵各种神话传说。高卢部落中的祭司也是法官、教师和诗人，他们吟诵的主要是描写宗教生活与宗教信仰的史诗，但由于年代久远而大都湮灭无闻。只有少数的高卢传说后来被基督徒记录下来，成为教会传奇的一部分。

高卢成为罗马帝国的行省以后，逐渐建立起以水路交通枢纽里昂为中心、向四方辐射的交通网络即罗马大道。罗马大道沿途都设有里程碑，每隔一段路就有驿站，后来逐渐演变为新的村庄。可以说，罗马大道的修建就像 19 世纪铁路网的扩张一样促成了边疆的发展，也帮助中央政府完成了对沿途各地的行政统一。从罗马和各行省传来的口头消息，很可能便是沿着这些驿站传播到各地的。

罗马帝国衰落后，蛮族人建立了法兰克王国。在加洛林王朝的查理曼大帝时期（公元 768—814），原本罗马化的高卢地区使用的拉丁语受到蛮族方言的影响，逐渐形成了后来中世纪的"法语"。到卡佩王朝时代（公元 987—

---

① Briggs and Burke, *A Social History of the Media*, p. 82.

1328），游吟诗人已经开始到处行走，以合辙押韵的方式口头传诵浪漫的爱情、骑士的传奇了。英法百年战争期间（1337—1453），领导法国人的圣女贞德（Jeanne d'Arc）之死便是口头新闻造成的。英国教士到处宣传贞德是女巫，终于促使教会听信传闻，于1431年5月30日以火刑处死了贞德。贞德被处决后，有关她还在世的口头传闻还不时重现。①

到17世纪，法国政府开始向民众口头传达政令。宣令官走街串巷，用大喇叭宣读官方文告，并在公共场所张榜公示。②18世纪中期，官方消息开始通过印刷书籍和报刊发布，但未经证实的宫廷秘闻与重大时事却依然借助口耳相传。

二、18世纪的公共空间

到18世纪中期即旧制度崩溃前的几十年，法国盛传着各类口头新闻，如街谈巷议（bruits publics）、小道消息（nouvelles de bouche）、丑闻（mauvais propos）、俏皮话（bons mots）、传闻（on-dit）、杂闻（canard）、流行歌谣（veudevilles）、圣诞颂歌（Noëls）、檄文（tirades）等，形成了"密集的传播网络"。③

传播口头新闻的场所，往往是人口聚集的公共场所。巴黎的公园广场是重大新闻的集散地，如卢森堡花园、杜勒丽花园、王宫花园、咆哮宫大厅、火器营、新桥、塞莱斯坦广场、奥古斯丁码头等。市中心的王宫花园内曾有一棵枝叶繁茂的栗树，④人称"克拉科夫之树"，树下经常聚满贵族派来的"探子"（coureurs de nouvelles），连外国使臣也在此打探法国政治动向。"克拉科夫"（Cracow）可能意指波兰城市克拉科夫，因为波兰王位继承战（1733—

---

① 米切尔·斯蒂芬斯著，陈继静译：《新闻的历史》，北京：北京大学出版社2014年版，第58页。
② 罗什：《启蒙运动中的法国》，第257页。
③ Darnton, *An Early Information Society*, p. 7.
④ 这棵树17世纪初栽下，1781年王宫花园重修时被砍伐。

1735）期间，人们曾在树下散播战况消息。而法语"克拉科夫"还模仿了树枝断裂之声，可以引申为"传播谣言"（craquer）。当时很多戏剧、讽刺画都形容有人在树下撒谎，引发头顶树枝"克拉"一声折断，①而谎言内容无所不包，比如客栈老板声称酒里没有兑水，商人自称价廉物美，马贩子自夸童叟无欺，诗人自诩公正无私。②

咖啡馆、酒馆、旅店、码头也经常传播重要的口头新闻。咖啡馆1560年初现于君士坦丁堡，17世纪中叶开始在欧洲各国出现，法国第一家咖啡馆则是波蔻咖啡馆（Le café procope）。路易十四时代，由于国王喜欢喝咖啡，巴黎涌现了大量的咖啡馆。到18世纪20年代巴黎已有大约380家咖啡馆，③著名的有双叟咖啡馆、花神咖啡馆、圆顶咖啡馆、丁香咖啡馆等。

图 2-5 波蔻咖啡馆里的闲谈

与相对封闭的贵族沙龙相比，咖啡馆是资产阶级聚集的场所，充满民间的活泼气氛。众多的启蒙思想家、革命领袖、著名作家、戏剧家和画家都曾在巴黎的咖啡馆中驻足。就算囊中羞涩，只要点一杯廉价咖啡，什么人都可

---

① Darnton, *An Early Information Society*, p. 2.
② 罗伯特·达恩顿著，杨孝敏译：《华盛顿的假牙》，北京：商务印书馆2014年版，第46页。
③ 达恩顿：《华盛顿的假牙》，第55页。

以在那里消磨一天。图 2-5 显示了波蔻咖啡馆中的典型一幕：文人坐在桌边高谈阔论，好奇的民众随时驻足聆听。坐在桌边后排露出正脸的四位从左至右分别是孔多塞（marquis de Condorcet）、剧作家拉·阿尔普（La Harpe）、高举左手的伏尔泰和狄德罗。① 外省咖啡馆虽然没有巴黎咖啡馆那样浓郁的文化气息，但也充满消遣游戏、高谈阔论，是打发时间的休闲场所。

除了公共场所，特定的私人空间也能传播口头新闻。传播口头新闻最重要的私人空间是"沙龙"（Salon）。"沙龙"是意大利语，本意是"大客厅"，传入法国后开始指称贵族女性接待名流、学者的聚会场所。主持沙龙的贵妇往往才貌双全、机智优雅，号称"女才子"，如达朗贝尔夫人、唐森夫人、戴芳夫人、若弗兰夫人、莱比娜斯小姐等。法国第一个沙龙始于 1607 年，朗布依埃侯爵夫人（Mme Marquise de Rambouillet）在朗布依埃宅邸接待宾客，制定会谈的规则，形成了著名的蓝色沙龙（Salon bleu）。17—18 世纪是沙龙的发展盛期，有身份的贵族女性都以举办沙龙为荣。尤其是 18 世纪中期，沙龙里讨论的话题日益广泛，开始包括文学、艺术、科学、经济和各种宫廷政治问题。据说所有从外国来访的王公大臣、名士淑女没有不去拜访若弗兰夫人（Madame Geoffrin），没有不想成为她座上客的。而霍尔巴赫男爵（Baron d'Holbach）经常接待谈吐精辟、优雅风趣的文人与学者，欧洲的王公贵族也竞相以得到男爵接待为荣，他的沙龙比凡尔赛宫的招待会更受欢迎。②

由于观点立场不同，沙龙之间还可能互相对立或联合。例如包税事务所（Ferme générale）联合了霍尔巴赫男爵、埃皮奈夫人（Madame d'Epinay）、若弗兰夫人。他们的批判对象百科全书派则包括卡利亚尼和孔多塞、莫尔莱（Morellet）和雷纳尔（Raynal）、杜尔哥（Turgot）和夏斯特吕侯爵（Marquis de Chastellux）。拉罗什富科－利昂库尔公爵夫人（Madame duke de La Rochefoucault-Liancourt）主持重农学派沙龙，来宾包括魁奈、博多神甫、

---

① 图片来源：https://commons.wikimedia.org/wiki/File%3AVoltaire_and_Diderot_at_the_Caf%C3%A9_Procope.jpeg. 访问时间：2015 年 6 月 25 日。

② 米盖尔：《法国史》，第 166 页。

米拉波侯爵、贝尔丹、杜邦·德·内穆尔等人，后来杜尔哥和孔多塞也加入其中。布隆代尔夫人（Madame Blondel）的沙龙更具金融色彩；昂吉维利埃公爵夫人（Madame duke d'Angivilliers）的沙龙则聚集了法兰西科学院的经济学家。① 有些沙龙甚至形成了激进思想，成为革命的温床，如霍尔巴赫和爱尔维修夫人的沙龙，后来内克夫人（Madame Necker）的沙龙都大胆议论朝政。大革命以后，罗兰夫人的沙龙成为吉伦特派的聚会场所，经常招待布里索、蒲佐、罗伯斯庇尔（M. Robespierre）等人，酝酿了很多国民公会的重要决议。

定期参加沙龙的座上宾可能来自各种社会阶层或生活圈子，但以共同关心的话题聚集到一起。交谈被视为一种精致的社交艺术，而文字材料如贵族书信、文人手稿也经常为宾客提供谈资。M.-A. 杜布莱夫人（Madame M.-A. Doublet）的著名沙龙人称"教区"，共有29名"教友"，大都与王室或高等法院来往密切。"教友"每周在杜布莱府聚会一次，一进入沙龙便可看到靠门的桌上放着两本册子，一本登录了可靠消息，另一本记载着流言蜚语。这些内容由杜布莱夫人的一位仆人事先采录，为当天的交谈提供话题。②

大革命爆发后，制宪会议、国民公会和各种政治俱乐部也成了创造口头新闻的公共空间。俱乐部是大革命初期在巴黎和一些外省城市出现的革命团体，其中影响最大的是雅各宾俱乐部、科德利埃俱乐部。科德利埃俱乐部是激进民主派，雅各宾俱乐部则规模巨大，其成员后来分化为以罗伯斯庇尔为首的民主派、拉法耶特（Marquis de Lafayette）为首的君主立宪派和吉伦特派。君主立宪派后来退出雅各宾俱乐部，形成了斐扬俱乐部。在这些俱乐部中充满有关革命进展的各种消息和激烈的观点交锋。与机智优雅的贵族沙龙不同，俱乐部中盛行"革命修辞"。自由（liberté）、博爱（fraternité）、国家（nation）、祖国（patrie）、人民（people）、公民（citoyen）等口号仿佛充满魔力，令人热血沸腾。革命催生了新的意见领袖，米拉波伯爵（Comte de Mirabeau）是三级会议上举

---

① 罗什：《启蒙运动中的法国》，第146页。
② Darnton, *An Early Information Society*, p. 2.

足轻重的演说家,罗伯斯庇尔经常在国民公会中发表煽动演说。①

三、口头新闻的传播者

口头新闻的传播者几乎涵盖社会的各个阶层。宫廷重臣、家仆侍从、咖啡馆内从事各行各业的人,以及专门传播时事歌谣的街头艺人,都为18世纪信息传播网络的形成作出了贡献。

很多宫廷秘闻的源头其实是朝廷重臣。他们将宫廷秘闻编成押韵的诗句、抄成私人手稿,派手下亲信散播到闹市街头。这些谣言抨击国王与情妇厮混、挥霍无度、耗空国库,反映了贵族因政府困顿而对自身财产与地位的担心。②路易十五的重臣莫勒帕伯爵便是其中一例。他因得罪路易十五的情妇杜布莱夫人而遭到流放,罪名之一便是编写、收集和传播有关宫廷生活和时事政治的歌谣。但莫勒帕伯爵失势以后,反对国王与情妇的歌谣依然大行其道,说明散播宫廷谣言的绝非他一个人。③

帮助贵族收发口头新闻的仆人被称为"包打听"(nouvellistes de bouche)。他们在公园广场中互相交换来自王宫内外的流言蜚语,有时也会互相交换手抄的小纸条,上面记录着听来的口头新闻。④每个贵族都有这类专门收集巴黎城各路消息的"探子"(coureurs de nouvelles),他们与管家、厨子一样是高门大院的必要配备。⑤

贵族近侍将秘闻传播到公共场所后,中产阶级登场了。巴黎和外省的职业阶层和小资产阶级如学士、教师、公证人、书记员、律师等,都十分热衷于传播口头新闻。禁书作者皮当萨·德·麦罗贝尔(Pidansat de Mairobert)便

---

① 斯密特:《罗伯斯庇尔传》,插图2.
② 米盖尔:《法国史》,第162页。
③ Darnton, *Poetry and the Police*, p. 42.
④ Darnton, *An Early Information Society*, p. 2.
⑤ Hatin, *Le Journal*, p. 13.

是典型的例子。他常年追随沙龙女主人杜布莱夫人，也经常出没于公园和咖啡馆，不断与熟人交换手抄的口头新闻即"诽谤书"（libelles）。有一次警察从他身上搜出一首攻击国王路易十五及其情妇蓬帕杜尔夫人（Madame Pompadour）的歌谣，于是顺藤摸瓜，又在他家中搜出多达68首手抄的歌谣或诗歌，其中有不少歌谣是嘲讽国王或重臣的。①

歌谣（vaudevilles）是18世纪口头新闻最有效的传播形式，主要由杂耍艺人（vaudevillistes）或民歌艺人（chanteurs 或 chansonniers）编写而成，在固定的杂货铺、咖啡馆中唱和，或是在街头巷尾表演。聚集在新桥附近的歌谣艺人最多，有时甚至要互相竞争来赢得观众打赏，因此这类歌曲有时被称为"新桥曲"（point-neufs）。传唱歌谣的旋律可能来自古典颂歌、宗教圣歌，或是流行情歌，一般都是大众熟知的"洗脑神曲"，萦绕耳边挥之不去。"新桥"本身就是一段众所周知的旋律，它的副歌部分朗朗上口，巴黎人经常在艺人和小贩聚集的地方包括新桥听到。很多时候，一首曲子可以唱出很多版本的歌词，一段歌词也可以用很多首曲子来唱。②

随着曲子的流传，任何人都可能在原有的歌词中加上新的诗句。歌词中的新闻最初可能来自宫廷，但随着民间人士的添油加醋，歌词包含的时事内容越来越多。例如，《多不要脸的婊子》（*Qu'une batarde de catin*）以流行曲《当情人向我求爱》为旋律，在1747年流行时只唱一遍，讽刺的对象只是蓬帕杜尔夫人。后来歌词越变越长，能重复唱好几遍，每一遍讽刺一名宫廷人物，包括国王、大臣、将军、主教、弄臣等，讲述的故事涵盖了当时几乎所有的重大事件，如《艾克斯拉沙佩勒条约》（*Treaty of Aix-la-Chapelle*）、巴黎高等法院抵制廿一税（vingtième）未遂、警察总监不得人心的施政、伏尔泰引发的争议、其对手克雷比永（P. J. de Crébillon）受法兰西喜剧院的追捧、黎塞留（Cardinal de Richelieu）让税收大臣戴绿帽等。到1747年，这首歌有了比

---

① Darnton, *Poetry and the Police*, pp. 69.
② Darnton, *Poetry and the Police*, pp.67, 84-89.

原名更合适的名字，叫"宫廷回声"（Echos de la Cour）。①

巴黎人每天都用歌谣传唱着各种事情（fait divers）。贵族在宫廷、学者在沙龙、闲人在咖啡馆、工人在旅舍和小酒馆（guinguettes）、士兵在军营、摊贩在街头、商妇在摊前、学生在教室、厨师在厨房、护士在摇篮边——所有的巴黎人都在随时吟唱反映时事的歌曲。正如达恩顿所说，在半文盲社会，歌曲某种程度上具有了报纸的功能，能随时对时事作出评论。②

四、口头新闻的影响力

国王显然感受到了民间的流言蜚语，并决定严加监管。路易十五下令警察总监、巴黎省大臣组织秘密警察定期巡视咖啡馆，偷偷记录公众谈话内容并向他报告。仅1728年某一天，警察总监在巴黎各咖啡馆收集到的口头新闻便包括：新任军部大臣的人品、可能的政治动向、赞扬总审计官辱骂总包税人、巴黎证券交易所、面包价格、粮食投机、黄金投机、王后身孕、戏剧审查、枢机主教的病情、冉森派骚动、公路抢劫、越狱、特鲁瓦大火、香槟地区的雹灾等等。③1748—1749年，咖啡馆和公共花园中的对话也经常涉及对国家大事的评论，如法国虽赢得奥地利王位继承战（1740—1748），但回到《艾克斯拉沙佩勒条约》意味着虽胜尤败；无情驱逐冒牌的英国王子查理·爱德华·斯图亚特（邦尼王子爱德华）有辱法国国格；和平时期征收廿一税开滥用王权的先河；镇压冉森派造成大量殉道者等。④

随身带着国王密札（lettre de cachet）的警察一旦发现上述敏感话题，便会立即将当事人送进巴士底狱。案件的审讯记录大都是"诋毁政府与大臣""抨击国王及其情妇"等，有些还具体摘录了密探听到的嫌疑人对话。被连夜逮

---

① Darnton, *Poetry and the Police*, p. 68.
② Darnton, *Poetry and the Police*, p. 79.
③ 达恩顿：《法国大革命前的畅销禁书》，第233–234页。
④ Darnton, *Poetry and the Police*, pp. 45-49.

捕的反对派越来越多,如爱德华王子的支持者、反对廿一税的人、启蒙思想家、冉森派教徒、其他旧制度的抨击者等。巴士底狱人满为患,日益不满的巴黎人干脆称之为"法国的宗教裁判所"。

甚至摧毁旧制度的法国大革命也是以口头新闻为导火线的。1789年7月12日,激进派作家卡米耶·德穆兰(Camille Desmoulins)站在王宫花园一间咖啡馆外的桌子上,当众宣告国王已将支持改革的财政总监雅克·内克尔(Jacques Necker)撤职,声称这是镇压革命派的先兆。德穆兰从怀里掏出两把手枪,表示誓与秘密警察战死方休,绝不被活捉。从德穆兰开始,骚动遍及了整个巴黎。7月13日民众抢夺了武器,第二天攻占了巴士底狱。

到1789年8月,口头新闻再次发挥可怖的威力,造成了席卷法国乡村的"八月恐慌"。乡村地区盛传国王即将屠杀农民,警察正在街头拐走儿童,要用贫苦儿童的鲜血洗澡以洗净罪孽。民众闻之而动,拿起武器自卫。尽管后来证明谣言乃无稽之谈,农民依然将矛头对准了地主。他们冲进庄园,烧毁地契,从根本上动摇了封建制度。

第三节　手抄新闻

印刷新闻出现之前,手写文字也在识文断字的上层社会传播了很多新闻。早在罗马帝国时代,书写已经成为向远方传播新闻的媒介之一。罗马帝国的版图扩展到高卢地区,首都罗马的新闻也通过《每日纪闻》(*acta diurna*)传到高卢行省。这些手抄新闻纸每天在公共场所公布,随后由书记员抄写下来,卖给不愿或不能找到原件的读者,再通过贵族间的通信传播到帝国各地,包括远在高卢的行省。

到18世纪,政府公文、私人书信、铭文等偶尔会提及某些轰动一时的新闻,但在沙龙、私人团体中流传的手抄新闻却是更为常见的,它们大都根据口头消息(nouvelles de bouche)记录下来,被法国人称为"手抄新闻"

（Nouvelles à la main）。前文提及的口头歌谣，不仅被巴黎人口耳相传，也被抄写在小纸条中，随身携带以利于互相交换。一些有心人甚至专门收集这类歌曲，加上诗歌和其他韵文如笑话、谜语、谣言、俏皮话、黄段子等，编订成所谓的"歌谣集"（chansonniers）。最著名的《莫勒帕歌谣集》（*Chansonniers Maurepas*）由路易十五的宠臣莫勒帕伯爵编订，收集了路易十四、路易十五时代的歌谣与少量的中世纪歌谣，还包括警察总监通过密探收集的流言蜚语。另一部《克莱朗博歌谣集》（*Chansonnier Clairembault*）收录的歌谣持续到18世纪中叶。除了被传抄和编订成册，有的歌谣还会被编入其他形式的手抄新闻中。18世纪中期流行的两首长诗《哀哉法国，前景堪忧》（*Guel est le triste sort des malheureux Français*）和《昨日荣民，今日草芥》（*Peuple, jadis si fier, aujourd'hui si servile*），后来都出现在诽谤书《路易十五的私生活》中。①

前文提到的杜布莱夫人沙龙中掌管册子的仆人尽管没有留下名字，却堪称法国历史上最早的"记者"。根据警察档案的记录，他高大壮硕，圆脸，假发蓬松，穿褐色制服。每天清晨，他都会以杜布莱夫人的名义挨家挨户打听新闻，并登记在册子上。杜布莱夫人的密友读了这些新闻以后，还会加上一些其中不曾收录的新消息。所有的消息经过大致检查后，再翻抄下来送给这些密友，而他们又会再度请人翻抄出去。

手抄新闻很快商品化，有的精明人士甚至通过组织抄写工场赚钱。专门为上流阶级服务的新闻抄手（nouvellistes, gazetiers）早自14世纪已开始出现，到16世纪有了巨大的发展。② 所谓的"手抄公报"（gazetins）没有统一标题，但大都有内容摘要。有的摘要十分醒目，适合在街头叫卖，如"这是主耶和华的盛大洗礼"，"这是缴械投降的文告"。还有些标题含有新闻（Nouvelles）、时事（évènement）、消息（Relation）、故事（Histoires）等字眼，说明其新

---

① Darnton, *An Early Information Society*, p.25-26, 28.
② Pierre Albert and Fernand Terrou, *Histoire de la Presse*, 3 ed. (Paris: Presses universitaires de France, 1979), 5-7.

闻价值。① 每个圈子都有自己的摘抄机构。1671 年利奥纳公爵（Comte de Lionne）雇人跟随法国军队远征外国，发回手抄的新闻信，并由他组织进一步传抄开去。② 杜布莱夫人的几位密友也各自开办了抄写新闻的作坊，以一个月 6 里弗尔的价格向外省订户提供页数不等的新闻。1745—1752 年间，杜布莱夫人的新闻信已经出现了各种版本，在巴黎和外省到处传播，到 1777 年甚至被印成了畅销禁书《法国文人共和国旧闻秘录》（*Mémoires secrets pour servir à l'histoire de la république des lettres en France*）。③ 由于组织和传播手抄新闻的贵族和大臣实在太多，警察对贵族的通信盯得很紧。法国政府多次（如 1561 年、1745 年）下令禁止手抄新闻流传，违者处以鞭刑和流放。④ 但手抄新闻最忠实的读者也是这些贵族与官员，他们对宫廷秘闻和重大时事有强烈的需求。虽然不时有人因手抄新闻而被监禁，但这项生意依然十分红火。

手抄新闻的传播离不开邮政系统的发展。16 世纪欧洲的邮政业务被一个叫做塔西斯（Tassis）或塔克斯（Taxis）的家族垄断，如今全球通称出租车的"Taxi"一词即源于此。塔西斯家族自 1490 年起一直担任哈布斯堡王室的邮政大臣。他们建立了一个覆盖广阔地区的邮政体系，根据固定的时刻表运营，该时刻表 1563 年印刷出版。布鲁塞尔是这一邮政体系的中枢，而法国巴黎也是邮路站点之一，与西班牙的托莱多（Toledo）和格拉纳达（Granada）相连。塔西斯家族以每小时大约 1 公里的速度递送普通邮件，因此罗马到巴黎的新闻大约 20 天送达，马德里到巴黎的新闻大约 11 天送达。加急信件依靠快马接力，时速可以达到 20 公里，如 1572 年法国天主教徒迫害胡格诺派而酿成圣巴托罗缪大屠杀（Massacre de la Saint-Barthélemy），消息只用三天时间便从巴黎传到了马德里。⑤ 法国本土的邮政部（La Post）成立于 1576 年，总部

---

① Hatin, *Le Journal*, pp. 15-16.
② Briggs and Burke, *A Social History of the Media*, p. 38.
③ Darnton, *An Early Information Society*, pp. 3-4.
④ Albert and Terrou, *Histoire de la Presse*, pp. 18-19.
⑤ Briggs and Burke, *A Social History of the Media*, p. 21.

设在巴黎，由法国政府全资拥有，负责在法国本土发送邮件和包裹，后来随着法国的殖民扩张而将业务扩展到海外法属领地。邮政部后来曾改组为邮政电报电话部（Postes，télégraphes et téléphones），是法国第二大雇主机构，在2013年的财富世界500强中排在第349位。

手抄文字能够传播新闻，可惜直到大革命前，识字的法国人仍是少数。据统计，整个16世纪的法国农村妇女，几乎没人认识字母表，包括"文化水平较高"的接生婆在内。城市女性也没多少人能识文断字，16世纪50—70年代在法国第二大城市里昂的富有阶级中，只有28%的女性能签写自己的姓名。男性的识字率也好不了多少。16世纪70—90年代法国南部朗格多克地区，3%的雇农和10%的富农可以完整拼写自己的姓名。城市男性是识字率最高的人群，以文化水平较高的印刷工为例，1580年向律师作出授权的115名里昂印刷工中有2/3的人能完整地签上自己的姓名。[1] 到17世纪末，整个法国的识字率约为21%。再过一个世纪即到大革命爆发前夕，全国的识字率略有增加，达到37%。[2] 较低的识字率将手抄新闻的影响限制在社会上流阶层中。

---

[1] 戴维斯，《法国近代早期的社会与文化》，第97、267、280页。
[2] 威廉·多伊尔著，张弛译：《法国大革命的起源》，台北：国立编译馆1995年版，第88页；罗什：《启蒙运动中的法国》，第401页。

第三章 旧制度时期的印刷品：1468—1789

CHAPTER 3

1468年法国出现了第一台印刷机，由此进入了印刷时代。旧制度时期印刷品种类繁多，包括历书、故事集、传单、海报、版画、小册子、书籍等各种形式。有的印刷品以传播新闻为主要目的，往往被称为新闻纸或新闻书，它们是定期刊物的前身。为了管制新兴的印刷出版业，法国建立了以书报检查和特许出版制为基础的官方管理体制。世俗政府与教会权威各司其职，对印刷作品的内容与发行渠道进行了管理。

第一节　印刷书籍

欧洲最早的活字印刷术出现在1450—1455年间，15世纪末印刷作坊和书店开始出版印刷品。最早到1468年，巴黎索邦大学的校长纪尧姆·菲歇（Guillaume Fichet）率先引入了法国第一台印刷机，而向他提供技术支持的是来自德国美因茨的三位印刷商：格林（Ulrich Gering）、格兰兹（Martin Grantz）和弗里伯格（Michel Friburger）。1470年，索邦大学出版了法国第一本印刷书籍《加斯帕里诺书信集》（*Lettres de Gasparino*），标志着法国第一个印刷厂的建立。1500年法国已有43个市镇拥有了印刷机，到1600年这个数字增加到60个。[①] 印刷厂遍及法国各个省份，主要印刷中心包括巴黎、里昂、鲁昂、图卢兹、普瓦提埃、波尔多、特鲁瓦等。而在法国之外，阿姆斯特丹、伦敦、布永、纳沙泰尔、日内瓦、列日等地也经常印刷法文出版物。

印刷社会的形成与方言文字的使用紧密相连。在口头传播社会，人们用拉丁文记录，用方言交流。而进入印刷社会后，用方言记录的文字开始出现。抒情诗人杜·布莱（Joachim Du Bellay, 1522—1560）撰写了《保卫与发扬法兰西语言》（*La Défense et illust ration de la langue française*），他主张法语完全可以与希腊、拉丁语言媲美，也能写出文学杰作。1593年开始，法国国王弗朗西斯一世下令法国所有官方文献都必须以法文颁布。而随着18世纪中期启蒙运动的扩张，欧洲出现了法语化的趋势，法语取代拉丁语成为国际外交

---

① 戴维斯，《法国近代早期的社会与文化》，第265页。

语言，法语印刷品也跨出了国家边境。伦敦、阿姆斯特丹、汉堡、德累斯顿、日内瓦的印刷厂都在制造法文书籍。法文报纸《阿姆斯特丹公报》(Gazette d'Amsterdam)、《莱登公报》(La Gazette de Leyde)、《欧洲信使报》等都是在法国境外发行的。

法国图书出版业自17世纪中叶开始有了持续稳定的发展，18世纪初以后加速扩张，到大革命爆发时达到顶峰，大革命爆发后25年又进入平稳发展时期。据图书史学家罗伯特·埃斯蒂沃统计，1764年政府收到729份图书出版申请书，1770年是890份，1780年只有527份，而到1800年则有700份。① 这一变化揭示了旧制度末期图书出版业发展至鼎盛的历史事实。

印刷书籍的繁荣推动了文化学习的热潮。根据各类广告推测，1740年以后城市里开始出现大量寄宿学校，除了巴黎有几十所之外，里尔有20多所，敦刻尔克有3所，波尔多有五六所。贵族、教士、商人购买大量书籍，在家里建立私人图书馆，向人们提供借阅。有的私人藏书甚至还会被管家、贴身仆人、马车夫等偷出去，在不同的读者中流通。② 据统计，1700年13%的巴黎工人家庭至少有一本藏书，1780年这一比例增加到35%。1750年里昂近四分之三的政府官员或自由职业者遗产中有图书，贵族中则达到近一半。③ 18世纪还出现了读书俱乐部。一些外省书商往往将库存的书籍出借，向借书者征收3～5里弗尔的月费或年费，相当于熟练工一天的工资。一个藏书5000本的读书俱乐部只要借书者能达到100～200人就可以盈利。④

印刷书籍在刚出现的时候相对价格还是比较贵的。16世纪30年代，一本24页的救济布道词值一条粗面包，一本简易小算数书值半条面包，一份记载

---

① 罗伯特·达恩顿著，萧知纬译：《拉莫莱特之吻》，上海：华东师范大学出版社2011年版，第135页。
② 罗什：《启蒙运动中的法国》，第129、160页；米盖尔：《法国史》，第101页。
③ 转引自Birn, *The Royal Censorship of Books in Eighteenth-Century France*, 22.
④ 达恩顿：《拉莫莱特之吻》，第45、125页。

攻陷罗得岛的新闻书几乎值一双童鞋,一本圣诞圣歌书值一磅蜡烛。16世纪40年代,一本法国历史书相当于一名建筑工的日薪。① 即使到18世纪,狄德罗的《百科全书》第一版仍相当于工人93周的工资,后来的平装版也相当于15.5周工资。②

一、人文主义著作:16世纪上半叶

最早的印刷机除大量印刷神学院学生教材外,便是印刷当时最热门的人文主义学者著作,供一些居住在大城市的作家、人文学者和诗人阅读。巴黎的大出版商如埃斯蒂安,里昂的大出版商如让·德·万格尔、塞巴斯蒂安·格里夫等都有临街的书店,他们把作家、人文学者、诗人团结在自己周围。③

整个16世纪是人文主义学者兴盛的时代,欧洲共出版了1.5亿~2亿册书,其中2.5万种在巴黎出版,1.3万种在里昂出版。④ 纪尧姆·菲歇率先出版了他在意大利发现的古典作家的拉丁文作品。⑤ 1507年,法国人又首次印刷了古希腊文著作。在国王弗朗索瓦一世的支持下,修昔底德、色诺芬、普鲁塔克、荷马等古典作品也先后在法国翻译出版。⑥

印刷机与人文主义运动结合,制造了法国历史上最早的畅销书作家。法国人文主义作家拉伯雷(François Rabelais)的著作出版了大约42个版本,每版都印有一两千册。鹿特丹的伊拉斯谟(Desiderius Erasms)于1511年在巴黎印刷出版了著名的《愚人颂》(*Stultitiae Laus*)。

---

① 戴维斯,《法国近代早期的社会与文化》,第281-282页。
② 多伊尔:《法国大革命的起源》,第89页。
③ 米盖尔:《法国史》,第101页。
④ 雷吉斯·德布雷著,陈卫星译:《法国近代史上的书报审查逻辑》,《国际新闻界》2014年第8期,第82页。
⑤ Briggs and Burke, *A Social History of the Media*, p. 13;德布雷:《法国近代史上的书报审查逻辑》,第81页;米盖尔:《法国史》,第91页。
⑥ 米盖尔:《法国史》,第101页。

二、乡村的蓝皮书：16—19 世纪

16—18 世纪，欧洲的一些小贩开始在市集上叫卖一种廉价的图书，这种书在法国被称为"蓝皮书"（Bibliothèque Bleue）。蓝皮书因为封面常用包装食糖的蓝色皱纸制作而得名，由于面对中下阶层读者，往往附有插图。大部分蓝皮书用纸廉价，印刷粗糙，有的图片重复利用其他书中的插图，甚至与正文内容不相匹配。但也有少数蓝皮书篇幅较大，制作精美，甚至有些内容还具有历史真实性。[1]

法国东南部的特鲁瓦（Troyes）是蓝皮书的主要出版中心。1602 年，让·乌多（Jean Oudot）与尼古拉·乌多（Nicolas Oudot）兄弟与皇家印刷商克劳德·加尼耶（Claude Garnier）率先印刷了蓝色小开本的廉价小册子，主要刊登本地的一些琐碎的新闻。很快，这种小书在鲁昂（Rouen）、昂热（Angers）也流行开来，发行"蓝皮书"成了乌多与加尼耶两家的家族生意。1665 年，乌多家族的尼古拉三世来到巴黎，开始在巴黎和里昂两大出版中心大量发行各种大众题材的"蓝皮书"，包括讽刺滑稽剧、骑士叙事诗、诗词歌谣、宗教文学、礼仪手册、烹饪书、星象学书、历书年鉴等。[2] 城里的医学博士、数学家和大学教授也开始专门为乡村写作这类书籍，使它们成为农村夜间聚会诗朗诵的内容。

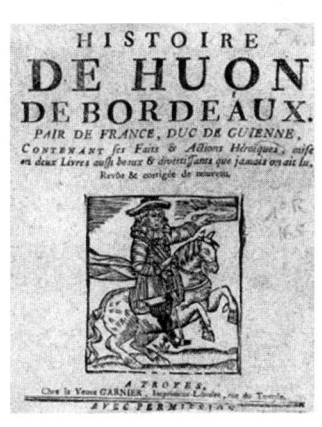

图 3-1 蓝皮书（1720 年左右）

蓝皮书的传播范围十分广泛，随着小贩的叫卖而覆盖了城市和乡村。直到 19 世纪 30 年代，随着新式印刷品日益增多，这种廉价的印刷品形式才逐

---

[1] Briggs and Burke, *A Social History of the Media*, p. 17-18.
[2] 多伊尔：《法国大革命的起源》，第 88 页。

渐在法国消失。

三、宗教小册子：16世纪下半叶

直到大革命爆发前，除了聚集贵族、文人与学者的巴黎外，外省书籍中大部分内容还是宗教内容。早自16世纪30年代开始，用方言和法语印刷的《圣经》和祈祷书便开始进入法国乡村，流动商贩在公共场所到处兜售，赢得了广大的读者。新教徒也几乎在同一时间开始利用印刷品展开宣传，攻击天主教的海报与布告在里昂秘密印刷，或是从瑞士偷运到法国。瑞士的日内瓦尤其是法国新教徒的堡垒，那里到处都建起印刷厂。新教出版的文章言辞辛辣，用法文写成，汲取了民间养分，人人都能读懂。1534年，巴黎、图尔和布卢瓦的墙上就曾出现一些"布告"，揭发"教皇弥撒的十恶不赦"，甚至国王在寝宫门上也发现了类似的布告。①

而宗教小册子大规模泛滥是在1559—1598年的法国宗教战争时期。1559年，年仅15岁的弗朗索瓦二世登基，实权落在军功显赫的吉斯家族（les Guises）手中，这导致天主教与新教胡格诺派之间的冲突骤然加剧。据统计，1559—1572年间法国每年出版的小册子都超过30种。1570年吉斯家族谴责政府对新教太宽容，于是在西班牙支持下组织了一个天主教同盟（Catholic League），他们组织人在巴黎墙上涂满打油诗、讽刺画，还到处散播言辞激烈、煽风点火的小册子。

1572年8月23—24日夜晚，吉斯公爵（Henri Duc de Guise）以巴黎的教堂钟声为号，伏击参加皇族婚礼的胡格诺派，杀死2000多人，酿成圣巴托罗缪大屠杀。事发之后，胡格诺派印刷的激进小册子大量出现，叱骂美第奇的凯特琳太后（Queen Catherine de Medici）是"婊子""母老虎"。这一年因此被历史学家唐纳德·凯利（Donald Kelley）称为法国的"现代政治宣传元年"。

---

① 米盖尔：《法国史》，第109页。

1588—1594 年，国王亨利三世将吉斯家族的两兄弟吉斯公爵（Henri Duc de Guise）与吉斯主教（Cardinal Guise）刺杀。这又导致天主教派纪念两人"惨死"的小册子和图片泛滥，政治宣传战达到巅峰。直到 1598 年亨利四世颁布南特赦令（édit de Nantes），宣布天主教为法国国教，同时允许胡格诺派信仰自由，宗教小册子的数量才开始减少。①

四、政治诽谤书：17—18 世纪

与宗教小册子性质相近的是政治小册子，主要内容是攻击政敌，制造舆论，因此被称为诽谤书（libelles）。17 世纪的诽谤书总是在政治动荡时集中爆发，如 1614—1617 年的王室动乱、1648—1653 年的福隆德运动。而到了 18 世纪，诽谤书出现得越来越频繁，几乎任何社会问题都能催生诽谤书，其数量也在旧制度最后 30 年达到了巅峰。

政治诽谤书的第一次大爆发是在王室动乱时期。1614 年法国国王路易十三达到 13 岁的登基年龄，但太后美第奇的玛丽（Marie de Medici）不愿还政，引发了三年的王位动乱。1614 年、1616 年，得到胡格诺派支持的孔代亲王亨利（Henri de Bourbon）两次发动叛乱，挑战玛丽的权威。1617 年信奉天主教的路易十三发动宫廷政变，流放玛丽，最后夺取并巩固了王位。在这动荡的三年中，法国共出现了 1200 种小册子，其中有的支持王党，有的支持后党，有的抨击胡格诺派，有的批评天主教派。这些小册子影响惊人，启发了路易十三的首相黎塞留。他开始考虑用印刷品发布官方消息，后来授权御医勒诺多创办了官方报纸《公报》，而且经常主动投稿，由此揭开了法国近代报业的序幕。

政治诽谤书的另一次盛行是福隆德运动时期。1648—1653 年，为了筹备三十年战争军费，摄政太后奥地利的安妮（Anne d'Autriche）命令首相枢

---

① Briggs and Burke, *A Social History of the Media*, p. 70-71.

机主教马萨林（Cardinal Jules Mazarin）发起征税计划，由此与高等法院的法官发生对峙，最后王室、贵族、法官、巴黎市民均被卷入一系列内战，史称福隆德运动（Fronde）。① 在福隆德运动中，T·勒诺多的《公报》保持官方立场，支持太后安妮和首相马萨林主教，而反叛贵族则大量刊行小册子和冒名报刊，导致特许出版制度和书报检查形同虚设。据统计，当时出现了 4000 多种攻击马萨林的小册子，号称"讨马檄文"（Mazarinades）。因此小册子是秘密流传的手抄本，充满讽刺和谩骂，根本无法印刷出版。冒充官方报纸的非法小报也很多，比如当时出现了好几份假冒的《邮报》（*Courriers*）、《信使报》（*Mercures*）和《公报》（*Gazette*）。它们大都在巴黎发行，也有一些在贡比涅、波尔多等外省城市发行。② M. 米勒（M. Miller）研究了 1649—1652 年间的 7 份福隆德派报刊，发现每份发行 2～12 期不等，主要内容是报告军队动向、批评马萨林首相。小册子与假冒的官方报刊总数可能达到惊人的 7000 种，而且其中 800 种是在 1649 年 1—3 月集中问世的。③ 有的小册子借助歌谣形式，用巴黎街头的污言秽语发声，但这只是叛乱贵族采用的修辞手段，目的是彰显福隆德派拥趸广泛。

从 1750 年开始，也就是大革命前的最后 30 年，诽谤书出现得更加频繁、言辞也激烈。路易十五的财政总监马肖（J. B. de Machault）试图征收廿一税，催生了 40 多份小册子。此后，王权与高等法院的斗争、耶稣会士受审、路易十六的财政总监杜尔哥与内克尔发动财政改革、面粉战争、废除道路徭役和行会师傅制度、郊区神父问题、贝里首个省议会的成立等，都促成了小册子的大泛滥。④ 导致君主制崩溃的财政问题催生的小册子最多，至少有近 70 种。讨论 1787 年显贵会议的书籍和小册子则有 14 种，报道会议记录的小册

---

① 福隆德运动又译投石党运动，投石本来是一种儿童的游戏。
② Gelbart, "'Frondeur' Journalism in the 1770s," p. 514; Albert and Terrou, *Histoire de la Presse*, p. 12; Miller, "The French Periodical Press During the Reign of Louis XIV," pp. 302-303.
③ Miller, "The French Periodical Press During the Reign of Louis XIV," pp. 302-303.
④ 达尼埃尔·莫尔内著，黄艳红译：《法国革命的思想起源（1715—1787）》，上海：上海三联书店 2011 年版，第 403-404 页。

子有 15 种。①

有一类诽谤书在旧制度最后 30 年尤其值得关注，那就是突破篇幅的限制，逐渐发展成非法畅销书的宫廷秘闻。它们最初是以"索隐小说"（romans à clef）的形式出现，即以虚构的情节讲述真人真事的"类新闻"。例如，18 世纪 40—50 年代法国出现了至少四个印刷版本的国王与三姐妹通奸的故事，场景分别设置在非洲、亚洲、仙境和化外之地，读起来却像是对法国时局的忠实记录。经过警察追查，其中以仙境为背景的版本竟然源自凡尔赛宫一位侍女的口头讲述，她没有借鉴任何书面材料，一切全靠流言蜚语和奇思妙想。② 要解读这些故事，必须找到"索隐密钥"（clef），即附录在小说末尾或单独装订的小册子，它们或是印刷出版，或是手抄而成，揭示了书中人物与现实人物的对应关系。根据密钥读小说，读者就能发现整个故事真正的主人公是路易十五与他的情妇。

到 18 世纪 70—80 年代，诽谤宫廷丑闻的作品产生了新的变化，篇幅变得更长，从小册子变成了编年体的色情小说。大革命前 20 年最畅销的 15 本禁书中，有 5 本便是这样的诽谤书（Libelles）或丑闻录（chroniques scandaleuses），如《一位不幸王后的回忆录》《杜巴丽伯爵夫人轶事》（*Anecdotes sur Mme. la comtesse du Barry*）《卡尔洛与托瓦内特的爱情》等。③ 前文所述的"索隐小说"，到 80 年代已经演变成四卷本的畅销书《路易十五的私生活》（*Vie privée de Louis XV*）。④ 当时最畅销的禁书《杜巴丽伯爵夫人轶事》由皮当萨·德·麦罗贝尔创作，是一部 346 页的皇皇巨著，具有精美的卷首插图，俨然像一部正规的传记作品。麦罗贝尔曾在巴黎四处打探，有时背诵，有时抄写，有时当众宣读，有时秘密交换，根据各种道听途说的材料写成了这部诙谐幽默的色情小说，讲述了出身卑贱的杜巴丽夫人如何通过下流手段成为

---

① 莫尔内：《法国革命的思想起源（1715—1787）》，第 404 页。
② Darnton, *An Early Information Society*, p. 17.
③ 多伊尔：《法国大革命的起源》，第 99 页；Briggs and Burke, *A Social History of the Media*, p. 80.
④ Darnton, *An Early Information Society*, p. 17.

国王情妇。① 另外，从杜布莱夫人沙龙中收集的新闻也被印成了《法国文坛史秘闻录》《成文编年史或当代人习俗行为史回忆》等书。②

诽谤书的作者情况各异，揭示了旧制度时代文人的复杂面向。例如，启蒙思想家伏尔泰既公开发表抨击特权等级的署名著作，也暗中发表更刺激的匿名小册子和活页，后者加在一起数量可能超过两百册。③ 大革命活动家米拉波伯爵利用小册子来扩大影响，即使身陷牢狱或债务缠身仍供养着一批文人，以他的名义炮制作品。④ 撰写小册子有可能是出于个人恩怨，比如一场误判的官司就可能引发小册子大战。⑤ 撰写小册子也可能是出于经济动机，比如试图在证券交易中做空的银行家会高价收买文人，请他们撰文反对政府的诸多政策。⑥

诽谤书的出版商为了获利需要冒着违法的风险。很多诽谤书往往由不同作家反复加工，由多个出版商刊行不同版本，每个版本都能印出上千册。一些小册子有专门的出版商，如让·巴蒂斯特·克里斯托弗·巴拉尔（Jean Baptiste Christophe Ballard）公开出版了《歌谣密钥》（*La Clef des chansonniers*, 1717）。但也有些出版商或作者用的是假名，如"巴黎歌手贝吕默"（Belhumeur, chanteur de Paris），或是没有留下名字的真实人物，如"卫队士兵""芭西大街的假发制造商"等。⑦

法国当局十分担心这些诽谤书的影响。政府设有专门负责侦查处理相关案件的部门，甚至还会雇佣密探。据说剧作家博马舍曾因官司败诉、处境艰难而为路易十五效劳，他在伦敦、阿姆斯特丹、维也纳秘密行动，帮助国王

---

① Darnton, *An Early Information Society*, p. 32.
② 达恩顿：《法国大革命前的畅销禁书》，第82-88页。
③ 莫尔内：《法国革命的思想起源（1715—1787）》，第85页。
④ 罗伯特·达恩顿著，刘军译：《旧制度时期的地下文学》，北京：中国人民大学出版社，2012年版，第26页。
⑤ 莫尔内：《法国革命的思想起源（1715—1787）》，第406-407页。
⑥ 达恩顿：《旧制度时期的地下文学》，第71页；达恩顿：《华盛顿的假牙》，第182-192页。
⑦ Darnton, *Poetry and the Police*, p. 87.

的情妇杜巴丽夫人消除小册子的恶劣影响。① 而在书商那里,"哲学书"(livre philosophiques)已经成了一切违禁书籍的通称,既包括哲学书籍,也包括色情文学。确实,通过讽刺诋毁王权与教权,哲学书与诽谤书一样,为大革命做好了准备。②

五、启蒙主义著作:18 世纪

到了 18 世纪,宗教书籍地位大幅下降,而艺术与科学类书籍则逐渐流行,这一趋势正好反映了启蒙运动的兴起。"启蒙"(Les Lumières)一词在法语中是光明、智慧的意思。18 世纪 20—70 年代,法国出现了一批思想家、哲学家和文学家,如孟德斯鸠(1689—1755)、伏尔泰(1694—1778)、卢梭(1712—1778)、狄德罗(1713—1784)、达朗贝尔(D'Alembert, 1717—1783)等。他们著书立说,主张理性地整理与反思各个领域的知识,温和地改造和推动社会进步,后来被称为启蒙哲人。

孟德斯鸠出身贵族家庭,曾任波尔多高等法院院长。他的书信体小说《波斯人信札》(1721)讽刺君主专制,嘲弄上流社会的荒唐奢侈。晚年发表的《论法的精神》提出"三权分立"学说,主张国家权力分为立法、行政与司法三权,分别归于国会、君主与法院,三种权力彼此独立又互相制约,以防止专制暴政。这一学说在大革命时期被很多革命者接受,体现在 1789 年《人权宣言》和 1791 年《宪法》中,后来对很多现代国家的组织制度产生了影响。

伏尔泰出身于公证人家庭,十二岁时便在坦普尔的自由思想家协会崭露头角。他曾经学习法律,后来投身写作,并因为写作诗歌、戏剧而多次被捕,甚至流亡英国。他撰写的《哲学通讯》(1734)系统介绍英国的政治、宗教、哲学和文学,此书一出版便遭到查禁。1746 年,他曾获得国王宠信,担任钦定史官这一令人羡慕的职务,领取丰厚的俸禄,1749 年当选法兰西科学院院

---

① 莫尔内:《法国革命的思想起源(1715—1787)》,第 407 页。
② 达恩顿:《旧制度时期的地下文学》,第 139 页;达恩顿:《法国大革命前的畅销禁书》,第 9—27 页。

士。后来他辞去官位,陆续出版了《哲学辞典》《路易十四时代》《风俗论》《老实人》《天真汉》等著名的作品,其中对君主与教皇的讽刺与批判深入人心。

狄德罗是著名的唯物论和无神论者,他在启蒙运动中的最大贡献是与达朗贝尔一起出版了《百科全书》(1715—1765),书中提出的理性主义观念影响深远。他们的最初计划是翻译E. 钱伯斯(Ephraim Chambers)的英文《百科全书》,但最后变成了独立编纂的35卷本。参与编写该书的启蒙思想家包括科学家、军事家、作家、工艺师等130多人,其中包括达朗贝尔、狄德罗、伏尔泰、卢梭等著名编辑,后来被称为"百科全书派"。《百科全书》最初只有富人才买得起,但很快出现廉价版,很多公共图书馆也提供借阅。①

卢梭成名较晚,却迅速蹿红。他出生于日内瓦的法裔家庭,受贵族庇护而获得教育。在狄德罗的鼓励下,他撰写了《论科学和艺术》(1750),获得第戎学院奖。《论人类不平等的起源和原因》发表于1775年,但因为鼓吹改变君主制而没能获奖。不久以后,卢梭接连发表了一系列引发轰动的作品。《新爱洛依丝》宣扬新的恋爱方式,《爱弥儿》宣扬新的教育理念,《社会契约论》则宣扬选择与监督统治者的新方式。卢梭在《社会契约论》中提出了"社会契约"和"主权在民"的思想,认为国家主权属于人民,立法机关有权代表人民监督政府。该书还提出,如果政府剥夺了人民的自由,则人民有权发动革命,推翻暴政。这一思想直接为大革命提供了理论基础,尤其成为后来雅各宾俱乐部中山岳派的基本理念。

18世纪的启蒙运动不仅是一次思想革命,也是一次出版革命。上述启蒙思想家的著作如《论法的精神》《百科全书》《爱弥儿》等,一经出版便造成轰动,且多次再版而供不应求。卢梭的思想在外省资产阶级中尤其深入人心。《新爱洛依丝》(1761)成为18世纪最畅销的书。很多读者痛哭流涕地读完六卷本,长篇累牍地给卢梭写信谈阅读感受,并把书中的角色当作自己的行动指南。《忏悔录》(1782)尚未出版便被出版商争抢。一位推销员在里昂、维兰斯、奥朗日、

---

① Briggs and Burke, *A Social History of the Media*, p. 80.

阿维尼翁和马赛等地探听行情后,向瑞士的纳沙泰尔印刷公司汇报:"人人都跟我要卢梭的回忆录,人人都坚信这本书已经出版,即使巴黎没有,也一定能在荷兰找到。要是我们能早点儿印出来,就可以印上 3000 册。"①

第二节　定期刊物

正当启蒙思想家撰写书籍和小册子时,定期刊物也已经在法国悄然问世。1485 年法国出现第一张印刷新闻纸。17 世纪初出现了第一批定期印刷刊物,以周刊为主。到 18 世纪初,法国形成了三份政府严加管制的半官方刊物,到 1745 年合法出版的定期刊物已达到 15 份。②

早期的定期刊物价格昂贵,管制严格。18 世纪 60 年代,巴黎单本期刊定价 24 里弗尔,外省单本期刊定价 33 里弗尔,几乎是熟练工人一周工资的两倍。③法国政府严格检查刊物的内容,禁止表达政治观点,只有特权等级内部冲突时的福隆德运动时期例外。因此,早期刊物主要刊登神学教义、当代铁事、希腊罗马史和文学作品,也有少量的哲学科学、诗歌戏剧等内容。

一、历书与年鉴

最早的定期印刷品是每年发行一次的历书(almanachs)。1448 年德国的印刷中心美因茨首次出版了世界上最早的印刷历书。法国最早的印刷历书于 1486 年问世。《牧羊人历书》(*Almanach des bergers*)是法国乡村传播最广泛的历书,1491 年翻译成英文后,又成为英国最早的历书。历书面向普通读者,

---

① 达恩顿:《拉莫莱特之吻》,第 122 页。
② 多伊尔:《法国大革命的起源》,第 88 页。
③ 多伊尔:《法国大革命的起源》,第 89 页。

尤其受农村读者喜爱，是 15 世纪乡村唯一的印刷书籍。为了照顾不识字的读者，历书大量采用插图，内容也主要是与日常生活密切相关的日月盈亏、节气变化、节日和纪念日等，有的顺带介绍宗教故事、民间传说、农耕技巧和社交礼仪。

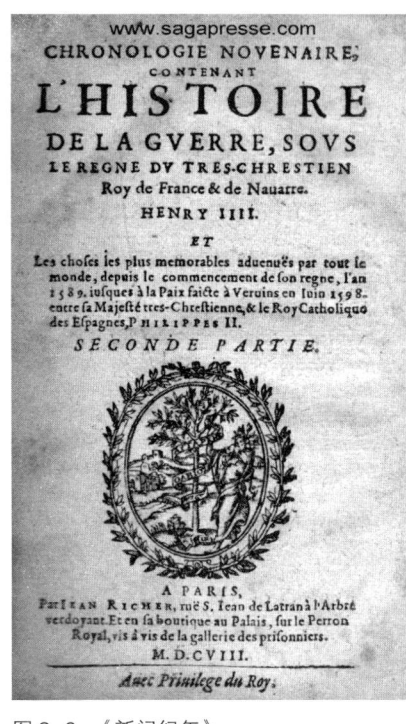

图 3-2 《新闻纪年》

另一种每年发行一期的出版物是记录重大时事的年鉴（chronologies）。1605 年帕尔马·德·卡耶（Palma de Cayet）出版了《新闻纪年》（*La Chronologie Novenaire*），主要记载 1589—1598 年间发生在法国的重大时事。1606 年他又出版了《七纪年》（*La Chronologie Septennaire*），讲述了 1598—1604 年间的重大时事。这两部作品因为按照时间顺序详尽记录了当时的重大时事，被一些学者视为法国近代新闻的鼻祖。1611 年巴黎印刷商让·里歇尔（Jean Richer）与艾蒂安·里歇尔（Etienne Richer）受到《新闻纪年》与《七纪年》的启发，又发行了名为《弗朗索瓦信使》（*Meraure François*，1611—1648）的年鉴。该年鉴版式像书，一年发行一期，逐年报道了自 1605 年至 1640 年的重大事件。

二、新闻书

1485 年法国出现了第一张印刷新闻纸。新闻纸或新闻书（les feuilles volantes）是一种专门刊登新闻消息的早期印刷新闻。这种印刷品一般版幅较小，大约 14 厘米宽，22 厘米高，页数不等，其中单页或数页对折的可以称为新闻纸，十几页、几十页甚至装订成册的可以称为新闻书。新闻书一般单期发行，但后来也出现了定期、不定期发行多次的情况。

印刷新闻书按内容可以分为三类：第一类是"要闻"（les occasionels），如战争灾祸、君主葬礼、节日庆典等。第二类是"异闻"（Les canards），如离奇的犯罪、奇闻异事、神迹异象等。法国最早的"异闻"出现在1529年。1560年一份长篇新闻书报道一个叫马丁·盖尔（Martin Guerre）的失踪农夫被人冒名顶替，他的妻子跟骗子生活了四年之久却丝毫未发觉异样。① 1625年的一份新闻书报道一名女子谋害亲夫，原因不过是丈夫在酒馆里待的太久了。② 第三类是"传闻"（les libelles），即未经证实的消息。本书前文提到的宗教小册子与政治小册子，凡是以新闻事件为主要内容的，大都可以归入这一类。③

新闻书因为不是定期与读者见面，所以不必像报纸一样保证刊登的是可靠的消息。出版商一旦缺少惊天要闻，往往重新出版以前的旧闻，只不过会将一些细节稍加修改。1623年11月巴黎的一份新闻书报道十七八岁的"悲惨"少女玛格丽特·德·拉·里维耶尔在梅斯被处死。但同样的故事在6年前、16年前、26年前都曾出版，只不过少女的姓名、年龄、行刑的时间、地点都各不相同。④ 17世纪初法国编年史家皮埃尔·德·莱斯托瓦尔（Pierre de L'Estoile）对这类报道社会杂闻（faits divers）的新闻书嗤之以鼻，称之为"琐屑之事、无聊之事、谎言、轻佻的言论、离奇可笑的故事、吹牛和胡闹。"他认为应该划出一条清晰的界线，将耸人听闻的小册子、新闻纸清除出印刷品的队伍。⑤

---

① 这个离奇的案件后来甚至被搬上舞台和银幕，新文化史学家娜塔莉·戴维斯以这个故事为背景，写下了《马丁·盖尔归来》的经典著作。
② 斯蒂芬斯：《新闻的历史》，第76页。
③ Albert and Terrou, *Histoire de la Presse*, pp. 8-9.
④ 斯蒂芬斯：《新闻的历史》，第82–83页。
⑤ 斯蒂芬斯：《新闻的历史》，第86页。

三、巴黎的官报

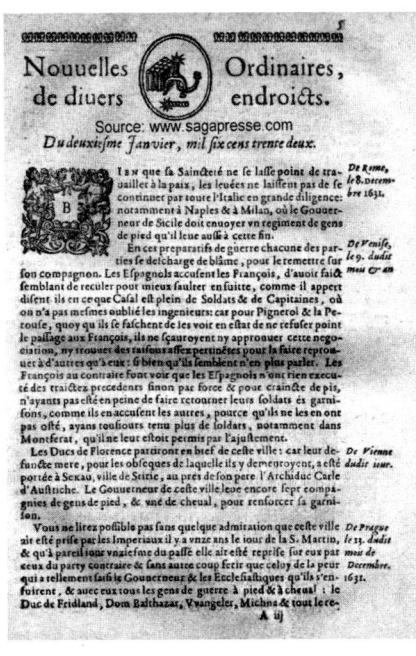

图3-3 《各地普通新闻》

法国的定期刊物诞生于1631年,这时候在报刊发源地德国早已有了30～40份定期刊物。1631年1月,出版商让·马丁(Jean Martin)和路易·旺多姆(Louis Vendosme)在巴黎创办了对开4页的《各地普通新闻》(*Nouvelles ordinainres de divers endroits*),前26期是手抄形式,发行时间早于《公报》,但印刷版的问世晚于勒诺多的《公报》。不过《公报》创办后,很快得到路易十三的首相黎塞留支持,成为唯一合法的官方报纸。1631年11月23日《各地普通新闻》被并入《公报》,1634年枢密院以不得妨碍勒诺多出版《公报》为由,否决了马丁与旺多姆继续出版新闻报刊的权利。

(一)《公报》

法国第一份持续发行的定期刊物是《公报》(*La Gazette*),由御医泰奥弗拉斯特·勒诺多(Théophraste Renaudot,1586—1653)创办于1631年5月30日。勒诺多得到首相黎塞留(Cardinal de Richelieu)的助手约瑟夫神父庇护,当年10月便拿到枢密院颁发的特许状,其中宣称勒诺多:

> 永远有权委托任何人印刷出版新闻纸,报道国内外任何时期发生的新闻,包括会议、价格、问询接洽处信息,……该新闻纸为全国独家发行,

任何人不得干预。①

《公报》由此成为半官方机构，垄断国内外新闻，报头上标有"尘世间所有国王及强国的报道"字样。1635年，《公报》的特许出版权再次得到确认，并一直延续到大革命爆发。在福隆德运动期间，勒诺多追随王室暂避圣热尔曼，《公报》也被迫离开巴黎，但依然在发布政治新闻。与此同时，勒诺多的儿子则留在巴黎，继续出版高等法院的官方报刊《法兰西邮报》(*Courrier français*)。但这段时期由于王室对书报出版失去控制，全国突然出现了很多假冒的《公报》与《邮报》。有一份戏仿《公报》的报纸报道了下列滑稽新闻：三千名基督教朝圣者亲眼看到穆罕默德陵墓后双目失明；特拉布宗人用一捆捆羽毛阻挡洪水；在一艘幻想岛的沉船内发现巨大宝藏。②

《公报》刊登国内外新闻，占据主要版面的是军事行动、海陆战争、历史地理、皇家仪式、婚礼庆典、名流轶事、宫廷消息、各国时尚等。该报最初是每期两张、正反8页的周报，大约15厘米宽，23厘米长，第一张的报头写着"公报"，主要报道法国以东、以南的国家。第二张的报头写着"新闻"(Nouvelles)，代表被勒诺多兼并的《普通新闻》(这一名称一直沿用至1683年)，主要报道法国以西、以北的国家。由于当时通讯手段落后，外国新闻经常发生一个月或更久以后才被《公报》报道。《公报》最初四年没有法国国内的消息，但经常发行各种增刊(extraordinaire)，报道官方文件或突发事件，如1632年2月至1633年12月的每月增刊《世界新闻报道》(*Relations des nouvelles du monde*)尝试刊登分析评论，1644年9月19日的增刊报告了法军占领西班牙城市塔拉戈纳。《公报》的国内政治新闻来自首相公署，有时路易十三也亲自提供军事消息。1632年《公报》增设《问讯处简报》(*Feuille du Bureau D'adresse*)，主要向读者提供就业信息，堪称报纸广告版的雏形，也成

---

① 皮埃尔·阿尔贝、费尔南·泰鲁著，许崇山译：《世界新闻简史》，北京：中国新闻出版社，1985年，第10页。本书作者对译文略作了改动。

② Miller, "The French Periodical Press During the Reign of Louis XIV," p. 302.

为 18 世纪中期《问讯处公报》（Gazette du Bureau D'adresse）的前身。1635 年起《公报》每周出版两期，一期为国内新闻和宫廷轶事，一期为国外新闻，到 1638 年每期发行达到 1200 份。1642 年《公报》扩大了开本，并将版面增加到 8 页，加上早已并入的 4 页《普通新闻》版面，变成了一份 12 页的刊物。由于报刊内容比以前更加丰富，勒诺多开始在报上抱怨读者众口难调：

> 将军想读到每一次攻城略地；律师想知道每一场审判结果；信徒在报上搜寻布道者与忏悔者；平民百姓只想偷窥宫廷内闱。[1]

勒诺多家族持续经营《公报》共 131 年，到 1749 年才转手他人。1762 年路易十五的外交大臣舒瓦瑟尔（Choiseul）买下《公报》，并改为双周出版的《法兰西公报》（1762—1792）。为此路易十五还特意发布"告王国各总督书"，宣布今后《法兰西公报》改由政府监督编排，所以要求各地总督提供支持：

> 国王陛下欲使该报饶有兴味，使其地位高于其他报刊。有鉴于此，阁下务必定期呈送一份简报，详尽报告您辖区内公众关心的奇闻趣事，尤其是物理学、博物学的进展。

通告后附上了《法兰西公报》的简介，声称新版报纸将增加发行量，丰富内容，降低订费。经反复督促，各地总督回禀的趣闻包括：某个私盐贩子被绞死，民众欢欣鼓舞；一名妇女生出了三胞胎姐妹；一场可怖的暴雨幸未造成伤亡。有位总督费尽心机仍没能发现值得登报的大事，致使大臣极为不满，认为国王的旨意遭到了轻视。[2]

《公报》在大革命前一直垄断了国内外政治新闻。但 17 世纪 60 年代政府

---

[1] Thogmartin, *The National Daily Press of France*, p. 13.
[2] 托克维尔：《旧制度与大革命》，北京：国家行政学院 2013 年版，第 11 章。

日益加强控制，再加上手抄新闻、荷兰法文报、《信使报》增刊（extraordinaires）也加入竞争，到17世纪末《公报》的垄断地位略有削弱。1670年，《公报》的全国总发行量是4500份，1749年增加到7500份，美国独立战争期间一度飙升至12000份，1788年又回落到6250份。①

1780年书商夏尔-约瑟夫·庞库克（Charles-Joseph Panckouke）买下《法兰西公报》后，一直办到大革命爆发。作为官方报纸，1789年7月14日攻占巴士底狱的消息没有出现在《法兰西公报》上。但有趣的是，为了满足读者的需求，庞库克另外发行了一份名叫《小公报》（Le Gazetin）的增刊，报道了国民公会的辩论。1792年5月1日，法国外交部收回了《公报》并重新出版。1793年1月21日路易十六被处决后，该报改名为《法国公报》（Gazette nationale de France）。②

《公报》的创办人泰奥弗拉斯特·勒诺多曾被一些学者称为"法国新闻之父"（le père des journalistes français）。③他1586年生于法国卢丹，在巴黎学习化学后回到卢丹行医，1606年以19岁年轻之资在蒙彼利埃大学获得博士学位。此后勒诺多周游意大利、荷兰等地，曾在教皇手下学习慈善济贫，也曾学习过办报。1611年，他被人引荐给法国首相黎塞留，并回到巴黎担任皇家御医。1618年他获任皇家济贫总监，负责帮助穷人就业。1629年勒诺多创办官方救助机构"问询接洽处"（Bureau d'adresse et de rencoutre），并发行《问

图3-4 泰奥弗拉斯特·勒诺多

---

① Albert and Terrou, *Histoire de la Presse*, p. 19.
② Miller, "The French Periodical Press During the Reign of Louis XIV," p. 304.
③ Hatin, *Le journal*, p. 24.

询处简报》，提供工人求职、雇主招聘、产品销售的信息，只收取3%的运营成本费。《问询处简报》与如今常见的分类广告相似，是后来《公报》的雏形，并于1632年并入《公报》。路易十三和黎塞留十分支持勒诺多创办的《公报》，经常亲自撰文投稿。黎塞留死后，勒诺多的政敌在《公报》上找到一篇黎塞留写的文章，其中有向奥地利的安妮太后进谏忠言的内容。为此勒诺多受到严惩，被迫退居家乡卢丹，但仍继续出版《公报》直到1635年去世。

（二）《学者报》

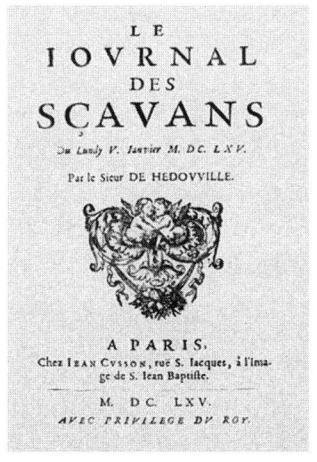 

图3-5 《学者报》（1665年与2015年）

《学者报》（*Le Iovrnal des Sçavans*，后来改为 *Journal des Savants*）是法国历史上最早创办的月刊，也可能是世界上出版时间最长的杂志。1665年1月5日议员德尼·德·萨洛（Denis de Sallo）得到财政总监让·巴蒂斯特·科尔贝（Jean Baptiste Colbert，1665—1683）的赞助在巴黎创办了周刊《学者报》，1724年改为月刊。创办者萨洛很快被赶走，此后发行人也多次调换，但《学者报》后来得到法兰西科学院赞助，一直发行到今天。①

《学者报》刊登的内容包括新书介绍、学界争论、学者讣闻、索邦神学院的谴责、高等法院的决议等。② 创刊号的话题包括通俗拉丁语词汇表综述、

---

① Albert and Terrou, *Histoire de la Presse*, pp. 19-21.
② Miller, "The French Periodical Press During the Reign of Louis XIV," p. 305.

译自意大利文的望远镜说明、笛卡尔对灵魂与肉体概念的探讨，以及译自英文的医学文章等。科学、神学、历史（包括纹章学）、法学、哲学等问题是《学者报》的关注焦点，时事新闻则很少出现。这份刊物似乎只为学究而出版，只考虑上层阶级和好奇市民的感受。很多书评用当时学术界通行的拉丁语写成，很多文章是不太科学的研究和学识上的争讼。《学者报》中传达的神学大都是正统观念，包括教会历史、宗教会议、《圣经》注疏等。科学文章主要限于描述事实，而且大部分都不过是灾异或奇观，比如一篇文章报道某个暹罗人生出了双胞胎，作者解释说这是输血的结果。有些篇目似乎更适合登在文艺月刊《信使报》上，如"取悦人的交谈艺术"（L'Art de plaire dans la conversation）、"威尼斯贵族，英勇的事迹"（La noble Vènitienne, histoire galante）等。① 尽管如此，这份刊物还是表现出一定的科学精神。尤其到了18世纪，笛卡尔思想、实证主义、历史批判、理性解释等因素逐渐增加，学术汇编、经院哲学、神学著作则越来越少，说明《学者报》受到了启蒙思想的影响。

《学者报》介绍国内外著作十分成功，一时成为欧洲同类报刊的模仿对象。1665年3月在伦敦创办的英国皇家学会刊物《哲学学报》（Philosophical transactions）便是受《学者报》启发而问世的，内容与编排都效仿了《学者报》。在法国，《学者报》实际上垄断了17世纪的学术刊物，其竞争对手都因必须缴纳巨额年税而生存困难。荷兰的法文报刊没有缴税负担，但直到《学者报》创办20年后才出现第一份类似的刊物，即皮埃尔·贝勒（Pierre Bayle）的《文人共和国新闻》（Nouvelles de la république des lettres）。

（三）《信使报》

1672年，剧作家让·多诺·德维泽（Jean Donneau De Vizé，1638—1710）

---

① Miller, "The French Periodical Press During the Reign of Louis XIV," p. 305.

在里昂创办了小开本的文学月刊《文雅信使》(Le Mercure galant)。德维泽自己是主要作者，投稿者有剧作家让·拉辛（Jean Racine）、托马·高乃依（Thomas Corneille）等人。①

德维泽主持的《文雅信使》(1672—1710)厚达200多页，内容庞杂，刊登的内容包括政界与新闻界要闻、外国新闻、戏剧评论、短篇故事、谜语、诗歌等，有时还附带刊出乐谱。似乎是为了吸引女性读者，德维泽以一位巴黎女士向乡村女友写信的语气撰文，介绍了王宫、巴黎市景、最近的戏剧、服装时尚与室内装饰等，富有浓郁的乡土气息。《文雅信使》也刊登小说尤其是爱情故事，并邀请读者猜谜作诗，在下一期中揭晓参与者的姓名和地址。②《文雅信使》经常刊登音乐作品和评论，报道音乐理论和音乐史方面的重要著作，被视为记录音乐史的宝贵文献。③杂志1672年的几期曾刊登拉辛的戏剧《巴雅泽》(Bajazet)、钻石项链的故事④、对一位琉特琴演奏名家的吹捧、对凡尔赛宫花园的介绍等。1677年的一期报道了卡塞尔战役，列出了死伤者名单，并附上了三首歌颂凯旋的十四行诗。1686年是路易十四废除南特赦令的第二年，《文雅信使》报道了一个改信天主教的胡格诺派教徒，并发表了几首十四行诗和牧歌，赞美国王雷厉风行地铲除了宗教异端。与同时期的其他"小报"相比，《文雅信使》显然更懂得吹捧贵族和国王亲信，德维泽也因此获得钦定史官的封号，迁入卢浮宫居住。⑤

1710年德维泽去世后，《文雅信使》经历了一段过渡期，发行人频繁变更，名字也不断变化，直到1723年路易十五结束摄政期（1715—1723）。此后，《文雅信使》(1672—1716) 先改为《新信使》(Le nouveau Mercure, 1717—1721年5月)，后来又改为《信使报》(Le Mercure, 1721年6月—1723年12月)，

---

① 托马·高乃依是戏剧家，他是文学家皮埃尔·高乃依（Pierre Corneille）的弟弟。
② Briggs and Burke, *A Social History of the Media*, p. 58.
③ Eleanor Selfridge-Field, "Italian Opera, English Letters, and French Journalism: The Mercure de France's Debts to Joseph Addison," *Revue de Musicologie* 83, no. 2 (1997): 186.
④ 但并非1785年路易十六的王后玛丽·安托瓦内特涉及的那场王室丑闻。
⑤ Miller, "The French Periodical Press During the Reign of Louis XIV," p. 304.

1724年1月路易十五正式执政时又改为《献给国王的法兰西信使》(Mercure de France dedié au Roi)，并一直沿用到大革命爆发。

《法兰西信使》(Mercure de France, 1724—1789) 接受外交部赞助，很快变成纯文学刊物，只刊登文学作品。由于版面新颖、富于变化，欧洲各国的同类杂志也经常效仿它。1788年出版商庞库克买下《法兰西信使》，开始在文学版外加上了独家垄断的政治版。但《法兰西信使》的政治新闻胆怯而肤浅，只能为社交界提供谈资，用作家拉布吕耶尔 (Jean de La Bruyere) 的话来说，"比废纸还没用"。① 在18世纪启蒙时代，《法兰西信使》有将近850人的订户，其中大约250人是住在城堡里的贵族，还有大约50人是邮政局长。这些人既是读者，又是信息的进一步传播者。② 1786年《法兰西信使》的发行量达到1.5万份。

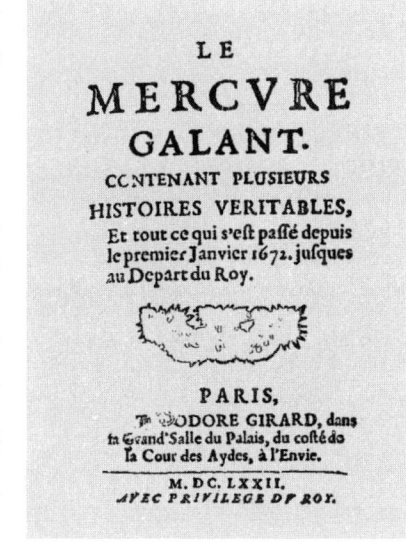

图3-6 《文雅信使》创刊号

大革命后，《法兰西信使》改名为《法国信使》(Mercure français) 并继续出版到1825年，只在拿破仑统治时期短暂停刊 (1811—1815)。1890年1月1日，作家艾尔弗雷德·瓦莱特 (Alfred Vallette) 重新创办了《法国信使》，后来几经转手，一直办到今天。

四、巴黎的小报

除了上述三份影响最大、创办时间较长的刊物外，在书报检查比较宽松

---

① Albert and Terrou, *Histoire de la Presse*, p. 20.
② 罗什：《启蒙运动中的法国》，第130页。

的时期，巴黎还出现了一些影响较大的杂志。

福隆德运动结束后，也许是受到非法小册子和假冒报刊的刺激，巴黎出现了合法"小报"（petite presse）的繁荣。这类小报一般报道琐碎而有趣的消息和传闻，其中最有名的是洛雷（Loret）创办的《缪斯女神》（*Muse historique*，1650—1665）。《缪斯女神》是一份诗歌周报，以活泼的韵文报道要闻、天气、战争、名人、书评等，有时也摘引《公报》的外国新闻。《缪斯女神》最初只是献给"朗格维尔的公主陛下"，1652年因为模仿者众多而开始面向公众发行，1655年获得了特许出版状，成为报道法国上流社会新闻的最重要刊物。《缪斯女神》的成功引来一批效仿者，1650—1678年间很多作家都开始主办诗歌刊物，它们大都题献给某位贵族，并获得了特许出版权在巴黎出版。①

合法小报的另一次繁荣是在莫普改革（1771—1774）失败以后。路易十六为推行自由开放政策，先后任命了主张改革的杜尔哥内阁（1774—1776）和马勒泽布内阁（1775—1776）。马勒泽布（G.-C. de Lamoignon de Malesherbes）是启蒙思想家的支持者，他担任书报总监时（1750—1763），提倡"禁书的方式只有一种，那就是尽量少公布禁书令"。《论法的精神》《爱弥儿》《社会契约论》《百科全书》等启蒙思想的著作都是在他担任书报总监时通过书报检查，以"特许""默许"或"口头许可"的方式在法国出版的。② 马勒泽布担任首相后，主张推进司法、宗教和出版改革，取消国王"密札"，任命第三等级的文人如皮当萨·德·麦罗贝尔担任书报检查官。在马勒泽布的鼓励下，一批第三等级文人获得出版小报的许可，如剧作家梅西耶（Louis Sébastien Mercier）、勒菲埃尔（Le Fuel de Méricourt）、杜库德雷（du Coudray），律师兰盖（Linguet），评论家格里莫·德拉·瑞尼埃（Grimod de la Reyniére）、勒图尔讷尔（Le Tourneur）、拉特里奇（Rutlidge）等。他们出版了大约10份报纸，包括《剧院报》（*Journal du théâtre*）、《演出来信》（*Lettres sur les spectacles*，由勒菲埃尔

---

① Miller, "The French Periodical Press During the Reign of Louis XIV," 303 ~ 304.
② 多伊尔：《法国大革命的起源》，第90-91页。

而创办）、《女士报》（Journal des dames，由梅西耶主办）、《新观众》（Nouveau spectateur）、《英国报》（Journal anglais）、《喋喋不休报》（Babillard，由拉特里奇主办）、《外国新报》（Nouveau journal étranger）、《戏剧通信》（Correspondance dramatique）等。这些报纸名字温和，内容却十分激进，经常公开指责法兰西科学院、法兰西喜剧院、《法兰西公报》、《法兰西信使》等，声称这些官方机构否定他们的剧本不过是担心剧中情节表达了第三等级的心声。①

这种心声的绝佳例子是戏剧《费加罗的婚礼》（1784），剧作家皮埃尔-奥古斯坦·卡隆·德·博马舍（Pierre-Augustin Caron de Beaumarchais）因为在剧中讥讽书报检查制度而遭到高等法院点名批评：

> "只要我的写作不谈当局，不谈宗教，不谈政治，不谈道德，不谈当权人物，不谈有声望的团体，不谈歌剧院，不谈别的戏园子，不谈任何一个有点小地位的人，经过两三位监察员的审查，我可以自由地付印一切作品。我因为想利用这个可爱的自由，所以宣布，要出版一种定期刊物，我给这个刊物起的名字是《废报》"。②

可惜马勒泽布 9 个月后便被撤职，新内阁重新恢复严格的书报检查。上述小报或者被查封，或者换了主办者。原来的主办者有的遭到监禁，有的逃到外国创办非法小报，如《黑公报》、《铁甲公报人》（Le Gazetier Cuirassé）、《林荫道密探》、《英国密探》（Espion anglais）、《遭打劫的密探》、《在伦敦的法国密探》、《英国观察家》（Observateur anglais）等。

五、外省的广告纸

外省各大的城市原本也有许多重要的印刷厂，但 16—17 世纪随着中央集

---

① Gelbart, "'Frondeur' Journalism in the 1770s," pp. 494-495.
② 阿尔贝等：《世界新闻简史》，第 17—18 页。

权的加强，巴黎的优势地位不断提升，外省印刷厂开始出现印刷工的短缺和生意的匮乏。巴黎的《公报》拥有皇家特许状，从1631年创办之日起便垄断了全国的政治新闻。1763年法院下令关闭全国43个城市的所有印刷厂，只允许巴黎印刷厂继续存在。① 这以后，《公报》开始向一些外省出版商转让部分特许权，允许他们印刷官方报纸。这些出版商有时也会印刷一些本地人感兴趣的消息，但无法创办独立的外省报刊。1749年勒诺多家族卖出《公报》，接手的出版商为了增加全国版的发行量而收回了外省出版商的印刷特许权，这令已经读惯《公报》廉价复制版的外省读者大为失望。②

值得注意的是，除了《公报》之外，一批巴黎出版的农学读物也在外省大量传播，它们形式多样，从理论性的教科书到最实用的刊物都有。例如，在缪塞-巴泰图书馆（Victor Donatien de Musset-Pathay）收录的15—18世纪刊物中便包含重农主义学派的报刊，如杜邦主持的《贸易新闻》（Gazette de commerce）、《农业日报》（Journal d'agriculture）和《贸易和金融》（Commerce et finance），博多神甫主办的《国民大事记》（Ephémérides du citoyen）等。《农业日报》的267名作者和通讯员中35%是外省人。③

不过在旧制度最后30年，外省刊物大规模发展的时机成熟了。1759年政府终于允许外省创办报刊，这促使巴黎的特许出版商大举发展外省报纸。早在1748年，第一份外省周报《里昂广告报》已经问世。从1759年开始外省报纸数量激增，到1788年全国共出现了44份，大部分重要的外省市镇都有了自己的报纸。④ 至少有一份外省报纸已经在全国所有财政区（généralités）发行，有好几份外省报纸开始在几个财政区同时发行。

历史学家达尼埃尔·莫尔内列出了目前确切知道创立时间的外省报纸。

---

① 德布雷：《法国近代史上的书报审查逻辑》，第83页。
② Jeremy D. Popkin, "The Provincial Newspaper Press and Revolutionary Politics," *French Historical Studies* 18, no. 2 (1993): pp. 436-437.
③ 罗什：《启蒙运动中的法国》，第146、148页。
④ 多伊尔：《法国大革命的起源》，第88-89页。

1748年创办的《里昂通报》于1784年与另一报纸合并成《里昂报或关于里昂城及附近地区文坛杂事的消息》，每月发行两期。1759年创办的《图卢兹通报》于1775年、1777年、1785年三次重组，1787年改名为《朗格多克报》，每月发行两期。1762年创办的《诺曼底通报》于1765年更名为《诺曼底报》。1762年南特和波尔多也各自创办了《通报》。1764年创办的《奥尔良通报》于1785年更名为《奥尔良人报》。1765年《奥斯特拉西亚、梅茨和洛林通报》创办。1766年《弗朗什—孔泰通报》创办。1770年《皮卡迪、阿图瓦、苏瓦松和法属尼德兰地区通报》与《拉罗谢尔通报》创办。1772年创办的《兰斯和香槟财政区通报》于1781年更名为《香槟报》。1772年图尔和艾克斯也创办《通报》。1773年《昂热通报》《亚眠通报》《马赛通报》和《勒芒通报》创办。1774年《多菲内通报》《普瓦图通报》《约内通报》创办。1776年《第戎通报》创办。1777年《卢瓦通报》与《勃艮第通报》创办。1779年《奥弗涅通报》创办。1780年《布列塔尼报》（在南特发行）、《布尔日通报》与《里摩日通报》创办，同年，布列塔尼、桑斯、莫城和蒙彼利埃也出现了《通报》。1781年创办的《普罗旺斯通报》同年更名为《普罗旺斯报》，每周还发行商业海运、艺术科学、文学三种增刊。这一年还创办了《沙特尔地区通报》《弗兰德尔省通报》和《鲁西永通报》。1782年《穆兰财政区通报》与《特鲁瓦通报》创办。1784年《基耶纳报》创办。1785年《文学报》在南锡创办，每年发行25期，售价32里弗尔。1786年《圣特通报》《尼姆城新报》《下诺曼底通报》《桑里斯通报》创办。①

与报道政治新闻的《公报》不同，很多外省报纸实际上是巴黎特许出版商办的广告纸（Affiches de province）。这种广告纸最初就是从《公报》分化出来的，除了刊登广告，也刊登一些文艺作品。这种特点在法国最早的外省报刊中保留下来，因此大部分外省报纸都分为杂志和增刊两大部分，杂志可

---

① 莫尔内：《法国革命的思想起源（1715—1787）》，第323页。

以刊登地方官员的法令、作家学者的文章，而增刊则可以刊登商业广告。①

所有的外省报纸都很相似。一般为四开 4 页，有的 6 页，有的还有增刊。外省报纸最初一般是一周发行 1 期，订价是每年 6 里弗尔，到大革命前逐渐变成一周 2～3 期，第一份外省日报是 1786 年创办的《吉耶纳日报》(*Journal de Guyenne*)。外省报纸大都在巴黎印刷，在巴黎和各大城市都设有投递所。占据一半甚至四分之三篇幅的往往是法律和商业信息，如抵押售卖声明、司法财政法令、粮食价格等。剩下的内容是逸闻趣事和花边新闻、演出和出版信息、诗歌书评、谜语游戏等，外省广告纸从来不谈启蒙思想和政治。

瓦朗谢纳（Valenciennes）出版的《埃诺与冈布雷齐报》(*Journal du Hainaut et du Cambrésis*) 是一份十分典型的地方报纸。该报作者包括当地的几位律师、一名商人和一名外科大夫，主要刊登诗歌、书评、医学和科学文章、乡土历史专栏。商业广告作为单独的增刊出现，刊名为《埃诺与冈布雷齐省的各类广告、公告和评论》(*Affiches, announces et avis divers pour les provinces du Hainaut et du Cambrésis*)。增刊中偶尔也会刊登本地新闻简讯，如 1788 年 7 月 13 日发生的雹灾等。②

广告纸与科学院校、阅览室、共济会分会、剧院等文化机构同时出现，反映了外省文化机构的繁荣。一些有识之士和资产者在巴黎和外省建立各种研讨思想的"学院"（académie），通过设立文学奖金与科学奖金促进研究和创作。到大革命爆发前，外省大概形成了 35 个学院，主要集中在东部和南部城市。它们给初出茅庐的作家发奖，如孟德斯鸠曾在波尔多获奖，卢梭曾在第戎获奖，罗伯斯庇尔曾在阿拉斯获奖。外省的私人文学社团有 40～55 个，大都设有图书馆或阅览室。1785 年于贝尔在布尔日创办的文学室只收取相当于单本期刊定价的 24 里弗尔会费，就能让读者自由翻阅所有期刊。③

尽管关注乡土历史、推动本地文化，外省报纸对促成外省意识仍作用有

---

① Popkin, "The Provincial Newspaper Press and Revolutionary Politics," p. 437.
② Popkin, "The Provincial Newspaper Press and Revolutionary Politics," p. 438.
③ 多伊尔：《法国大革命的起源》，第 88-89 页。

限。18世纪法国报刊史学者克劳德·拉布罗斯（Claude Labrosse）指出，广告纸总是把外省当作巴黎的反面，把接受巴黎文化当作进步。① 大革命爆发前夕，旅行家亚瑟·扬对外省出版业的落后状况印象深刻。他发现，在巴黎随处可见的报纸和小册子在外省却难觅踪影。外省人只要聚集在一起，打听的一定是来自巴黎的最新消息。②

六、荷兰的法文刊物

全世界最早出现法文报刊的地方并非巴黎，而是荷兰的阿姆斯特丹。1605 年在斯特拉斯堡出现了定期出版的新闻书，因为发行期数多，每期包含不止一条消息，且各期都有一致的标题或格式，所以被公认为最早的近代报刊。此后，印刷报刊以惊人的速度从德国向周边国家传播。1620 年 9 月，阿姆斯特丹的出版商开始印刷出版世界上最早的法文周报，并将它运到法国境内出售。

《来自意大利、德国等地的新闻》(*Courante uyt Italien, Duytslandt, &c.*) 由荷兰出版商卡斯帕·范·希尔滕（Caspar van Hilten）出版。希尔滕曾在德国居住过一段时间，掌握了早期报刊的出版业务后，把这种新式印刷品引入了荷兰。17 世纪的阿姆斯特丹是商业和航运业中心，又接纳各派宗教和思想，出版业受到的约束远比其他国家少。希尔滕将荷兰文报刊上的新闻一字不差地翻译成法文，删去可能冒犯法国政府的政治新闻，于次日运送到法国出版。《来自意大利、德国等地的新闻》只留存下 4 期，很可能是因为当时法国已经实行了严格的出版监管政策，无法使它落地生根。

在 1648—1653 年的福隆德运动期间，反政府的非法报刊不仅出现在法国国内，也出现在更为自由的荷兰。让·洛莱主编的《滑稽新闻》(*La Gazette*

---

① 转引自 Jean Sgard and Anne-Marie Chouillet, *La Presse Provinciale au XVIIIeSiècle* (Grenoble: Centre de recherches sur les sensibilités, Université des langues et lettres de Grenoble, 1983), p. 122.

② 莫尔内：《法国革命的思想起源（1715—1787）》，第 323 页。

boulesque，1650—1665），以诗歌的形式报告法国的宫廷新闻和巴黎新闻，文笔诙谐大胆，共出版了 760 期。勒诺布尔创办的月刊《政治试金石》(*La Pierre de touche politique*，1689—1691）因为针砭时弊而被政府查禁，后来又更换刊名，总共出版了 30 多期。

1685 年以后，随着路易十四废除南特敕令，大批胡格诺教徒逃到国外，荷兰又出现了一批法文报刊。1685 年 1 月，皮埃尔·贝勒创办了荷兰第一份面向学者的法文月刊《文人共和国新闻》(*Nouvelles de la république des lettres*）。这份月刊模仿《学者报》，不关心时事新闻，完全不刊登诗歌和戏剧，而是注重报道科学新闻，三年以后甚至开始报道整个欧洲的学界新闻。《文人共和国新闻》的创刊号报告了拉封丹进入法兰西学院时的演讲，评论了一本批驳神学家雅克-贝尼涅波舒哀（Jaques-Bénigne Bossuet）的书，刊登了一篇英国科学家撰写的医学文章，还报告了各语种的新书。针对宗教书籍的书评占据了《文人共和国新闻》的最大篇幅，因为荷兰和法国的新教徒和宗教宽容者，对这些内容最为关切。除了科学新闻之外，古典学与法国史也经常出现在《文人共和国新闻》中。1687 年贝勒因为生病而不再担任编辑，但《文人共和国新闻》一直办到 1718 年。与此同时，其他类似性质的学术刊物也很快在荷兰出现，如 1686 年新教阿米尼乌斯派长老让·勒克莱尔（Jean Le Clerc）创办的《图书集成》(*Bibliothèque universelle*），1687 年创办的《学者著作轶事》(*Histoire des ouvrages des savants*），1694 年创办的《新学者报》(*Nouveau Journal des Savants*）。这些刊物大都与贝勒的《文人共和国新闻》相似，主要刊登法国的科学和哲学动态，并用一定的篇幅报道英国的科学和哲学。1687 年又曾出现过专门摘引这类刊物佳作的《刊物集成》(*Journal Universel*），可见当时的欧洲学术已经相当繁荣。

这段时期在海牙发行的两份月刊都与法国《公报》性质相似。1686 年创办的《历史政治信使》(*Mercure historique et politique*）和 1692 年创办的《遗闻录》(*Lettres historiques*，1692—1728）开头部分纵览本月的欧洲事务，接着逐一讨论法国、西班牙、英国、波兰和德国的重大新闻，并附有作者的评论。

1704 年 7 月 1 日在卢森堡出版的月刊《欧洲君主内阁密钥》(Clef du Cabinet des princes de l'Europe, 1704—1794) 主要报道欧洲王室新闻。当时正值西班牙王位继承战 (1701—1714),该刊迎合读者需要,按国家顺序逐一报道各国新闻,尤其注意报道各种宫廷生活,如庆典仪式、国王狩猎、王子诞辰等,也会刊登一些书评,后来还开始刊登地方议会的新闻和启蒙思想家的文章。

18 世纪初,由于路易十四对报业的管制相对宽容,荷兰又出现了一批法文刊物,包括《图书文摘》(Bibliothèque choisie)、《图书批判》(Bibliothèque critique)、《文人共和国遗闻》(Histoire de la République des lettres) 等。1701 年出版的《特雷武新闻报》(Journal de Trévoux, 1701—1762) 支持天主教,与众多新教刊物形成鲜明对比。该报主要刊登神学文章,但也不乏出色的文学批评、科学新闻和历史研究。

第三节 官方管制

书报检查与出版特许制是旧制度时代管制出版业的两大制度,一方面压制异端邪说和反动言论,一方面保护出版商的专属特权。本书前面提到的很多印刷品,尤其是"诽谤书"和"秘闻录",实际上都是旧制度时期的非法出版物。因为印刷书籍在法国问世后不久,当局就建立了监管这类违禁作品的制度。这套制度保证合法出版业稳定发展到 18 世纪,避免了大部分商业竞争。由于只有官方报纸可以谨慎地报道政治新闻,法国报纸比英国报纸更加文学化,这种特征后来一直影响着法国的报业。

印刷品出现时正值新教思想萌发的年代,因此天主教会首先提出了管制印刷品的政策。1559 年,教皇保罗四世颁布首个《禁书目录》(Index librorum prohibitorum),此后定期更新,到 1966 年最后取消前,共更新了 32 个版本,禁止了 4000 多种书籍。

与此同时,法国君主也在逐步建立印刷品的监管制度。巴黎神学院

（Faculte de Théologie de Paris）最先负担起检查的职责，随后被出版管理局取而代之，而国王则通过向出版商授予特许出版权来体现最高权威。

一、书报检查制

  法国的印刷品监管始于新教诞生的 16 世纪 20 年代，弗朗索瓦一世针对新教出版物出台了一系列严厉的政策。1521 年 10 月 22 日，弗朗索瓦一世在索邦大学配合下发布详细的禁令，规定包括拉丁文和法文在内的一切书籍都必须经巴黎神学院审查批准，否则不得出版。1528 年，他下令禁止路德及其追随者的著作，并规定未经教区主教许可不得阅读和传播任何宗教类书籍。1530 年，他又任命索邦大学的 2 名教士和高等法院的 2 名法官担任书报检查官，教士负责确定异端思想，法官则负责销毁违禁书籍、发布禁书目录。[①]1534 年 10 月 18 日，由于在寝宫门上发现批判圣餐变体和圣体同在论的布告，弗朗索瓦一世立即下令禁止印刷出版任何未经王室授权的书籍，否则处以绞刑。这一禁令后来被他反复重申（1563，1565，1566），致使印刷商只能印刷少数几种合法书籍而纷纷倒闭，有两名印刷商和一名书商被处以火刑，巴黎只剩下 12 个印刷商。1537 年弗朗索瓦一世推行法定备案制，1542 年规定出版物发行前必须接受审查，1545 年颁布法国第一份禁书目录，1547 年禁止印刷和销售任何来自日内瓦或德国的新教《圣经》。[②]

  但直到路易十四时代，系统的事先检查制才真正形成。1699 年，大臣蓬查特兰公爵路易·菲利波二世（Chancellor Louis II Phélypeaux, count de Pontchartrain）与侄子阿贝·让-保罗·比尼翁（Abb Jean-Paul Bignon，当时他是实际上的文化大臣）先后夺取了分散在索邦神学院、天主教会、高等法院的书报检查权，对法国境内外的非法书籍进行了大规模的查禁，取缔了很

[①] 沈固朝，欧洲书报检查制度的兴衰，125 页。
[②] 德布雷：《法国近代史上的书报审查逻辑》，第 79 页。

多经营惨淡的小印刷商,开始把书报检查的权力集中在王权之下。

有权管制违禁书报的人原则上包括各省总督(intendants)、高等法院的法官、神学院的教士、巴黎与外省的警察、书报巡检员、书商与印刷商公会的官员等,但居于核心地位的检查机构则是直属于内阁的出版管理局(Direction de la librairie)。出版管理局由书报总监领导,是全面管理全国书报出版的机构,下设书报检查官和书报巡检员,书报检查官负责检查作者、出版商和书商提交的作品,书报巡检员负责查禁违禁书报。

根据出版管理局颁发的《出版法令》(Code de la librairie),只有获得"特许"或"许可"的书籍才可在法国境内合法流通。这个法令1723年颁布时只针对巴黎,但1744年扩展到了全国,到1790年才由国民公会下令废除。出版管理局总监每个月会派一名巡检员分别与检查官和被检查者见面一次。巡检员与检查官见面时,把需要检查的手稿交给检查官,把已经检查完的手稿和报告取回;与被检查者见面时,则把否决的手稿还给被检查者,把允许出版的手稿交给出版商,并将书名分别登记在册,其中一本登记"特许"或"许可"出版的书,另一本登记"默许"出版的书。为了保护检查官,两场会面安排在不同的日子。①

检查结论分为"特许"(privilège)、"许可"(permission de sceau)、"默许"(permission tacites)、"口头许可"(telérance)四种。只有获得"特许"(privilège)或"许可"(permission de sceau)的书籍才能合法出版并受法律保护,免于盗版侵害。"特许"(privilège)指的是王室授予某出版商在某段时间(至少十年)独家特许出版的权利,只有皇家敕令(arrêt du Conseil du Roi)才能终止特许权。"许可"(permission de sceau)只有短期效力,过期便不再享受独家出版权。从1718年开始,从境外运到巴黎、里昂、鲁昂等图书交易中转站的书籍也可向出版管理局申请事先检查,一旦获得"默许"(permission tacites),便可注上虚假的出版商地址,公开在法国发行。但检查官不会在"默

---

① Birn, *The Royal Censorship of Books in Eighteenth-Century France*, pp. 36-37.

许"（permission tacites）的书末印上自己的名字，所以也不能保证这类书能免于盗版或法律追责。1750—1789年间法国出版的新书中，有一半都是外国出版的"默许"书籍或地下书籍。最后还有一种"口头许可"（telérance），即书报检查官不对图书作出任何承诺与保证，只是通过出版管理局口头通知警察不要取缔该书。①

书报检查官差不多是当时的学术精英。根据雷蒙德·伯恩（Raymond Birn）的统计，1750—1763年间的审查官大都是45～50岁的行业专家，也有少数是跨领域的审查者，其中60%的人属于第三等级。尤其值得注意的是，很多检查官是报刊作者，如17位来自《学者报》，41位来自《信使报》，还有一些来自《公报》《荷兰观察家》（*Observateur hollandais*）、《凡尔登报》（*Journal de Verdun*）。1750—1789年间出版管理局一般有122～189名检查官，负责检查法国公开出版的所有书稿，检查结果由图书交易巡检员来执行。②

书报检查的主要目的是禁止诋毁君主、教会或传统道德的内容，同时也可以鉴定手稿的真伪、否决荒诞不经的研究。根据雷蒙德·伯恩（Raymond Birn）的系统研究，路易十四时代检查的主要是宗教、文史地、医药书籍，检查官关注的是这些作品是否文雅、准确、理性和实用。到路易十五时代，书籍的话题开始扩展到神学、物理和数学专业，有时候检查官对某些法学、文学和历史书籍难以定夺，需要请示外交大臣、警察总监等上级领导。路易十六时代出现了讨论教育改革、监狱制度、扶贫、医疗的书籍，有关美国独立革命的书籍尤其向检查官提出了难题：法国支持美国抵抗英国，出版这类书籍符合外交部政策；但美国革命者主张出版自由、抨击专制王权，这又是法国王室无法容忍的。③伯恩的研究表明，书报检查没有统一标准，很多检查官自己也是作者，并不想扼杀新思想，但检查制度本身还是伤害了作者的创造性。

---

① Birn, *The Royal Censorship of Books in Eighteenth-Century France*, pp. 4, 24.
② Darnton, *An Early Information Society*, pp. 6-7, 40-41; 达恩顿：《旧制度时期的地下文学》，第17。
③ Birn, *The Royal Censorship of Books in Eighteenth-Century France*, pp. 20, 69-77.

外国报纸报道法国事务也需接受法国的检查。1746 年的秘密警察报告揭示，法国驻荷兰大使每年向《阿姆斯特丹公报》(Gazette d'Amsterdam) 支付 2000 里弗尔，向《乌德勒支公报》(Gazette d'Utrecht) 支付 12000～15000 里弗尔。这些报纸一旦风格骤变或短暂停刊，法国人就会风传又是大使在捣鬼了。① 1771—1774 年莫普改革期间，即使荷兰最好的法文报刊《莱登公报》(La Gazette de Leyde) 也很少报道莫普与地方法院的冲突。②

有趣的是，一些重要的出版物完全不需要接受检查，如皇家印刷公司 (Imprimerie royale) 印刷的书籍、国王授权免检的书籍、律师的司法简报 (mémoires judiciaires des avocats)、教会的祈祷书与赎罪券等。律师出版的司法简报可以解释案情经过，可以质疑公序良俗与当局权威。某些官司的简报可以卖出去几千份，最后演变成"轰动性案件"(causes célébres)。高等法院尤其利用自己的印刷机构发行了大量裁决书与决议案，甚至刊发了法官个人写给国王的谏诤书，而这些内容严格说来是应该保密的。

书报检查维持了旧制度出版业的稳定，只在宗教战争、王室反叛与福隆德运动期间一度失控，而在莫普改革期间（1771—1774）则有收紧的趋势。路易十五晚年，由于高等法院利用抗辩权反对国王，莫普（René Nicolas de Maupeou）担任首相后便撤换高等法院法官，以没有声望的"胆小法官"取而代之，希望以此压制贵族的权力。莫普改革期间出版界也进入黑暗时代。大量合法报纸停办，只有少数报纸获得新的特许出版权，进口书籍需要缴纳重税。保皇派检查官马兰（Marin）出任《法兰西公报》总编，他获得每年 1 万里弗尔的津贴，保证《法兰西公报》上充斥着赞扬绝对君主专制的文章。③ 出版管理局也受到更严格的约束，莫普要求书报检查官登记个人信息以衡量其是否符合资格。不过这项政策随着莫普改革的失败而取消，似乎没有一名审

---

① Darnton, *An Early Information Society*, pp. 6-7.
② 达恩顿：《法国大革命前的畅销禁书》，第 157 页。
③ Gelbart, "'Frondeur' Journalism in the 1770s," p. 496.

查官因不符合资格而遭到撤职。①

书报检查是在大革命期间逐渐失效的。1788年7月5日以后，为了迎接即将召开的三级会议，路易十六请各方专家提交有关财政改革与政治改革的方案，强调"不必接受事先检查"。这一命令导致未受检查的小册子与陈情书盛行，到1789年3—4月间达到数量的顶峰。1790年国民议会下令废除《出版法令》（1723—1790），作家不必再向书报检查官提交手稿，书报检查官陆续退休，未受审查的小册子逐渐大行其道。

二、特许出版权

法国早期的定期刊物都必须经由国王特许才能发行，具有报道某些特定主题的排他性权利。每种特定的主题都归特许出版商垄断，例如《法兰西公报》垄断了外交事务和官方政治主题，《信使报》垄断了与轻松读物有关的主题，《学者报》垄断了科学和哲学方面的主题。特许权可以买卖、分割、继承和赠予，任何出版商想要刊登上述内容都必须向这三份报纸缴费。《法兰西公报》因为享有报道法国与外国政治新闻的特权而阻止了其他政治报纸的产生。1676年6—11月，《巴黎新闻报》（*Journal de la Ville de Paris*）曾得到报道巴黎新闻的皇家特许权，但很可能因《公报》的阻挠而很快停办。②1777年1月1日，卡德·德·沃（Antoine-Alexis Cadet de Vaux）、让·罗米伊（Jean Romilly）、奥利维耶·科朗塞（Olivier de Conrancez）、路易·德昌西厄（Louis d'Ussieux）等人获得特许出版权，创办了法国第一份日报、也是巴黎本地的第一份报纸《巴黎日报》（*Journal de Paris*）。③《巴黎日报》的版幅只有图书大小，其实称为日刊更加合适。由于无法报道政治新闻，《巴黎日报》干脆效

---

① Birn, *The Royal Censorship of Books in Eighteenth-Century France*, pp. 91~94.
② Miller, "The French Periodical Press During the Reign of Louis XIV," p. 302.
③ 德国第一份日报《莱比锡新闻》创办于1663年，英国第一份日报《伦敦日报》创办于1702年，法国在这方面显得远远落后了。

仿英国的《伦敦晚邮报》(London Evening Post),主要刊登文学新闻、戏剧评论、巴黎逸闻和一些实用的信息如天气预报、中奖结果等。《巴黎日报》很受巴黎市民欢迎,1790年发行量达到12000份,一直办到1840年5月17日。①

旧制度时期的报刊作者大都接受政府支付的年金。1762年,《信使报》向20名启蒙运动全盛时期的专栏作者(subluminaries)提供了30400里弗尔。除了《公报》《信使报》和《学者报》,其他受到王室资助的还有《海洋史志》(historiographes de la marine)、《王室舰船》(Les Comptes des batiments royaux, 1528—1571)、《美食之乐》(Thêatre des menus-plaisirs)、《圣灵骑士团》(L'Histoire de l'Ordre du Saint-Esprit)等。②

图3-7 《巴黎日报》创刊号

特许出版权是君主权力的体现,一切印刷品的最高管制者是国王。国王之下还有一套复杂的官僚体系为特许权提供保障,包括书报总监、海关官员、书商公会巡视员、警察等。任何报刊和书籍都必须得到政府批准,通过书报检查,并支付年金。经国王批准的书籍要在扉页下方印上"国王特许批准"的标准字样,否则不得在法国出版或销售。1563年国王调动辖区的议会和法院,开始向印刷商和书商颁发垄断特许权。自此以后,印刷商和书商都涌向巴黎的首相公署以获取批文。1739年的一项法令则是取消了全国43个城市的所有印刷厂。③

合法出版商和书商可以获得教育勋章,可以组织公会,还能享有生产图书和监督图书交易的权力。17世纪下半叶,路易十四的财政总监科尔贝将绝大多数图书的特许权授予巴黎出版商公会成员。到17世纪晚期,巴黎36家

---

① 达恩顿:《法国大革命前的畅销禁书》,第238页。
② 达恩顿:《旧制度时期的地下文学》,第11页。
③ 莫尔内:《法国革命的思想起源(1715—1787)》,第41页。

特许印刷商、100家特许书商垄断了印刷出版贸易。路易十六登基后曾决定放松管制，提出一部著作的特许权在10年后或特权申请者死亡后终止，此后其权利无限期地保留给作者及其继承人，外省出版商也可出版公共领域的图书。结果，巴黎的出版商公会不断发动请愿抗议、出版小册子、提出诉讼和非正式罢工，限制他们的特权被剥夺。① 到1781年，《出版年鉴》（*Almanach de la libraire*）列出了法国1057名书商和印刷商，其中1/5都在巴黎开业。② 由此可见，捍卫特许权最积极的不是国王，而是特许出版商。

违反特许权的出版商和书商会被处以监禁、绞刑、火刑或绝罚（即开除教籍）。1561年与1745年的法令规定散发、传抄传单或小册子要受到鞭刑和流放。1757年4月的诏书规定编写、印刷与出售违反宗教原则与现有体制的书刊者将处以死刑。1764年3月的法令禁止发行任何有关财政管理的作品。1767年议会裁决禁止发表任何有关宗教争议的作品。一年后，因为购买违禁的宗教书籍，一位药剂师学徒被判9年船工苦役，出售该书的零售商被判5年船工苦役，其妻子被判无期徒刑。③

不过多数时候监控并不如我们想象的那样严格。很多违禁书籍只是遭到公开谴责，即使在高等法院的台阶上焚毁，也只是象征性地烧掉一堆废纸。18世纪70—80年代，被当局没收的书籍或小册子每年只有4~5部，公开焚毁的总共才19部。④ 违法的作者、出版商和书商一般只需要在巴士底狱关上三四个月。法律之外还存在着价值数百万里弗尔的灰色产业。某些图书获得的是"默许""合理的许可""口头许可""警察许可"等半合法的法律地位，可以在没有王室许可的情况下出版，只是无法享有与特许权相应的排他性财产保护。

特许出版权并不能保证出版商一定赚钱，有时候外省小出版商与巴黎大

---

① 达恩顿，《启蒙运动的生意》，第63-64页。
② 达恩顿：《旧制度时期的地下文学》，第17页。
③ 德布雷：《法国近代史上的书报审查逻辑》，第83页。
④ 达恩顿：《法国大革命前的畅销禁书》，第9页。

出版商的经营状况简直是天差地别。18 世纪 70 年代，法国北部某个皮匠利用妻子的嫁妆和自己的私房钱共 803 里弗尔买下一个图书发行厂，两年后年利润一度达到 2400 里弗尔，但再过两年却血本无归，只能逃之夭夭。①

巴黎大出版商代表夏尔·约瑟夫·庞库克则完全不同。1768 年他已是皇家印刷局和皇家科学院的特许出版商，得到一系列图书的垄断权。自 1770 年开始他转而投资新闻业。他买下《法兰西公报》，将《妇女报》《政治和文学杂志》并入这份法国最早的报纸，还把另外 9 种报刊并入《法兰西信使》，买下《学者报》《日内瓦历史与政治报》（Journal historique et politique de Genève）等。他一生共投资 16 种报纸，为刊物缴纳的年金一度超过 10 万里弗尔，② 堪称法国第一位媒体大王。

大出版商必须依附当权者才能生存。庞库克的保护者中包括维持特许出版权的关键人物，如有权没收盗版书的巴黎警察总监，能在书报检查时考虑庞库克利益的书报总监，控制图书进出口贸易的外交大臣等人。1789 年庞库克的订户起诉他违反合同扩大印本、拖延时间、增加订费，庞库克拒不接受法庭传唤，反而请求国务会议禁止外省法院审理相关案件，而巴黎法院则不予立案或仅判庞库克罚款 1000 里弗尔，书报总监也写信宣称庞库克并不违法。庞库克自己却经常利用特许权打击竞争对手。他声称《文学、科学和艺术杂志》《巴黎杂志》《百科全书杂志》等报刊侵犯他报道政治新闻的特许权，导致这些杂志一度暂停发行。③

在大革命中，庞库克充分展现了一名优秀生意人的特质。他作为第三等级代表出席三级会议、起草巴黎陈情书。1789 年他创办《总汇通报》（Le Moniteur universel），很快成为报道议会新闻的最重要刊物。他用《总汇通报》的盈利补贴出版《方法百科全书》（启蒙运动《百科全书》的最终版），就好像同时出版《太阳报》和《泰晤士报》的默多克。他把半官方的《法兰西公报》

---

① 达恩顿：《拉莫莱特之吻》，第 123—127 页。
② 达恩顿：《启蒙运动的生意》，第 484—485 页。
③ 达恩顿：《启蒙运动的生意》，第 46、70—71、462 页。

改名为《法国公报》继续出版，报上完全不提攻占巴士底狱的事，但1790年6月又另外创办《小公报》，详细报道革命进程。1790年庞库克宣布成立国家印刷公司，作为皇家印刷公司的新形式，该公司很快成为欧洲最大的印刷企业，拥有27台印刷机和价值58515里弗尔的生产设备。①

三、违禁作品的传播

特许权作为王权的延伸只在法国境内有效。在边境之外，只要没有当地政府的禁令，出版商可以随意翻印法国版书籍。国内特许出版商只能反复请求警察密切监视边境、没收流入法国的走私书籍。书商向境外出版商订书时，往往在合法订单外另附小纸条，列上违禁书名。由于图书都是未装订运送，合法书籍经常夹带违禁书籍运送。走私成本很高，1777年偷越瑞士附近边境的收费是货物总值的36%。走私者一旦被抓，人要上断头台，书要被没收，担保人要赔偿损失。②

里昂是外省与外国出版商的交易市场，实际上帮助了外省出版商对抗巴黎的出版商工会和书商公会。由于巴黎出版商公会支持当局执行书报检查、管理图书交易，外省出版商就用印刷盗版书来报复，而在法国边境外也出现了数十家印刷公司专门印刷法国图书。图书往往在法国东部境外的日内瓦、洛桑、纳沙泰尔等地出版，报纸则往往在法国西部境外的其他国家如阿姆斯特丹等地出版，然后都偷运到法国的里昂、鲁昂等中转站，再发往全国。到16世纪50年代，里昂的违禁书籍已呈泛滥之势，教会尽管定期检查仍不能禁绝异端作品，甚至担心"所有的基督徒都会认为里昂是另一个日内瓦"。③

日内瓦的纳沙泰尔印刷公司（Société typogrqphiaue）是18世纪最

---

① 达恩顿：《启蒙运动的生意》，第468、471、474页。
② 达恩顿：《法国大革命前的畅销禁书》，第22–24页。
③ 戴维斯：《法国近代早期的社会与文化》，第16–17页。

重要的法文图书出版商，既出版合法著作，也印刷违禁图书。该公司出版了 18 世纪规模最大的印刷书籍《百科全书》，还出版了畅销全欧洲的《卢梭全集》。

四、官方管制失效：1788—1789

公开反对出版管制的呼声直到大革命前几年才出现。1776 年孔多塞侯爵发表《出版自由散论》（*Fragments sur la liberté de la presse*）。他列举书报检查的种种问题，说明这种制度不可容忍。他赞同批评官员，甚至主张这是公民的责任。他的结论是，自由的出版业将比受管制的出版业更负责任。到 1789 年，谈论出版自由成为一种风尚。剧作家马里-约瑟夫·谢尼埃（Marie-Joseph Chénier）出版了未经审查的小册子《取缔思想检查官》（*Dénonciation des inquisiteurs de lq pensée*）。他认为只要存在书报检查就不可能有思想自由，甚至严厉谴责压制言论自由的官方机构如索邦神学院、教会、法院和外交部。出版管理局巴黎主管迪厄多内·蒂博埃（Dieudonné Thiébqult）也出版了未经审查的小册子《出版自由备忘录》，建议允许作者自行选择接受事先检查或是事后追惩。自由派贵族米拉波伯爵在《三级会议章程》中早已提出："报纸的交流能协调观点、计划、行动，能形成真正的公权力，为宪法提供真正的保障。"他把英国人约翰·弥尔顿（John Milton）的小册子《论出版自由》（Areopagitica，1788）译成法文，并呼吁制宪会议要将法律的第一条永远奉献给出版自由，使它居于最不能触犯、最不能受限制的神圣地位。后来建立恐怖统治、完全取缔新闻自由的雅各宾派领袖罗伯斯庇尔，此时也在大声疾呼："出版自由必须是完全的和无限制的，否则就没有存在的必要。"[①] 雅克-皮埃尔·布里索（Jacques-Pierre Brissot）发表了《三级会议备忘录：亟需出版自由》（Memoir: on the need to freedom of the press，1789），专门鼓吹报纸的出版

---

① 转引自陈淑荣：《法国大众传媒实现的艰难历程》，第 90-93 页。

自由。①

官方首次放开对言论管制是在三级会议前夕。为了迎接三级会议的召开，国王请各方专家提交改革国家财政与政治的方案，并强调"不必接受事先检查"。于是1789年3—4月间，三大等级纷纷撰写《陈情书》(cahiers de doléances)，向国王直接表达不满与请求。查尔斯·沃尔顿（Charles Walton）的研究揭示，在第三等级提交的531份《陈情书》中，有427份提到出版问题，其中368份直接提到"出版自由"（liberté de la presse）。②

1789年5月5日，路易十六被迫召开教士、贵族和平民代表组成的三级会议，目的仍是增收新税。但第三等级代表却提出限制王权，将三级会议变为最高立法机关。6月17日，遭到国王拒绝的第三等级代表单独举行国民会议，与王室发生冲突。27日，国王被迫宣布特权等级加入国民议会。7月14日，巴黎民众怀疑国王可能逮捕第三等级代表，于是武装攻占了巴士底狱，控制了巴黎城，揭开了大革命序幕。

由于国王被赶走，生产和监管印刷品的官方体系也随之倾覆，巴黎36家特许印刷厂被200家新的印刷厂所取代。③印刷商不再出版精美的图书，转而印制激进的小册子和诽谤书。三大等级的各个派别都以政治小册子为主要工具，宣传自己的主张。影响较大的小册子包括米拉波伯爵的《对普罗旺斯人的呼吁》、塔尔热的《致三级会议的信》、罗伯斯庇尔的《对阿图瓦人的呼吁》、修道院长E.西哀士（E. Sieyes）的《什么是第三等级》、杜雷的《告善良的诺曼底人》等，其中西哀士的《什么是第三等级》流传最广、影响最大，他猛烈抨击特权阶级，提出一切权利归第三等级即全体国民。据统计，1787年1月10日到1788年7月5日法国共出版政治小册子650种，平均每月40多种，而1788年7月到9月间共出版政治小册子300多种，平均每月达到100多种。④

---

① Briggs and Burke, *A Social History of the Media*, p. 81.
② 转引自 Birn, *The Royal Censorship of Books in Eighteenth-Century France*, p. 96.
③ 罗伯特·达恩顿，启蒙运动的生意：《百科全书》出版史（1775—1800），第472页.
④ 陈淑荣：《法国大众传媒实现的艰难历程》，第91页。

除了小册子，各种激进报刊也纷纷问世。例如，曾被当局镇压的梅西耶创办了新的革命报刊《爱国与文学年鉴》(*Annales patriotiques et littéraires*)，主要发表剧本、回忆录与公开信，抨击旧制度的腐败和脆弱。①1789年巴黎创办了140份新的报纸，这一年的下半年6个月中至少有250种报纸在发行，因此被称为"报刊革命"。②

---

① Gelbart, "'Frondeur' Journalism in the 1770s," p.514.
② Briggs and Burke, *A Social History of the Media*, p. 81; Popkin, "The Provincial Newspaper Press and Revolutionary Politics," p. 439.

第四章 出版自由与新闻管制：1789—1814
CHAPTER 4

大革命是法国近代新闻业的起点。自1789年巴黎市民攻占巴士底狱，赶走国王以后，新的图书、小册子和报刊大量涌现。据统计，1788年法国约有60种报刊，到1789年则出版了350种报纸，1790年140种，1791年85种，1792年60种，1793年50种。报刊的形式也多种多样，既有单人编纂的不定期小册子，也有多人编撰的、包含各种新闻的报纸，既有单张的4页小报，也有厚达80多页的不定期杂志。

革命时期时局变幻莫测，新闻层出不穷，所以报纸不缺乏读者。立场各异的党派报刊取代了以《法兰西公报》为首的官方报刊体系。《国王之友》《山岳派报》《人民之友》等报名无不反映出主编的政治立场和个人风格。由于开始面向大众，报纸语言浅显活泼，有些甚至比较粗俗。很多报纸创办时间不长，发行量往往不详，但有些周报发行量超过了15000份，可见影响巨大。[①] 罗伯斯庇尔、马拉等人在国民公会、雅各宾俱乐部中发表演讲，演讲的内容又被印成小册子或是发表在报刊上，进一步扩大影响。可惜随着政治力量的角逐与更迭，很

---

① Albert and Terrou, *Histoire de la Presse*, p. 26.

多报刊或者随着主编的政治失败而消失，或者被新政权的新闻管制扼杀。

大革命也是资产阶级争取新闻自由的关键阶段。雅各宾政权、复辟的波旁王朝和拿破仑帝国都试图以各种手段约束出版业，但报刊与书籍的出版还是越来越自由，巴黎与外省的新闻出版业还是越来越繁荣。正如哈贝马斯所说："法国大革命一夜之间创造了公众批评公共事务的体制，而英国用了一百多年才缓慢演化出来。"[1] 报刊、小册子、演讲、集会、公共仪式等各种传播形式互相结合，打破了旧制度时代的封闭传统，创造了一个自由而活跃的公共空间。

---

[1] 转引自 Briggs and Burke, *A Social History of the Media*, p. 83.

第一节　自由理想与恐怖现实：1789—1794

大革命爆发后，革命政权经历了三次更替。1789年7月至1792年9月，代表大资产阶级和自由派贵族利益的斐扬派掌权，他们制定了《1791年宪法》，确定了君主立宪政体。1792年9月至1793年6月，代表工商资产阶级利益的吉伦特派控制了国民公会，他们通过巴黎人民第二次起义废黜国王，查封了保皇派报纸，建立了法兰西第一共和国。1793年6月至1794年7月，代表小资产阶级利益的雅各宾派建立了恐怖统治，他们通过巴黎人民第三次起义推翻吉伦特派，镇压了其他反对派别。

三个革命政权对新闻业的态度各不相同。斐扬派政府基本维持了新闻自由的政策，对保皇派的报纸也予以容忍，新闻业一度出现前所未有的繁荣。吉伦特派控制国民公会后，为了应对国内外保皇势力的威胁，将保皇派报纸予以取缔，实际上否定了《人权宣言》的原则。而雅各宾派的罗伯斯庇尔执政后，更是连激进派和其他反对派的报纸与报人都予以剿灭，致使法国新闻出版业进入了历史上最黑暗的时期。

一、《人权宣言》

三级会议召开后，法国政局经历了激烈的震荡。尽管国王与三大等级代表就征税与制宪问题反复交涉，民众还是失去了耐心。1789年7月14日，在革命派报人卡米耶·德穆兰鼓动下，巴黎市民攻占了巴士底狱。随后战火席卷法国，30万流民和无产者在全国散播国王屠杀农民的谣言，农民开始武装冲击地主庄园，烧毁地契文书，造成"七月恐慌"。

在此背景下，国民制宪会议出台了废除封建特权的"八月法令"，不久又通过了阐明自由、平等、博爱原则的《人权宣言》。在国民制宪会议起草《人权宣言》的过程中，代表各派利益的革命作家如马拉、西哀士、拉法耶特、罗伯斯庇尔、莱维-米尔普瓦斯公爵、拉罗什富科公爵等都提出了自己的草案，其中大都提到出版自由的问题。

1789年8月26日，制宪会议发布了拉罗什富科公爵起草的《人权及公民权宣言》(*Déclaration des Droits de l'homme et du citoyen*，简称《人权宣言》)。宣言共17条，其中第1条宣称，人生来而且始终是自由的，在权利上是平等的。第2条提出，任何政治结合的目的都在于保护包括自由、财产、安全和反抗压迫在内的基本人权。第11条是有关言论出版自由的条款，规定：

> 无拘束地交流思想和意见是人类最宝贵的权利之一，每个公民都有言论、著述和出版的自由，只要他对滥用法律规定情况下的这种自由负责。[①]

这是人类历史上第一个明确规定出版自由的正式法律文件。它把言论出版自由视为一种天赋人权而不受时效约束，只有法律规定才是唯一限制。而在当时其他国家中，英国虽已提出言论自由的权利，但只有议员在国会辩论中才享有这种权利。美国则要等到1791年底，才把言论自由写入宪法第一修正案，比法国晚了两年。这样，法国成为世界上第一个公开宣布出版自由、废除出版检查的国家。《人权宣言》表述的言论自由原则被法国后来的多部宪法所沿用，成为现代新闻立法的基石。联合国《世界人权宣言》和很多国家的权利法案相关条款也承袭了法国《人权宣言》第11条的表述方式。

1791年制宪会议通过了法国历史上第一部宪法，将《人权宣言》列为序文。

---

① 王德禄、蒋世和主编：《人权宣言》，北京：求是出版1989年版，第15页。

《1791年宪法》第1编为"保障的自然权利和公民权利",其中包括"个人都有言论、著述、出版和发表其思想的自由,著作在出版之前不受检阅或审查"。第3编第5章第17条规定,除故意煽动违法、藐视官员、反抗政府或违法犯罪外,任何人不得因印刷或出版任何著作而受到追究。第3编第5章第18条规定,因印刷或出版著作而引发的民事或刑事诉讼都必须由陪审团来审理和宣判。①

需要强调的是,《人权宣言》只是一份原则性文件,并不具备法律的可操作性,而真正的出版自由必须有法可依。从《人权宣言》公布的1789年8月到1792年8月10日,法国没有具体的法律约束出版自由,书报出版业处于一种完全自由的特殊状态。由于废除了审查制和特许制,审查官、出版商公会、书商公会、警方巡检员、雇主联合会等都失去了权势的依靠。《信使报》《法兰西公报》等旧制度时代的垄断报刊依然存在,但法律地位含糊不清。各类政治小册子与党派报刊经常发表煽动暴力行动的言论,反而加剧了政治动荡。相反,波旁王朝复辟后逐步制定管理报刊书籍的法律,确立了实践报刊自由的重大原则,报纸才开始受到法律约束,发挥出稳定的政治作用。

二、镇压敌对报刊

《人权宣言》中捍卫出版自由的原则与政府对新闻业的实际态度形成了鲜明的对比。与《人权宣言》起草时期不同,在《1791年宪法》的制定过程中,要求书报检查的呼声越来越高。1791年8月22日制宪会议通过了《新闻责任法》,对滥用出版自由作出规定。1792年6月朗格勒竟呼吁"处死煽动性报纸与海报的作者",并要求制宪会议发行一份国家官报,"以活泼简洁的风格向整个帝国灌输统一的思想"。②

这些呼声反映了制宪会议对保皇派的恐惧,也预示着《1791年宪法》不

---

① 参考孙娴:《1789—1852年法国新闻出版法剖析》,第56页。
② Michael L. Kennedy, *The Jacobin Clubs in the French Revolution. The Middle Years* (Princeton: Princeton University Press, 1988), p. 178.

可能挽回旧制度的崩溃。由于普鲁士、奥地利以恢复王权、解散议会为条件向法国宣战，而国王与贵族却暗中抵制对外战争，1792年8月10日巴黎人民发动了第二次起义，内战终于爆发。9月22日普选产生的国民公会宣布废除君主制，成立"法兰西第一共和国"。第二年，路易十六与王后玛丽·安托瓦内特先后被送上断头台。

国民公会执掌的第一共和国因为吉伦特派与雅各宾派先后掌权而分为两个时期。吉伦特派控制国民公会后（1792年9月—1793年6月），开始禁止保王党报刊。雅各宾派取代吉伦特派掌权后（1793年6月—1794年7月），则对出版业实行恐怖压制。

从大革命爆发到内战之前，保皇派报纸低估了革命形势的危险性而继续出版。这些报刊包括鲁瓦乌神父（Royou）与蒙特儒瓦各自创办的两份《国王之友报》、迪罗苏瓦（Durozoi）的《巴黎公报》与《叙洛先生报》（*Journal de M.Suleau*），以及最有名、最活跃的《使徒行传报》。他们利用报刊讽刺、嘲笑激进派报人如马拉、弗雷隆（Fréron）、卡拉（Kara）等，以为这样就能击溃激进派。

《使徒行传报》（*Actes des Apôtres*）最初叫《政治与国家报》（*Journal politique et national*），由里瓦罗尔（Rvarol）、叙洛（Suleau）与尚瑟内茨（Champcenetz）共同创办于1789年11月2日。这一天是天主教亡灵节（jour de morts），报纸选在当天创刊显然有所寓意，报头的箴言哀叹这是"无政府元年，指券之年，众生皆苦之年"（l'an de l'anarchie 1er, l'an de la assignats, l'an de l'egalite en misère）。① 后来报纸又改名为《使徒行传报》，似乎是以受罗马帝国迫害的基督徒来暗指受大革命迫害的特权等级。报纸只存在了两年，共发行311期，最初一个月发行3-4期，后来大约隔天发行一次。出版页数也不稳定，一般每期有24页，但也有几期多达50-60页。该报一开始只在当时主要发售贵族宣传品的王宫书店零售，发行56期以后开始获得长期订户。订阅价格从9里弗尔到9里弗尔10苏不等，一开始只接受硬通货币，但后来也

---

① 指券（assignat）是大革命期间（1789—1796）发行的纸币。

接受指券，"只因如今连一盘沙拉都卖到 2 万法郎了，实属无奈！"该报号称有 45 名"使徒"（即编辑），实际上大概只有十多个人，包括里瓦罗尔、尚瑟内茨、小米拉波（Mirabeau le jeune）、叙洛、贝尔加斯（Bergasse）、蒙洛西耶（Montlosier）等反对革命的失意文人，其中里瓦罗尔是最活跃的灵魂人物。但报纸的核心支柱是主编佩尔蒂埃（Peltier），他出生于南特的商人之家，由于大革命而无法子承父业，到巴黎后发行了几份深受贵族欢迎的小册子后，成了《使徒行传报》的主编。《使徒行传报》刊登法国与外国作家的各种作品，尤其青睐启蒙时代的哲人。伏尔泰是《使徒行传报》最喜欢的作者，他的诗歌《奥尔良贞女》（*la Pucelle d'Orléans*）广受贵族、教士喜爱，报纸每一期报头都会引用其中的诗句作为箴言。作为一份尖锐的讽刺性报纸，《使徒行传报》充满了戏仿和嘲笑大革命的文章。但该报不只会嬉笑怒骂，也会表达政治立场，比如赞颂路易十四"大帝"，批评革命宪政带来的"混乱"。①

自 1792 年 8 月 10 日内战爆发后，共和主义成为社会主流思潮，要求取缔保皇派报纸的呼声日益高涨。8 月 12 日即内战爆发两天后，起义公社即委派 3 名特派员负责禁止保皇派报纸流通。9 月起吉伦特派取代斐扬派掌权，开始制定禁止保王党报刊的政策。12 月 4 日国民公会通过一项法令，规定凡是鼓吹恢复君主制或解散国民公会的著作，其作者必须送交革命法庭审判，罪名成立者处以死刑，凡是煽动凶杀抢劫的著作，其作者必须处以死刑。出售或散发违禁书籍者必须处以一到三年监禁。这一法令开启了法国新闻业的恐怖政策时期。②

由此开始，报刊业依旧保持繁荣，但保皇派报纸开始消失。两份同名的《国王之友报》先后被禁。这两份报纸都创办于 1790 年，一家创办人为鲁瓦乌，另一家创办人为蒙特儒瓦。鲁瓦乌的《国王之友报》最有名，享誉巴黎富人区，国王路易十六也是它的读者。该报主张恢复旧制度，经常发表犀利的文章和书信。1792 年 5 月 3 日鲁瓦乌被控滥用新闻自由、阴谋破坏国家安全和反对

---

① Labrosse and Rétat, *Naissance du Journal Révolutionnaire, 1789*, 11-20.
② 陈淑荣：《法国大众传媒实现的艰难历程》，第 91 页。

宪法，报纸被勒令停办。8月10日蒙特儒瓦的报纸也被迫停办。

1793年2月，英国、奥地利、普鲁士、西班牙和葡萄牙组成第一次反法联盟，①而法国内部又不断爆发暴乱和起义，国民公会内部也出现分裂，吉伦特派与雅各宾派斗争加剧。1793年3月29日，共和派的拉马克将军（Jean Lamarque）代表国会公会宣布新的新闻出版法令，规定鼓吹恢复君主制或解散国民公会的著作，其发行人如对作者知情则处以三年监禁；如对作者不知情则处以两年监禁。不久，吉伦特派控制的国民公会以粉碎叛乱阴谋为由镇压了巴黎市政府，随后雅各宾派控制的国民自卫军又围攻国民公会，处死22名吉伦特派领袖，开始了恐怖统治（1793年6月—1794年7月27日）。

雅各宾政权也通过了新的《宪法》（1793年6月24日），其中第122条甚至规定实行无限制的出版自由，但实际上这部《共和一年宪法》因为内忧外患而从未实行。雅各宾派内部很快出现分化，形成了新的反对派。激进的埃贝尔派主张镇压嫌疑犯，全面限价，继续对外战争。宽容的丹东派反对全面限价，主张捍卫贸易自由。把持国民公会的罗伯斯庇尔则是中间派代表，但最终未能调和各派矛盾。1794年3月埃贝尔派试图发动武装起义，事情败露后被罗伯斯庇尔逮捕并处死。不久，丹东派也以"阴谋颠覆共和国"的罪名被斩首。

与吉伦特派相比，雅各宾派对新闻出版业的压制达到了前所未有的程度，所有反对派报刊都在取缔之列。1793年9月17日国民公会颁布《惩治嫌疑犯法令》，规定凡其言行或著作涉嫌拥护专制、反对联邦或敌视自由者，均应受到逮捕与制裁。这无疑是以革命为借口恢复"以言治罪"原则。1794年6月10日，救国委员会（实际上的权力机构）提出"惩治人民之敌"的法令，即所谓的"牧月法令"。该法令以"内心确信"作为确认"人民之敌"的依据，而"人民之敌"也包括"传播假新闻的人""通过颠覆性文字迷惑舆论的人"，惩罚的手段一律是死刑。

---

① 1797年10月，拿破仑代表法国与战败的奥地利签订《康波福米奥村和约》，第一次反法同盟终结。

根据《惩治嫌疑犯法令》，救国委员会在 46 天中（6 月 10 日—7 月 26 日）处死了 1350 人，平均每天处死 293 人。《巴黎新闻》的迪罗苏瓦被绞死，成为革命法庭处死的第一个职业记者。吉伦特派报纸早在 1793 年 8 月 10 日以后就不能再出版了，其中包括在支持吉伦特派地区拥有广泛读者的《法兰西爱国者报》，两个月后该报创办人布里索与其他吉伦特派领袖一起被绞死。雅各宾左翼报纸《杜歇老爹报》的主编埃贝尔因与罗伯斯庇尔政见分歧而被绞死。表达忿激派政治纲领和经济立场的《法兰西共和国政论家报》于 1793 年 11 月 10 日停办。德穆兰于 1793 年 12 月创办了《老科德利埃报》(*Vieux Cordelier*)，该报最初批判埃贝尔派和天主教，导致埃贝尔被处死，从第三期开始又支持丹东派的温和立场，但 1794 年 3 月德穆兰还是与丹东一起被处死。

外省记者也不能幸免。《阿维尼翁邮报》编辑萨班·图尔纳勒命运多舛，他在 1791 年 4 月的请愿运动中遇袭，5 月温和派控制议会后两次将他逮捕入狱，1792 年激进派掌权后让他重新做编辑，但 1793 年 4 月又因为他同情吉伦特派而被撤职，5 月巴黎下令取消对他的惩罚，不久里昂的联邦派占领阿维尼翁，又将他捕作人质。联邦派叛乱被镇压后，至少有 10 位波尔多记者和众多里昂记者因为反对国民公会而被处死。[①]

自大革命以来的 10 年中，从内战（1792 年 8 月 10 日）到雅各宾派下台前（1794 年 7 月 27 日）的两年是报刊出版数量最少的时期。到 1794 年雅各宾派下台前，只剩下《山岳派报》(*Journal de la Montagne*)、《自由人日报》(*L'Homme libre*) 和几份官方报纸还在继续发行。

三、巴黎大报

大革命时期的巴黎报纸几乎没有商业广告。有些报纸会刊登股票交易价格，也有的报纸会定期宣传本报的订价，但政治新闻和论争占据了几乎所有

---

① Popkin, "The Provincial Newspaper Press and Revolutionary Politics," pp. 434-456, 443.

的版面。政治新闻主要是议员的辩论演说，有些报纸会报道少量与全国政治有关的巴黎新闻，偶尔也会有一些外国新闻，不过很少报道外省新闻。论争主要是宣传各政治派别的立场，一般具有较强的煽动性，有些甚至鼓动民众直接参与暴力行动。

根据内容的侧重不同，这段时期的报刊可以分为新闻性报刊和政治性报刊两大类。新闻性报刊原本大都是旧制度时代的官方报刊，经历大革命的洗礼而存活下来，包括《法兰西公报》《法令与总汇通报》《巴黎日报》等。它们不再被动刊载政府公文，而是主动派出记者采访报道议会辩论，因此可以说是法国最早的现代报纸。记者出现在国民议会、巴黎与外省的议会、各种俱乐部会议中，也经常在咖啡馆打探新闻，搜集外地通讯和读者来信。报刊的封面或头版一般印有撰稿人、编辑和发行人姓名，但也有匿名出版的情况，因为当时还没有这方面的严格规定。原本受王室控制的双周刊《法兰西公报》1791年改名为《法国公报》，并模仿英国报纸而改版成大版幅的日报，在当时以小版幅为主流的法国报纸中引领了新潮流。可惜该报因为归外交大臣管理而不再有巨大的影响力。《法令与总汇通报》(*Journal des décrets et le Moniteur universel*)是庞库克在1789年创办的综合性日报，因为立场超脱而挺过了大革命的冲击。《巴黎日报》是法国第一份日报，此时也开始成为报道议会新闻的出色报纸。但1792年8月10日内战爆发后，山岳派认为该报的言论过于激进而将它关闭，直到12月1日才重新出版。该报在波旁王朝复辟期间成为夏尔十世（1824—1830）的官方喉舌，1811年在拿破仑帝国关闭报纸的大潮中合并了《欧洲邮报》(*Le Courier de l'Europe*)，1840年停办。

政治性报刊比新闻性报刊更有活力，这是因为法国首次出现了立场各异的政治派别。大革命爆发后不久，巴黎便出现各种政治团体即"俱乐部"，包括右翼"贵族派"、左翼"爱国派"和中间立场的"温和派"。温和派人数最多，包括修道院长西哀士、米拉波伯爵、国民自卫军首领拉法耶特、前主教塔列朗、牧师拉博·圣埃蒂安等人。他们原来属于"自由与平等之友社"

即雅各宾俱乐部，因为主张君主立宪而分离出来，形成了斐扬派王党俱乐部。雅各宾派的主流则要求彻底革命，包括罗伯斯庇尔、佩蒂翁、修道院长格雷古瓦等人，更激进的革命鼓动者包括让-保罗·马拉、埃贝尔等人，他们控制了科德利埃俱乐部。《1791年宪法》颁布后，制宪会议被立法会议所取代，在议会中也逐渐形成了不同的派别。布里索、罗兰等人主张对奥地利、普鲁士宣战，但反对处决国王，他们因为大都来自吉伦特省而被称为"吉伦特派"（Girondins），也经常被称为"布里索派"（Brissotins）。丹东、马拉和罗伯斯庇尔等人坚决主张处决国王，严惩囤积居奇的奸商，他们被称为"山岳派"（Montagnards）。

革命派报纸发行最广，大都宣传第三等级的革命要求，并与保皇派报刊展开激烈论战。斐扬派代表人物米拉波伯爵创办《普罗旺斯邮报》（*Le Courrier de Provence*），吉伦特派报人布里索创办《法兰西爱国者报》，戈尔萨斯创办《巴黎邮报》（*Le Courrier de Paris*），普吕多姆（Prudhomme）和卢斯塔洛（Loustalot）合办《巴黎革命报》（*Les Révolutions de Paris*，单期销量曾经达到20万份），雅各宾派代表人物卡米耶·德穆兰创办《法兰西与布拉班革命报》，巴贝夫运动创始人格拉屈斯·巴贝夫（Gracchus Babeuf）创办《人民论坛报》（*Tribun du Peuple*），让-保罗·马拉创办《人民之友报》，科德利埃俱乐部代表人物埃贝尔创办《杜歇老爹报》，社会俱乐部（即"真理之友社"）创办《铁嘴报》，此外还有针对农民的《村民报》（*La feuille villageoise*）和《年轻法国人》等。

《法兰西爱国者报》（*Le Patriote françaice*，1789—1793）由吉伦特派领袖雅克·皮埃尔·布里索创办。该报发刊词称要办一份价格便宜、形式轻松的政治性报纸，以一种不同于小册子的宣传方式来教育法国人。布里索在大革命前就为《法兰西信使》（*Mercure de France*）、《欧洲邮报》（*Courrier de l'Europe*）写稿，也撰写了很多诽谤书和小册子，甚至因为撰写影射路易十六的皇后玛丽·安托瓦内特的色情诽谤书《托瓦内特的消遣》（*Passe-temps de Toinette queen*）而被投入巴士底狱。他曾两次造访英国，第一次在英国创办了《伦敦学校报》(*Journal du Lycée de Londres*)，主要刊登欧洲各国知识分子的文章，第二次结识了一些废奴主义者，后来促使他在巴黎建立了废奴组织"黑人之友"(Amis des noirs)。他还曾作为"黑人之友"代表访问美国，认识到法国可以借鉴美国革命的思想。他认为正是报纸维持了英国的自由、激发了美国的革命，因此报纸也应该成为教育法国人的理想方式。大革命爆发后，布里索成为吉伦特派的重要领袖，他们主张监禁而不是处死国王，结果与山岳派和无套裤汉形成尖锐对立。1793 年 10 月 31 日，他因反革命和里通外国的罪名被送上断头台。

《杜歇老爹报》(*Le Père Duchêne*)是一份广受大众欢迎的报纸。主编 J. 埃贝尔(J. Hébert)出生于金银匠家庭，是城市平民的主要发言人。他曾是科德利埃俱乐部的成员，担任过巴黎革命政权的副检察长，积极支持雅各宾派反抗外国干涉、镇压反革命、实行普遍限价的政策。杜歇老爹是法国民间戏剧中的角色，他机智灵活，嫉恶如仇，深受法国人喜爱。1790 年 6 月埃贝尔发表了政治小册子《杜歇老爹》，并围绕这一人物写过几篇文章。革命发展到高潮时，他创办了《杜歇老爹报》，而且立场变得越来越激烈，号召用"神圣的断头台"镇压贵族和天主教。例如，1791 年 2 月 18 日的一期斥骂贵族议员未能替民众发声："他妈的，什么鬼迷了这些市政议员的脑袋，使他们不能直指这些给千万人带来不幸的暴行？说话呀，你们这些衣冠楚楚的先生们！难道要等到公民们被踩躏得体无完肤时你们才睁眼吗？"[①] 1794 年 3 月，埃贝尔、肖梅特等科德利埃俱乐部代表因密谋反对罗伯斯庇尔的公安委员会，被连夜逮捕并绞死，科德利埃俱乐部也被解散。

《人民之友报》(*L'Ami du Peuple*)是大革命中最有影响的报纸之一，由山岳派领袖让-保罗·马拉(Jean-Paul Marat)创办于 1789 年 9 月 12 日，最初名叫《巴黎记者报》(*Le Publiste parisien*)，四天后改名为《人民之

---

① 中国人民大学新闻系新闻事业史教研室编，《外国新闻事业史参考资料》，北京：中国人民大学出版社 1989 年版，第 83 页。

友报》，1792 年法兰西共和国建立后改名为《法兰西共和国报》。该报三个月的订阅费为 12 里弗尔，发行量一度从 2000 份增加到 4000 份，[①] 共出版了 627 期。由于《人民之友报》家喻户晓，每当马拉逃避当局追捕而无法出版报纸，就会有人发行假冒的《人民之友报》来赚钱。《人民之友报》宣扬暴力革命，每期报头都印有古罗马讽刺诗人尤维纳里斯的拉丁文箴言"为真理而献身"（Vitam impendere vero）。报纸上经常出现错误，因为马拉身兼撰文、编辑、印刷、出版数职，经常需要躲避迫害与跟踪，在阁楼和地下室里编辑印刷报纸。

马拉 1743 年出生于瑞士新教家庭，1759—1765 年来到法国后深受百科全书派影响，1765—1789 年曾移居英国，期间陆续发表了《奴隶制的锁链》《刑事立法计划》《向民族的呼吁书》《献给祖国》等小册子，开始抨击君主专制，倡导改革。大革命爆发后，马拉回到法国投身新闻业，先创办了《爱国者》，失败后又创办了《巴黎记者报》，后改名为《人民之友报》，终于受到读者欢迎。与此同时，他还创办了专门面向巴黎郊区贫民的单张日报《年轻法国人》，自己也经常向巴黎其他报刊投稿。

马拉宣称办报的目的是教育人民运用自由，因此贫民、农民、小市民都把马拉看作自己利益的保卫者。被国民自卫军毒打的手工业者和工人、权势者的仆役和巴黎城郊的农民、法院的小职员和面包师的帮手、各种僧团的男女僧侣、小商贩和短工、上当受骗的佣人和居民等，都来马拉的编辑部反映情况。这些情报十之八九是没有用的，但马拉能从细节中发现重要的线索，写成震惊全国的文章。报纸的"工人通讯栏"也经常刊登帮工、市民鞋匠、妇女、缝衣工、小作坊主的来信，反映民众的呼声。

马拉经常揭露贵族与国王的勾结、军队的腐败、奸商的罪恶，因此当局对他十分忌惮。财政大臣内克尔收买文人撰写匿名小册子抨击马拉，还派人把 100 万里弗尔的贿金送到马拉的编辑部。结果马拉并不领情，在《人民之

[①] 列万多夫斯基：《马拉传》，第 184 页。

友报》上发表了50页长文"人民之友马拉先生向人民法院揭露第一财政大臣内克尔先生"(1790年1月18日),引发当时报界热议。① 1790年7月14日巴黎人纪念攻占巴士底狱一周年,《人民之友报》却发表"革命敌人的阴谋计划"一文,揭露自由派贵族米拉波伯爵与国民自卫军总司令拉法耶特正与国王勾结,密谋夺取政权。这篇文章导致马拉的印刷所玻璃窗被砸碎,送报人遭到袭击。②

山岳派的各项激进的行动大都出自《人民之友报》的建议。1790年7月30日、1791年4月18日和6月21日,马拉三次通过《人民之友报》预言国王要逃跑。1790年7月30日的《人民之友报》号召巴黎人"当机立断,通过必要的也是唯一的暴力手段"逃脱内战的危险。1791年6月21日的《人民之友报》直接煽动暴力革命:"把大臣及其下属的脑袋、把莫蒂埃的脑袋、把总参谋部所有凶手的脑袋、把所有反爱国派的营长的脑袋、把市长巴依的脑袋、把所有反革命公社社员的脑袋、把所有国民议会叛徒的脑袋砍下来的时候到了……"③ 马拉在报纸之外又出版小册子《我们完蛋了》,揭露国王路易十六正在逃跑,拉法耶特正在集中大炮。小册子的主要部分是"致全体公民呼吁书",号召"砍掉500至600个人头就会保证你们的安宁、自由和幸福……敌人只要取得一刹那间的胜利,鲜血就会流成河。"这段话很快传遍全城,很多人都认为马拉"冷酷残暴"。④

吉伦特派掌权后,《人民之友报》号召限制物价、严惩奸商,宣扬人民通过代表行使主权、任免官员。由于不满吉伦特派只是关押国王的主张,《人民之友报》号召巴黎人发动第三次起义。马拉自己登上市政厅塔楼,敲响警钟,并发表演说,号召民众保卫革命成果。在他的煽动之下,吉伦特派遭到驱逐和镇压。1793年7月13日,吉伦特派女贵族夏洛特·科黛(Charlotte

---

① 列万多夫斯基:《马拉传》,第131页。
② 列万多夫斯基:《马拉传》,第186–188页。
③ 列万多夫斯基:《马拉传》,第242–243页。
④ 列万多夫斯基:《马拉传》,第192–193页。

Corday）谎称得到一份反革命名单而获准进入马拉的房间。当时马拉由于经常躲在地窖和下水道里而得了湿疹，不得不用药水浸泡全身，连写作和接见访客也在浴缸里完成。科黛刺杀了浴缸中的马拉，然后主动自首并被处死，报纸也于9月21日停刊。《人民之友报》由勒布瓦（Lebois）买下后改为《自由人报》（L'Homme libre），一直办到热月政府时期。

图4-1 《人民之友报》①

《法兰西与布拉班革命报》（Les Révolutions de France et de Brabant）是卡米耶·德穆兰（Camille Desmoulins，1760—1794）创办的周报。该报1789年11月创刊，1791年7月停刊，每一期都非常畅销，德穆兰也由此赢得了名声和财富。报纸以大量篇幅报道和讨论法国、比利时与其他国家的革命问题，并主张推翻君主制，建立共和国。

德穆兰是一个充满激情的律师，穿着随意而雅致，长发披肩，经常提出新的想法，说话声音很大，"像个自由的使徒"。② 他立场多变，本来是科德利

---

① 据说马拉遇刺时手里拿着这一期《人民之友报》（共9页），报纸上沾染的很可能是他的鲜血。http://catalogue.bnf.fr/ark:/12148/cb40261215w. 访问时间：2015年6月25日。
② 列万多夫斯基：《马拉传》，第207页。

埃俱乐部的领袖之一，与埃贝尔往来密切；后来又与布里索领导的吉伦特派为伍，成为罗兰夫人沙龙的座上宾；再后来又转而支持丹东、罗伯斯庇尔。德穆兰在《法兰西和布拉邦特革命报》第 32 期上针对马拉刊登了《名记者被人推崇的卖身投靠的事业》《经常冲在战斗第一线的人》，在第 37 期上称马拉为"爱国记者的早天儿""不光彩的竞争者""未被逮捕过的爱国作家没有权利隐居"。①后来德穆兰又出版了著名的小册子《揭露布里索》（1791）和《革命秘史片段》（Fragment de l'histoire secrète de la Révolution），指责布里索投降通敌，最后导致布里索被送上断头台。1791 年 6 月 21 日路易十六逃跑后，德穆兰的《法兰西与布拉班革命报》开玩笑道："我将第一个朝天开枪，但是必须要进攻者求我饶命……"②德穆兰曾是罗伯斯庇尔的同学，罗伯斯庇尔领导的国民公会宣布成立共和国时，德穆兰在《法兰西与布拉班革命报》1791 年 10 月的一期上吹捧老同学罗伯斯庇尔："啊，亲爱的罗伯斯庇尔，不久之前，……我们抱怨没有一个谋反的老师教我们解放我们的国家时，……我怎么也想不到……想不到你本人在法国人民的讲坛上，会成为新生的自由最坚定的壁垒。"③

德穆兰反对限价和严惩奸商，主张自由贸易，因此与埃贝尔的科德利埃俱乐部分裂。1792 年 5 月，德穆兰和弗雷隆创办了新的报纸《爱国者论坛》，1793 年 11 月他又创办了《老科德利埃报》，与埃贝尔等人展开论战，导致埃贝尔派被处决。但不久以后，他自己也与丹东等人一起被罗伯斯庇尔的国民公会送上断头台。

《铁嘴报》（Bulletin de la Bouche de fer）是社会俱乐部的机关报，由修道院长克劳德·富歇（Claude Fauchet）与记者尼古拉·邦维尔（Nicolas Bonneville）主办。社会俱乐部正名为"真理之友社"，主张平均分配土地，限制财富集中。1911 年 11 月的《铁嘴报》曾写道："任何人都有土地权，都应拥有他生存所必须的一小块土地：他用劳动而获得这一权利，而且他的一部分应限于他和其他人平等的权利。最高的神圣当局应该力求使每个人都有一点东西，并且

---

① 列万多夫斯基：《马拉传》，第 212 页。
② 列万多夫斯基：《马拉传》，第 242 页。
③ 斯密特：《罗伯斯庇尔传》，第 5 页。

使任何人都没有多余的。"①1791 年 6 月 22 日即路易十六逃跑后第二天,邦维尔的《铁嘴报》写道:"……什么国王,什么独裁者,什么皇帝,什么保护人,什么摄政王,统统不需要了!不需要拉法耶特!不需要奥尔良王朝!"②

《人民论坛报》是 1793 年 8 月巴贝夫运动创始人格拉屈斯·巴贝夫创办的,巴贝夫抛弃平均主义思想,开始宣传空想共产主义。1797 年 5 月他因为策划起义失败而被处死,报纸也停办。③

四、外省报纸

大革命爆发后,言论风暴的中心主要在巴黎,巴黎以外的地区虽然早在旧制度时期已经出现报纸,但实力远远落后于巴黎。大革命后成功的巴黎报纸发行量可以超过 1 万份,而外省中只有鲁昂 1792 年有一份报纸达到 2600 份,1796 年另一份报纸发行量达到 3320 份,其他外省报纸发行量都没能超过 1000 份。④ 相比于同时存在 100 多种报刊的巴黎,外省大城市顶多能同时存在几份报刊。很多城市一度出现过两份报纸但很快又消失,因为市场规模不足以同时支撑两份报纸,更因为当局不允许反对派报纸立足。法国第二大城市里昂在 1792—1794 年间只有一份吉伦特派《里昂新闻报》,一直办到联邦派叛乱爆发。而国民公会占领里昂后,也只允许一份山岳派报纸出版。图卢兹一度是罕见的例外,反革命的《反恐报》与支持共和国的《图卢兹新闻报》互相谩骂。但 1797 年 9 月 4 日巴黎发生"果月政变"后,《反恐报》终于消失。除此以外,有些大城市连一份本地报纸都没有。

不过总体而言,大革命时期的外省报纸数量还是比旧制度末期多了一些。1789—1799 年,波尔多曾出现过 77 份不同的报纸,里昂有 39 份,鲁昂有 33 份,

---

① 张隆栋、付显明主编:《外国新闻事业史简编》,北京:中国人民大学出版社 1988 年,第 44 页。
② 列万多夫斯基:《马拉传》,第 242-243 页。
③ Albert and Terrou, *Histoire de la Presse*, p. 28.
④ Popkin, "The Provincial Newspaper Press and Revolutionary Politics," pp. 434-456, 440.

斯特拉斯堡有30多份，昂热有22份。可惜这些报纸很少能经受住大革命的冲击，大部分发行不到1年便倒闭。从1789年底到1791年9月制宪会议期间，报刊史学家休·高夫（Hugh Gough）共统计出167份新创办的外省报纸，其中发行超过3个月的只有85份，超过1年的只有45份。在贝桑松，1789—1799年7份报纸中只有2份发行时间超过1年。①

外省报纸在巴黎报纸的竞争下完全失去了自我定位。由于当时大部分新闻都是全国新闻，巴黎报纸在报道方面具有绝对优势。外省的优秀编辑往往被巴黎吸引。如让·夏尔·拉沃主编的《斯特拉斯堡邮报》支持雅各宾派，反对君主立宪派市长和温和派政府官员，后来他来到巴黎，成为雅各宾派官报《山岳派报》编辑。勒内·瓦塔尔在故乡雷恩创办了好几份支持大革命的报纸。1792年他也来到巴黎，买下《人民之友》的资产后创办了《自由人报》，成为热月以后最重要的新雅各宾派报纸。

外省报纸保留了旧制度时期就有的市场特征。有些报纸纯粹刊登广告，如欧塞尔的《约讷省的各类广告、公告和评论》。有些报纸除刊登各类广告并定期报道本地各市镇的商品价格外，也刊登一些本地政治新闻，如普瓦捷的《维埃纳省报》和《奥尔良人年鉴》。总之，外省报纸充斥着广告，与完全刊登政治新闻的巴黎报纸形成鲜明对比。②

刊登政治新闻的外省报纸与巴黎报刊也是不同的，大部分外省报纸只是简单复制巴黎报纸的国内外新闻，很少像马拉、德穆兰、埃贝尔等人的报纸那样热心地参政议政。除了亨利·德鲁瓦的《兰斯人报》在热月期间开始参与政治讨论外，大部分外省报纸在政治上并不积极。外省报纸也很少直接报道市长、市议会和本地政治。有少数报纸开始报道省级选举，如昂热的《外省观察家报》报道了1790年曼恩和卢瓦尔省的各区选举结果。《奥尔良人年鉴》向读者介绍了本地选举过程，但本地新闻数量仍无法与全国新闻相提并论。

---

① Popkin, "The Provincial Newspaper Press and Revolutionary Politics," pp. 434-456, 442.
② Popkin, "The Provincial Newspaper Press and Revolutionary Politics," pp. 434-456, 444.

也有少数报纸报道过骚乱，如 1790 年 6 月《阿维尼翁邮报》报道阿维尼翁的骚乱，1790 年 9 月 4 日《外省观察家报》报道了昂热的谷物骚乱，但一般都站在当局立场，很少有独立的言论。①

只有《教士的公民组织法》的争论罕见地引发了外省报纸的积极报道。该法令颁布于 1790 年 7 月 12 日，宣布法国所有的天主教教堂都归法国政府所有，实际上确认了大革命没收教会土地的事实。全国各地的教士必须对法案发誓以表示接受法案，所以引发外省报纸的广泛报道。除两份外省的宗教报纸即里昂的《两位教士的时事观感》和斯特拉斯堡的德文报纸《法国宗教活动新闻》外，一些综合报纸如鲁昂的反革命派报纸《政治与文学蜜蜂报》、贝桑松的《明星报》、普瓦捷的《维埃纳省报》等也都以大量篇幅报道了教士对这一法案的态度。②

第二节　形形色色的新闻控制：1794—1814

雅各宾派的恐怖镇压终于遭到联合势力的反扑。1794 年 7 月 27 日，埃贝尔派、丹东派的余党联合占国民公会多数的平原派（温和派）发动"热月政变"，宣布罗伯斯庇尔"不受法律保护"，将他逮捕并处死。根据新通过的《共和三年宪法》（1795 年 8 月），热月党人解散国民公会，以元老院选出的 5 名督政官组成督政府（Directoire exécutif）。

与大革命爆发后的历届革命政府（1789—1795）相似，此后的督政府（1795—1799）、执政府（1799—1804）、帝国政府（1804—1815）也都对报刊自由的威力感到惊惧，不知道这种自由可以达到何种程度。在此背景下，政府不断制定或调整新闻管制政策，各党派也不断创办、把持报刊，

---

① Popkin, "The Provincial Newspaper Press and Revolutionary Politics," pp. 444-445, 447-448.
② Popkin, "The Provincial Newspaper Press and Revolutionary Politics," pp. 434-456, 448-449.

为自己的利益发声。

一、热月政府的新闻监控：1794—1799

热月党人执政初期，恐怖政治和最高限价被取消，巴黎无套裤汉（San Sculottes）的起义被镇压（1795 年 4—5 月），国内外的王党进犯被遏制（1795 年 6 月、10 月）。随着革命高潮的退去，新闻出版业的管制也有所缓和，采取了有监督的新闻自由。1795 年 5 月 1 日，国民公会根据马里-约瑟夫·谢尼埃（Marie-Joseph Chénier）的建议通过法令，规定凡其著作和言论具有叛乱性、企图挑动群众鄙视国民代表制度和恢复君主制者，将被永远驱逐出共和国。该法令比 1793 年 3 月 29 日吉伦特派通过的法令稍有进步，以永远驱逐取代了死刑，可惜发布不久即被废除。

1795 年 8 月 22 日《共和三年宪法》通过。该宪法的序言也是《人权宣言》，但正文第 1 条提到人在社会中的权利是自由、平等、安全、财产，并没有特别提到言论、思想和出版自由。正文第 353 条规定，任何人表达、印刷和出版自己的思想都不应受到阻止，作品在发表之前不应受到任何检查。第 355 条规定，对新闻、商业的自由与对工业、各种艺术形式的发展不应该有任何限制。对上述各方面的自由和发展如有必要制定禁止性的法律，则该法律只能是暂时性的，有效期只有一年。一年后如不再以法律程序加以确认，则将失去效力。1796 年 4 月 16 日制定了这种限制性的法律，规定凡以言论或著作煽动解散国民议会或督政府，教唆行刺议员或官员，鼓吹恢复君主制、《1791 年宪法》或《1793 年宪法》，号召侵犯公共财产或均分私人财产，均被视为危害共和国或公民个人安全，应处以死刑或流放。同年 4 月 17 日通过的法令规定，报刊等一切出版物的作者都必须署名，印刷者必须注明姓名和地址，违者视情况轻重处以各种惩罚。

督政府后期，热月党人开始面临国内外反对势力的双重威胁。在国内，督政府先后两次发动政变（1797、1798），清洗了议会中的保皇派和雅各宾派。

在国外，拿破仑从埃及赶回（1799年10月）欧洲战场，击退了奥地利、英国和俄国组成第二次反法联盟。在这种背景下，王党复辟成为政府最大的担心，各种限制新闻自由的法令都以限制保皇派言论为目的，这类法令主要分三类：书报检查、流放报人和征收印花税。

书报检查令主要规定警察局必须监督所有刊物。1797年9月4日督政府发动政变，不仅逮捕了大部分保皇派议员，还逮捕了巴黎32家杂志的发行人和撰稿人，他们大都涉嫌发表支持王党的言论。9月5日颁布了一项严厉的法令，其中一条规定所有刊物都要受警察局监督。该法令有效期只有一年，但被多次延长，直至1799年8月1日才废除。即使在此之后，警察监督报刊的做法依然维持了很长时间。

流放报人的法令主要针对保皇派报刊。根据1797年9月8日督政府公布的法令，巴黎和外省的44家报纸发行人、经理、撰稿人和编辑遭到流放，接着又有一些报刊被先后取缔。1798年4月10日《自由人报》（L'Homme libre）被禁止发行。1799年9月2日督政府重申这一法令没有很好执行，又下令流放65名新闻记者。这次法令共造成1797—1799年间97家报刊被取缔，其中1797年9月31份，1797年12月16份，1798年8月15份，1799年9月35份。①

印花税也对报刊造成巨大打击。1797年9月30日和10月4日，督政府出台了印花税法。法案的实施很快导致报纸价格上涨，长期订户减少，资金紧张的报纸尤其受到重大影响。印花税时有中断，一直到1881年才最终废除。

书报检查、流放报人和征收印花税构成了热月政府和督政府主要新闻出版政策。应该承认，《共和三年宪法》第355条规定的新闻自由原则因为这些政策而大打折扣，但毕竟没有被督政府取消。督政府还对拥护政府的报纸给予补贴，一定程度上促成了报业的繁荣和活跃。1796年巴黎有70份政治报纸，到1799年增加到73份。② 官方报纸如《总汇通报》或《巴黎邮报》等读者人数锐减，

---

① Albert and Terrou, *Histoire de la Presse,* p. 28.

② Albert and Terrou, *Histoire de la Presse,* p. 28.

保皇派报纸如约瑟夫 – 弗朗索瓦·米肖（Joseph-François Michaud）的《小日报》（*La Quotidienne*）、弗雷龙（Fréron）的《人民演说家报》（*L'Orateur du Peuple*）、贝尔坦（Bertin）兄弟的《辩论日报》重新创办。《辩论日报》全称是《政治和文学辩论日报》（*Journal des débats politiques et litteraires*），1789 年创刊于巴黎，1799 年被贝尔坦兄弟买下后，于热月政变后重新出版。雅各宾派报纸《人民之友报》经历种种迫害之后，由勒布瓦买下改为《自由人报》继续出版，但却被督政府查禁。1797 年 9 月 4 日果月政变后，督政府做过两次各省报纸的调查，发现有 33 个省在 1797—1798 年间至少办有一份报纸，每一年各省报纸总和为 54 份。1798 年一份发给外省官员的公报列出了 51 份外省报纸，其中 43 份是在 1792 年后的法国境内城市发行的。虽然当局的管制已经导致很多报纸消失，但外省报纸总数比起缺少管制的 1791—1792 年还是增加了。①

二、拿破仑的新闻控制：1799—1815

1799 年 11 月，拿破仑·波拿巴（Napoléon Bonaparte）发动"雾月政变"，以武力解散督政府和议会，颁布《共和八年宪法》，自任第一执政者，建立了执政府（1799—1804）。1804 年 12 月 2 日，公民投票选举拿破仑为皇帝，建立"法兰西第一帝国"（1804—1814）。拿破仑通过一系列战争击败了欧洲列强组成的反法联盟，确立了欧洲大陆的霸主地位，对内颁布《民法典》，推行国家教育，控制教会，对知识界也加强了控制。

拿破仑十分重视媒体的作用。他经常将报纸比作军队，认为"一张报纸抵得上三千毛瑟枪"，"四份敌对报纸比 10 万颗子弹更可怕。"② 他是"全世界第一个军营报纸的发行人"，早在 1796 年 3 月远征意大利时就创办了《军队新闻》。他精心挑选随军记者，鼓吹他的战争功勋，贬低督政府的执

---

① Popkin, "The Provincial Newspaper Press and Revolutionary Politics," pp. 440-442.
② Briggs and Burke, *A Social History of the Media*, p. 84.

政官，因此在巴黎的政界扩大了影响。为了随时了解法国人民的思想、言论和社会舆论，执政府时期，拿破仑专门雇人为他阅读每天的所有报纸，摘录任何可能影响舆论的内容，尤其是宗教、哲学和政治见解等，整理后供他参考。此外，他每隔十天还要阅读一份有关最新出版物的分析报告。[①]报刊上只要对他有一星半点的批评，都会引得他大发雷霆："大革命时代已经终结。在法国只能存在独一无二的党派，我绝不容忍报纸说出或做出对我不利的事情。"[②]

雾月政变后，拿破仑出台的第一项政策便是镇压报纸。1799年12月24日颁布的《共和八年宪法》总共95个条款，有很多条款是拿破仑亲自口授的，其中没有任何文字涉及言论自由、出版自由、人权或公民权。1800年1月17日，拿破仑颁布了一项有关新闻出版的法令，其中有两条对发行报刊极为不利。第3条规定恢复出版许可证，实际上禁止了创办新的报刊；第5条规定凡是侮辱军队、抨击政府、攻击共和国及其盟国的报刊都要被取缔，即使转载或摘录外国文章也在取缔之列。根据这一法令，《奥什的民主的共和党人报》于1800年4月18日被禁，因为它发表了一篇报道谷物涨价的文章。著名的《辩论日报》于1801年9月25日被禁，因为它得罪了拿破仑。塞纳省共有60家报纸被取缔，只剩下13家巴黎报纸继续存在，订阅量也减少一半。

1804年拿破仑称帝后，更进一步加强书报检查，严格限制报纸的数量。当局建立了隶属警察部的新闻局，警务大臣约瑟夫·富歇成为新闻业的最高主管和首席书报检查官。1809年1月13日拿破仑曾致信富歇："转眼已到1809年了。我在考虑，有必要写几篇优美的文章，比较一下1709年不幸的法国与1809年昌盛的帝国……可以每月写一篇，所有文章都用同一个标题：'1709年与1809年'。这些文章可以引导公众舆论走向正确的方向。"[③]与此同时，各报编辑部也设立了新闻检查官，防止包括百科全书派、波旁王朝、

---

① 梁萱：《拿破仑新闻宣传思想与实践初探》，第28页。
② 阿尔贝等：《世界新闻简史》，第32页。本书作者已对译文略作修改。
③ 梁萱：《拿破仑新闻宣传思想与实践初探》，第28页。本书作者已对译文稍作改动。

大革命等方面的内容见诸报端。根据1810年2月5日颁布的出版业和图书业管理条例，全国157家印刷厂关闭了97家。1810年8月3日通过的新法令规定，除塞纳省外，各省只允许存在1份政治性报刊，而且政治新闻只能从《总汇通报》上转载。内务部专门有一位司长负责检查报纸，费用由报社社长负担。按照规定，各报必须上报账目，其中三分之一的收益必须上缴，用以支付书报检查官的薪俸。允许发行的报纸，其发行者必须宣誓。一旦刊登了"轻视社会公约、人民主权或军队荣誉的文章"，合法报刊也将被勒令取缔。①

1811年2月4日的法令又规定，巴黎只允许出版4份政治性日报，由警察局派人监督发行，其余报纸一律都被取缔。政治与精神科学院对这种迫害行为提出抗议，结果被当局关闭。允许发行的四份报纸是《总汇通报》《帝国日报》（ Journal de l'Empire ）《法兰西公报》和《巴黎日报》。其中《总汇通报》（ Le Moniteur Universel ）是拿破仑的宣传工具，早自1798年开始就获得了公布政府文件和官方通知的特许权，1799年12月起又正式成为政府官方报纸。外省出版的政治性日报只能从《总汇通报》上转载政治新闻和政论文章，拿破仑本人也经常亲自撰写涉及内政外交的重要文章。该报出于政府宣传的需要，不时报道假新闻，虚报敌军伤亡，掩饰和缩小法军的失败和伤亡。《帝国日报》前身是著名的《辩论日报》，其发行人贝尔坦因为持反对立场而两次遭到流放（1801、1805），报纸收归国有并改名为《帝国日报》。后来拿破仑又创办了《大军公报》（ La Grande Armée ），向国内外读者鼓吹自己的战功和雄才伟略。1805年12月《大军公报》第30号上刊载的《初步报道》详尽报道了奥斯特利茨战役，对拿破仑极尽歌功颂德之能事。②

有意思的是，拿破仑时代反而是外省报纸数量增加的时期。为了加强中央政府的控制权，拿破仑改革地方行政组织，亲自任命各省省长，注重政令

---

① 米盖尔:《法国史》，第209页。
② 梁萱:《拿破仑新闻宣传思想与实践初探》，第28页。本书作者对译文有稍作改动。

的上传下达。各省省长为了有效地传达政府动态，发布行政命令，也都加强了对地方报纸的财政投入。到 1807 年外省共形成了 170 份报纸，只不过除刊登官方条令外，只报道无政治倾向的社会新闻和商业广告，比革命前的广告纸还要乏味。1810 年 8 月 3 日的规定使外省的 170 多家报纸减少为 60 多家，却在一些贫困省催生了当地第一份报纸。①

---

① Popkin," The Provincial Newspaper Press and Revolutionary Politics," pp. 434-456, 454-455.

第五章

大众新闻业的诞生：1814—1870

CHAPTER 5

19世纪上半叶是全球发达国家报业飞速发展的时期，英国和美国都出现了廉价报纸的繁荣，法国也进入了大众化报业形成的关键时代。1803—1870年，巴黎日报的发行量从3.6万份增至10万份，巴黎每1000人拥有日报的份数也逐年增加：1812年仅为1.3份，1832年3份，1867年25份，1870年37份，1880年73份，1914年244份，1939年达到261份。①

书报检查、事先许可、司法打压、印花税和保证金依然在限制报纸的发展，但更多有利于报业扩张的条件也开始出现。随着民众教育的普及和生活水平的提高，阅读报纸的人口开始出现激增。印刷技术进步，运输手段革命，电报技术出现，木浆纸取代布浆纸，广告业务发展，这一切都降低了报纸的成本，推动了廉价报纸的出现。从这段时期开始，报纸不再是政治家、知识分子专享的读物，普通民众也把阅读报纸当作了日常休闲方式。连载小说与漫画成为报纸的重要内容，议会报道与政治论战反而越来越难以吸引读者。

---

① Albert and Terrou, *Histoire de la Presse*, p. 32.

19世纪上半叶也是电报通信技术迅速发展的时期。1845年富瓦（Foy）与布勒盖（Breguet）将电报引入法国，在巴黎与鲁昂之间修建了法国最早的电报线。到1855年，所有的省区都与巴黎建立了电报连线。电报连接各大城市，促进了通讯社的发展，推动了日报取代周报，也对报纸的编辑发行提出了更高的要求。据统计，1846年巴黎有26种日报同时存在。

第一节　出版管制的尾声：1814—1848

1814年3月欧洲各国反法联军攻入巴黎，迫使拿破仑退位，路易十八登基。波旁王朝复辟期间，拿破仑卷土重来建立百日王朝（Cent Jours，1815年3月20日—6月18日），但又在滑铁卢战役（1815年2月）中彻底失败，结束了法兰西第一帝国。

一、复辟王朝的出版立法：1814—1830

路易十八（1814—1824）与继位的夏尔十世（1824—1830）大力扶持教士与贵族，制定了许多限制出版自由的政策，而资产阶级为了追求新闻出版自由，也不惜与复辟王朝公开对立。1815—1848年这33年间，法国共出台了18条管制新闻业的法律或法令，新闻自由成为政治斗争的中心问题。

路易十八上台后不久便保证尊重新闻自由。1814年6月4日颁布的《宪章》第8条规定：法国人有依法发表和出版自己意见的权利，但法律应对此项自由的滥用予以追究。但4个月后，他又以整顿新闻自由为理由，重新颁布了含有出版特许、书报检查和印花税的新法令，并关闭了一批具有自由思想的报纸。

这些政策被卷土重来的拿破仑打断。在1815年3—6月的百日王朝时期，新闻出版业完全失去政府监管，好像回到了雅各宾派统治时代。自由派的《批评者》（*Le Censeur*）杂志、米肖的《小日报》（*la Quotidienne*）等政治性报纸重新出现，科舒瓦·勒迈尔（Cauchois Lemaire）的《黄矮人》（*Le Naine Jaune*）杂志甚至敢于发表讽刺性文章。

但这段时期很快随着滑铁卢战役而中止，路易十八复位后，重新恢复有限度的新闻自由。1819年3—6月期间，较开明的司法大臣德塞尔（de Serre）制定了法国历史上第一部有关报刊自由的法令。该法案废除预审制和印花税，代之以简单的登记手续，报纸的政治批评案不再由轻罪法庭审理，判决权转归陪审团。这一法案的基本原则与1881年《新闻自由法》相似，为后一则法案奠定了基础。可惜1820年2月路易十八的侄子、可能继承王位的贝里公爵遇刺，保皇派内阁大臣维莱勒（Villèle）顺势上台，废除了才实行几个月的报刊自由法案，并恢复报刊审查，通过政府津贴收买报纸，通过司法诉讼打压报纸。

夏尔十世继位后（1824—1830）又反复调整新闻管制政策，终于导致波旁王朝被再度推翻。1825年即上台后第二年，夏尔十世制定了严格的书报检查制度，对出版物课以重税。1828—1829年新首相马蒂尼亚克（Martignac）恢复了一定程度的新闻自由，导致报纸的自由派言论日益增长。1830年3月，夏尔十世拒绝221名自由派议员的《陈情书》，断然宣布解散议会。但新选出的议员中自由派代表反而增加至274人。7月25日，极端保皇派A.波林尼雅克（A. Polignác）任首相，颁布了4条有关解散议会、修正选举法的敕令，史称《七月敕令》。其中第1条敕令宣布：暂停报刊和各种小册子的出版自由，任何报纸或定期半定期刊物必须经官方审批才可出版，且撰稿人和发行人必须分别申请官方审批；出版许可证每季度都必须重新申请，且随时可能撤销；未经审批而擅自出版的报刊和著作将被立即取缔，其印刷设备将被停用或查封。

《七月敕令》引发社会各界的持续抗议、示威与罢工。一些报刊无视第1道敕令的规定而继续出版。《国民报》编辑路易-阿道夫·梯也尔（Louis-Adolphe Thiers）召集了巴黎各报的43名自由派记者在该报编辑部举行会议，联名起草抗议书，并于7月27日在《国民报》（*Le National*）、《环球报》（*Le Globe*）、《时报》等报纸上同时刊发。抗议书宣称《七月敕令》侵犯了《1814年宪章》（1814年6月4日）第8条（即法国人有依法发表和出版自己意见的权利），号召读者起来反抗。随后巴黎发生了三天起义，民众击退国王的军队，将夏尔十世赶出了巴黎，史称"光荣的三日"（1830年7月27—29日）。

二、空论派占领报刊

波旁王朝复辟时期政局动荡，报刊也体现出相应的特点，以言论为特色的政治性报刊远比新闻性报刊活跃。这段时期出现了一批作家，如夏多布里昂、贡斯当、基佐、梯也尔、诺蒂埃（Nodier）、博纳尔德、儒弗瓦（Jouffroy）等，他们利用报刊表达政治观点，有的倾向于共和主义，有的倾向于保守主义，但都被当局讽刺为"空论派"（les doctrinaires）。

共和派的政治与文学报刊包括《立宪主义者报》（Le Constitutionnel）、《法兰西邮报》、《环球报》、《各省论坛报》、《国民报》等。《立宪主义者报》一开始并不成功，但在主编夏尔-纪尧姆·艾蒂安（Charles Guillaume Étienne）影响下成为自由派、反教会的喉舌，长期订户达到44000份，在酒馆和阅览室也被广泛阅读，中产阶级读者众多。《环球报》创办于1824年，一开始是周报，1830年变为日报，经常发表文学批评家圣-伯夫（Saint-Beuve）的小说批评。马蒂尼亚克内阁时期，又诞生了两份倾向共和的反对派报纸，即阿尔芒·马拉斯特（Armand Marrast）的《各省论坛报》（Tribune des départements）和梯也尔的《国民报》。梯也尔原本是《立宪主义者报》的长期作者，后来该报不愿再刊登他的激进文章，于是他与阿尔芒·卡雷尔（Armand Carrel）、米涅（Mignet）、司汤达（Stendahl）等人于1830年1月3日创办了《国民报》。当局的反应是向《国民报》提起诉讼，称该报诋毁国王与王室，最后责令报纸罚款3000法郎。

保守派的报纸包括修道院长德·热努德（de Genoude）主办的《法兰西公报》、邦雅曼·贡斯当（Benjamin Constant）创办的《智慧女神报》（La

Minerve）和《批评者》、弗朗索瓦 – 勒内·德·夏多布里昂（Chateaubriand, Francois-René de）、拉梅内（Lamennais）和博纳尔德（Bonald）创办的《保守者》（Le Conservateur）杂志，以及夏尔十世政府的政治传声筒《巴黎日报》等。

这段时期还出现了一些讽刺性的非政治小报，如《海盗报》（Le Corsaire）、《跛脚魔鬼报》《le Diable boiteux》、《费加罗报》（Le Figaro）等，报名和内容都表现出嬉笑怒骂的自由派作风。《费加罗报》是1826年1月15日由诗人莫里斯·阿罗伊和小说家艾汀纳·阿拉果创办的。报名源自剧作家皮埃尔 – 奥古斯坦·博马舍的名剧《费加罗的婚礼》。该剧1784年首演前曾受到当局的严格审查，剧中称"若批评不自由，则赞美亦无意义"（Sans la liberté de blâmer, il n'est point d'éloge flatteur）。报纸以《费加罗报》剧中主人公费加罗命名，有向自由致敬的意思。当时《费加罗报》还是一份图书大小的周刊，每期4页，报道关注巴黎人的生活、丑闻与时尚，由于讽刺性太强而在发行中遭遇了很多阻力。这份周刊后来成为法国历史最悠久的日报《费加罗报》的前身。

与此同时，新闻性报纸也依然存在。贝尔坦兄弟的《辩论日报》立场温和，由夏多布里昂担任编辑、儒弗瓦撰写专栏，在巴黎上层资产阶级和外省贵族中有相当影响，发行量为2万份。

三、七月王朝的出版立法：1830—1848

夏尔十世被"七月党人"赶出法国后，波旁王朝的旁系、奥尔良公爵路易·菲利普（Louis-Philippe de France）被拥戴为国王。七月王朝恢复了大革命创立的"89年原则"，1830年8月14日颁布的《1830年宪章》宣布恢复议会政治，废除书报检查，禁止将天主教奉为国教。宪章第7条规定"法国人有依法发表和出版自己意见的权利"，并且把《1814年宪章》第8条的"法律应对此项自由的滥用予以追究"一句改为"永不恢复书报检查制度"。1830年

10月和12月政府又两次颁布法令，将出版保证金由累进制改为递减制，并减少了印花税，将新闻案件的审判权重归陪审团。这两项法令使办报的经济成本和法律风险大大降低，报纸由此获得了较多的自由，记者大都无罪释放，政党报刊的数量有所增加。

但七月王朝面临波旁王朝正统派与共和派的两面夹击。1831年正统派公祭路易十六与贝里公爵，1832年贝里公爵夫人阴谋挑动王党叛乱。1832年、1834年，巴黎共和派两次与政府军队发生武装冲突。1831年、1834年，里昂丝织业工人两次发动起义。1835年，极端分子费希（Fieschi）谋刺国王路易·菲利普未遂。

惊魂未定的路易·菲利普被迫加强舆论控制。1833年12月当局通过一部法案，其中规定流动报贩必须经过审批才能经营。1835年9月9日又颁布了一项严厉的新闻出版法令，史称"九月法令"。法令规定出版保证金增加一倍，且必须以现金支付。在首都附近的塞纳省、塞纳－瓦兹省和塞纳－马恩省，一周出版两次以上的定期或不定期刊物都必须缴纳10万法郎保证金，其他各省则必须缴纳2.5万—2.7万法郎保证金。由于菲利蓬（Philippon）和杜米埃（Daumier）等人在《漫画报》《喧嚣报》等日报中刊载讽刺性的政治漫画而引发较大的社会反响，"九月法令"宣布对几类图画恢复预先检查，这实际上违反了《1830年宪章》"永不恢复书报检查"的原则。"九月法令"还扩大了言论与报刊轻罪的适用范围，加重了处罚。法案规定，煽动反对国王与王室、企图改变政府或王位继承顺序、武装公民反对王权、侮辱君主、攻击1830年体制等行为均被视为危害国家安全罪，必须给予严惩。责难国王、公开支持前朝、倡导共和国体制等行为则被视为轻罪，必须处以罚款。报刊违法的审理权不再归陪审团，而是改由贵族院审理。法院有权责令同一年内两次违法的报纸暂停出版，停刊时间可长达4个月。

在"九月法令"颁布的同时，政府还颁布了有关刑事法庭和陪审团的法律，简化和加速了诉讼程序，增加了判决机会。结果，基佐内阁时期报刊诉讼不断增加，正统派报纸与共和派报纸都受到大量的轻罪处罚。据统计，七月王朝最初3年，巴黎报刊因政治、行政方面的轻罪而遭受处罚的有150起，塞纳省刑事法庭针对报刊判处的监禁合计达 65 年。[①] 不过也必须承认，七月王朝的出版立法发挥了约束极端言论的作用，媒体的政治攻击有所缓和，但依然享有一定的言论自由。

四、廉价报纸繁荣

法国的廉价报纸诞生于 19 世纪 30 年代，这是由政治、经济、技术等多重因素造成的。政治上，由于七月王朝对各种反政府立场的报刊施加了诸多限制，使政党报刊发展日益艰难，面向社会大众的廉价报纸反而有了发展机会。经济上，19 世纪 20—30 年代是法国资本主义发展的时期，城市化进程加快，教育普及，各行业日益繁荣，这为报纸大量招揽广告，摆脱依赖政党津贴提供了可能。技术上，工业革命带来铁路交通的发展、电报线路的贯通、印刷技术的革新，这些都为报业扩大规模创造了条件。1824 年法国引进了德国人发明的新型印刷机，每小时可以印刷 5000 页报纸，大大降低了报纸的价格。

最早实行独立经营、标榜超越党派的廉价报纸是《新闻报》与《世纪报》。在这两份报纸出现之前，由于保证金和印花税很高，报纸一年订阅费为 80 法郎，相当于巴黎中等工人一个月的收入、外省农民十分之一的年收入。而且复辟时期的报纸不能零售，付不起 80 法郎订阅费的人只能去咖啡馆读报，只有少数政治家与知识分子才能读得起报纸。1836 年 7 月 1 日，《世纪报》与《新闻报》自创刊之日起同时将报纸的年度订阅费降为 40 法郎。在法国货币中，1 法郎等于 20 苏，1 苏等于 48 生丁。年度订阅费为 40 法郎的日报，相当于每份只售 10 生丁。这意味着法国报业进入了"10 生丁报"时代，相当于英国的"便士报"时代或美国的"美分报"时代。由于《新闻报》与《世纪报》的降价，其他报纸也被迫纷纷调整价格，这为后来出现更廉价的报刊奠定了基础。这次降价带来报纸长期订户的迅速增加。1824 年巴黎有 47000 份报纸

---

① Albert and Terrou, *Histoire de la Presse*, p. 40.

订户，1836年翻了一倍，变成7万份，1846年则猛增至20万份。① 法国终于出现了真正的大众化报业。

《新闻报》（*La Presse*）是法国第一份大众化报纸，1836年7月1日由著名报人埃米尔·德·吉拉尔丹（Emile de Girardin）在巴黎创刊。吉拉尔丹（又译"日拉丹"）1806年出生，是亚历山大·德·吉拉尔丹伯爵与律师女儿的私生子。他以自己的出身为背景，撰写了自传体小说《埃米尔》（1826），由此一举成名。1828年他开始涉足出版业，创办了艺术与科学评论《猎鹰》（*Le Voleur*）周刊，1829年又创办《时尚》（*La Mode*）杂志。因为与作家德尔菲娜·盖伊（Delphine Gay）结婚（1831），又成功当选下议院议员（1834），他很快成为巴黎社交界名人，出版事业也一帆风顺。1831年他创办旬刊《益知杂志》，一年订阅费只有4法郎，每份只卖1苏，第二年发行量便达到13万份。此后他又办了各种杂志，也都大获成功，于是开始考虑办一份与众不同的报纸。1836年，吉拉尔丹与迪塔克联合创办了《新闻报》，后来该报成为法国廉价报纸的"鼻祖"。就在同一年，吉拉尔丹与《国民报》的发行人阿尔芒·卡雷尔因私人恩怨和政治争执而决斗，最后吉拉尔丹杀死了卡雷尔，法国学者将这次决斗视为新式报纸战胜旧式报纸的象征。吉拉尔丹担任《新闻报》主编20多年，1848年2月14日辞职离开，期间政治态度随公众舆论而不断变化。他曾是七月王朝的议员，但在第二共和国（1848—1851）和第二帝国（1852—1870）也

图 5-1　吉拉尔丹（1850）

---

① 瓦尔特·本雅明著，刘北成译：《巴黎，19世纪的首都》，北京：商务印书馆2013年版，第82页。

能险中求生。1862年吉拉尔丹重新接管《新闻报》，一直担任主编至1886年。1866—1870年他主编《自由报》(La Liberté)，1872年又买下当时全球发行量最大的报纸《小日报》(Le Petit Journal，50万份)。1874年接任《法兰西日报》(La France)主编后，将该报的发行量提高到6万份，还开辟了最早的体育专栏。《小日报》和《法兰西日报》在1877年共和派大选获胜中发挥了重要作用。[①] 吉拉尔丹被法国人称为"通俗报界的拿破仑"，他在报刊中采用耸人听闻的抨击和揭露方式，被恩格斯称为"日拉丹式的宣传"。[②]

《新闻报》是一份新式的商业报刊，依靠大量刊登广告与启事来维持运营。《新闻报》并非法国报纸广告开创者，早在1631年法国最早的报纸《公报》已经刊登广告，旧制度时期的外省报纸也大都是广告纸，从1815年开始日报中也出现了专门的广告版（Placards publicitaires）。但《新闻报》的收入主要来自广告费而不是订阅费，广告收入占总收入的40%~50%，这使它与现代报纸非常相似。《新闻报》第4版的广告年费在1838年为15万法郎，到1845年已经翻了一倍，涨为30万法郎。[③] 1839年的批评家圣-伯夫像今天的读者一样抱怨报纸广告："它们怎么能（在一篇批评中）指责一种产品，而又在下面不到两寸的地方把它说成是时代的奇迹？广告使用越来越大的字体，喧宾夺主，它们成了搅乱罗盘的磁山。"[④]

《新闻报》注重提供实用信息和连载长篇小说，不看重政治新闻。报纸精减政治新闻，并尽量保持立场中立。与此同时，社会新闻和法院新闻，以及有关卫生、健康、食品、服装、家庭等知识性、实用性的文章则占据了将近四分之一的篇幅。连载的长篇小说也成为吸引读者的重要手段。为《新闻报》撰稿的文学家包括巴尔扎克、大仲马（père Alexandre Dumas）、雨果等，他们设置难以置信的情节，在每次连载的结尾设计出悬念，让读者期待下一期的故事发展。

---

① 展江：《1830年代法国的报纸文学与商业革命》，第181页。
② 《马克思恩格斯全集》，北京：人民出版社1972年版，第27卷，第346页。
③ 展江：《1830年代法国的报纸文学与商业革命》，第180页。
④ 本雅明：《巴黎，19世纪的首都》，第82页。

巴尔扎克是第一个在法国报纸上连载小说的作家。1836年10—11月，他的小说《老处女》在《新闻报》上分12期连载，开创了法国报纸连载长篇小说的先河。这种做法很快获得成功，《新闻报》出版才五个月发行量便达到可观的1万份，此后不断刷新纪录：1838年为13680份，1845年为22000份，1848年达到78000份。

《新闻报》的模式被另一份廉价报纸《世纪报》成功复制。《世纪报》（*Le Siècle*）是吉拉尔丹的合伙人迪塔克（Dutacq）于1836年7月1日创办的。迪塔克名气不如吉拉尔丹，但《世纪报》比《新闻报》更加成功，发行量更大。《世纪报》也注重刊登社会新闻与法院新闻，而且煽情程度远远超过《新闻报》，吸引了更多中下阶层读者。继《新闻报》刊登长篇小说后，《世纪报》开创刊登短篇小说的先河，1838年连载了大仲马的短篇小说《保罗上尉》（*Capitaine Paul*），1844年又连载了他的《三个火枪手》。数年内，《世纪报》的发行量达到38000份，广告收入也从1836年的4.5万法郎增加到1842年的18.7万法郎。1845年《新闻报》成立"广告总公司"，经办几家大报的广告业务。迪塔克在办《世纪报》成功后，又购买和投资了四五家报纸，其中包括当时还是周刊的《费加罗报》和《权力报》。[①]

《新闻报》和《世纪报》的成功模式引得其他报纸纷纷仿效。连载小说成为廉价报纸吸引读者的最大噱头。报纸主编争先抢夺巴尔扎克（Honoré de Balzac）、乔治·桑（George Sand）、埃米尔·弗朗索瓦·左拉（Èmile François Zola）、欧仁·苏（Eugène Sue）、大仲马（Alexandre Dumas, père）、弗里德里克·苏磊（Frederic Soulie）等作者的作品版权，这种盛况直到第一次世界大战爆发才结束。1838—1851年，拉马丁获得了大约500万法郎的稿酬。他的《吉伦特派历史》一书最初由专栏连载，他因此书获得稿费60万法郎。[②]1842年欧仁·苏（Eugène Sue）在《辩论日报》上发表《巴黎的秘密》（*Mystères de Paris*），收到的预付稿酬为10万法郎。他还在《立宪主义者报》上发表了反

[①] 程曼丽：《外国新闻传播史导论》，第45页。
[②] 本雅明：《巴黎，19世纪的首都》，第84页。

天主教的代表作《流浪的犹太人》,因此获得高达 15 万法郎的稿费,而报纸的发行量也达到 1.5 万份。大仲马则是法国最受报纸读者欢迎的作家。据说大仲马的作品供不应求,甚至要暗中雇一大批穷困的枪手作家为他炮制小说。弗朗索瓦·比洛(François Buloz)主编的《两个世界杂志》(*Revue des deux Mondes*)曾就此写道:"有谁知道大仲马先生所有作品的名称?他自己数得上来吗?除非他保留着一本收支分类账,否则他肯定会忘掉一些合法子女、私生子女和过继子女。"①1845 年,《立宪主义者报》(*Le Constitutionnel*)和《新闻报》与大仲马签订的合同规定,他必须每年提供至少 18 卷作品,而获得的稿酬则高达 63000 法郎。据统计,1836—1847 年间《巴黎日报》的总发行量从 8 万份增至 18 万份,增加了一倍多。②

对于廉价报纸的成功,文学史家阿尔弗雷德·内特芒的总结一针见血:"鉴于报纸订费的下降,报纸必须依靠广告收入才能生存,占版面四分之一的广告栏必须让尽可能多的订阅者看到。这就必然诱使报纸迎合所有人而不顾及个别意见,用好奇心来取代政治……一旦有了 40 法郎订费这个出发点,从广告到连载小说的发展几乎不可避免。"③

五、党派报刊活跃

19 世纪 30 年代,政党报纸并未因廉价报纸的成功而消失。法国政治形势多变,党派立场众多,正统王朝派、七月王朝派、共和派、社会主义与工人组织都需要依靠报刊来发声。而且在廉价报纸的影响下,一些政党报纸也开始刊登小说、降低报价以提高发行量。结果法国的政治报纸与商业报纸得以长期并存,甚至直到二战以后才逐渐式微。

---

① 本雅明:《巴黎,19 世纪的首都》,第 86 页。
② Albert and Terrou, *Histoire de la Presse*, p. 42.
③ 阿尔弗雷德·内特芒:《七月政府统治下的法国文学史》,巴黎,1859 年,第 1 卷,第 301 页,转引自本雅明:《巴黎,19 世纪的首都》,第 84 页。本文作者已对译文略作改动。

在路易·菲利普时代，立场温和的官方报纸有《辩论日报》《立宪主义者报》等。《立宪主义者报》1831 年发行量曾达到 23000 份，但到 1844 年又骤减为 3600 份。为了重新吸引读者，从 1844 年 6 月到 1845 年 7 月，报纸以 10 万法郎的稿酬连载欧仁·苏的小说《流浪的犹太人》（*Juif errant*），这一策略使《立宪主义者报》的发行量到 1946 年又飙升至 25000 份。

天主教立场的报纸有拉梅内的《前途报》（*L'Avenir*）、米涅（Mignet）神父的《宇宙报》（*L'Univers*）等。拉梅内于 1830 年创办了《前途报》，但该报在 1830 年 10 月到 1831 年 11 月曾被教皇格里高利十六查封。相比之下，米涅神父于 1833 年创办的《宇宙报》发行时间更长。尤其是 1842—1879 年间，天主教记者路易·弗约（Louis Veuillot）担任《宇宙报》主编，经常在报纸上批评法国针对罗马教廷的政策，把这份报纸变成了宣传"教皇至上论"的喉舌。

七月王朝建立之后，波旁王朝正统派占据了圣日耳曼近郊公爵夫人的沙龙和外省的议会，依然筹划着有朝一日卷土重来。贝里耶和夏多布里昂在《每日新闻》和《法兰西公报》上代表正统派发言。1847 年创办的《联合报》（*L'Union*）直到 1883 年前都是尚博尔伯爵（Comte de Chambord）的喉舌。德·布利昂子爵领导的《小日报》主张暴力推翻七月王朝。由于发表关于贝里公爵夫人叛乱、西南部农民骚乱和巴黎骚动的文章，德·布利昂被控策划阴谋，送交军事委员会审判，一度被监禁。

与此同时，共和派在自由职业者、新闻记者、知识分子、技术官僚、军人中赢得了很多拥护者。新闻记者阿尔芒·卡雷尔和阿尔芒·马拉斯特、律师加尼埃－帕热斯、学者拉斯帕伊，以及富有名望的资产者卡芬雅克等都是共和派的领袖。他们之中既有支持路易·菲利普的君主立宪政体的温和共和派如卡芬雅克，也有纯粹的共和派如阿尔芒·卡雷尔（Armand Carrel）。由于梯也尔、米涅、马拉斯特等人在七月王朝建立后踏入政坛，阿尔芒·卡雷尔成为《国民报》的主编。1832 年，卡雷尔宣布自己是共和派，因此与代表官方立场的温和共和派形成对立。《国民报》经常被罚,不得不将报名改为《1834 年的国民报》。卡雷尔遭受了 10 次审讯,被判 3 次监禁,每次两个月。1936 年 7 月,卡雷尔与吉拉尔丹决斗受伤后去世,政治性日报的主编被廉价商业日报的主编彻底打败。温和共和派阿尔芒·马拉斯特继任《国民报》主编,但读者很快变得越来越少。1843 年 A. 勒德吕 – 罗兰(A. Ledru-Rollin)创办的《改革报》(*La Réforme*)也是纯粹共和派的报纸,积极揭露政府的丑闻。迪塔克的《世纪报》则坚持温和共和派立场。

社会主义报刊与工人报刊的日益增多也是 19 世纪 30—40 年代报业的重要特色。法国工业革命虽然发展缓慢,但到 1847 年也有了 600 万工人,其中 130 万人在小手工工厂里劳动。①1831 年和 1834 年,里昂丝织业工人两次发动起义,显示了无产阶级的觉悟和影响力。在此之后,法国出现了第一批社会主义出版物。谢瓦利埃主编的杂志《地球》和《生产者》、皮埃尔·勒鲁(Pierre Leroux)创办的《社会评论》和《环球报》都宣传了圣西蒙派的社会主义思想。维克多·孔西德朗创办的《和平民主日报》(*La Démocratie pacifique*)、《法伦斯泰尔报》(*Le Phalanstère*)和《法郎吉报》(*La Phalange*)宣传了傅立叶派的主张。菲利普·比歇创办《欧洲人》《劳动车间》(*L'Atelier*)等杂志呼吁消灭一切老板。卡贝(Cabet)的《平民报》赞扬共产主义的集体生活。其他工人报刊如《工人报》《手工业者报》《工厂回声报》等大都号召工人阶级团结起来,与资本家进行工资谈判。进入 40 年代后,由于政府的限制,工人报刊举步维艰,但还是出现了《人民的蜂房》(1839 年 12 月—1849 年 12 月)、《1841 年人民报》(1841—1852)、《同盟月刊》(1843 年 12 月—1846 年 9 月)、《1845 年友爱月刊》等报刊。1840 年,反映印刷工人主张的月刊《工场》出版,17 个长期撰稿人中有 9 个人是排字工或印刷工。因为遭受政府监视,杂志必须不断变换印刷厂才能出版。②

---

① 米盖尔:《法国史》,第 242 页。
② 孙娴:《1789—1852 年法国新闻出版法剖析》,第 61 页。

值得注意的是，19世纪30—40年代还出现了一些高品质的月刊和双月刊，有些一直办到1914年前都相当有名，比如影响很大的评论杂志《两个世界杂志》(*Revue des denx Mondes*)和《巴黎杂志》(*Revue de Paris* 1894—1970)。《两个世界杂志》最初是普罗斯珀·莫鲁瓦（Prosper Maurois）与塞居尔-迪佩龙（Segur-Dupeyron）于1829年8月1日创办的温和刊物，副标题为《旅行杂志》(*Journal des voyages*)，主要刊登游记、介绍外国事务。年轻的印刷商奥古斯特-让·奥弗雷（Auguste-Jean

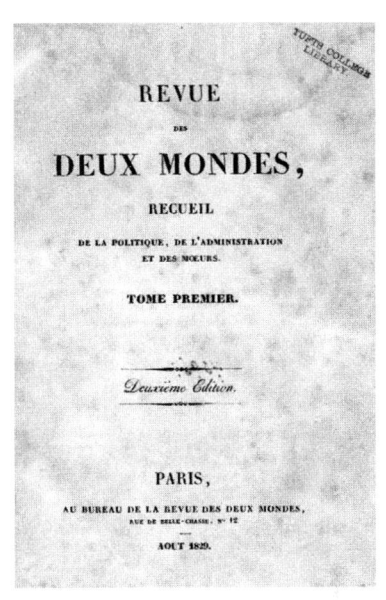

图5-2 《两个世界杂志》创刊号

Auffray）买下杂志后，说服大学同学弗朗索瓦·比洛担任杂志主编，改变编辑方针，使这份杂志变成了联系法国与美国即"旧世界与新世界之间文化、经济和政治的桥梁"。1831年夏尔·比洛（Charles Buloz）买下《两个世界杂志》，一直担任主编到1877年。1893年后，费尔迪南·布吕内蒂埃（Ferdinand Brunetière）担任杂志主编，也保证了杂志继续发挥重要影响。向该杂志投稿的重要作者有弗朗索瓦·基佐（Francois Guizot）、雅克·尼古拉·奥古斯坦·梯也尔（Jacques Nicolas Augustin Thierry）、文学批评家圣-伯夫等人。

除评论杂志外，1843年蒙塔朗贝尔（Montalembert）、德法卢与迪庞卢（Dupanloup）神父主持的《记者》是天主教自由派的代表性刊物。1843年沙尔东（Charton）创办的《画报》(*L'Illustration*)一直是19世纪法国最好的画报之一。政治讽刺性报纸如《喧嚣报》(*Le Charivari*)、《海盗报》(*Le Corsaire*)、《漫画报》(*La Caricature*)也有不小的影响。这些报刊经常刊登漫画煽动舆论，甚至一度迫使当局恢复政治漫画的预审。

六、哈瓦斯社建立

直到 19 世纪 30 年代前，法国报纸大都热衷于议论时事，很少刊载国际新闻，但这种情况随着哈瓦斯通讯社的出现而发生了变化。夏尔-路易·哈瓦斯（Charles-Louis Havas，1783—1858）出生于鲁昂，拥有匈牙利血统，父亲曾在旧制度时代担任书报检查官。1811 年哈瓦斯买下《法国公报》的部分股权，开始涉足新闻业。① 可惜 1814 年拿破仑垮台，哈瓦斯手中的巨额国债完全作废，不得不退出《法国公报》而另谋生计。1825 年他在巴黎创办了一个新闻翻译社，将英国、德国、西班牙等国家的报刊文章译成法文，出售给外交官、贸易商和金融交易者。不久以后，拥有广泛读者的巴黎大报《立宪主义者报》、《辩论日报》也都开始采用他的译文。

1831—1835 年，哈瓦斯先是向加尼埃通讯供应社提供新闻翻译稿，后来又买下提供手抄新闻的德古伏·德南格通讯供应社与提供印刷新闻的巴黎通讯供应社，最后并购了合作伙伴加尼埃通讯供应社。在此期间，他游历欧洲主要城市，每到一处就签订一些供稿的通讯员合同，逐步建立起一个新闻收集网。1835 年底哈瓦斯正式打出哈瓦斯通讯社（Agence Havas）的旗号，建立起世界上第一个以 Agence 命名的现代通讯社，开始向法国和外国客户提供新闻。德国人贝尔纳德·沃尔特（Bernard Woltt）和保罗·朱利乌斯·路透（Paul Julius Reuters）都曾在哈瓦斯通讯社工作，后来沃尔夫在德国创立了沃尔夫通讯社，路透在英国创立了路透通讯社。

哈瓦斯社的新闻稿最初是手抄或石印的，每日一份，后来增加到每日数份，自称"报纸的报纸"。1838 年莫尔斯在英国、法国展示了"莫尔斯电报"，但当时还没有大规模应用，因此哈瓦斯社的新闻稿最初是靠快马传送的。1840 年哈瓦斯借鉴纽约和伦敦一些报纸的做法，开始用信鸽在布鲁塞尔—巴

---

① 苍田保雄著，回瑞岩等译：《路透其人和路透社》，北京：新华出版社 1980 年版，第 26—29 页。

黎和伦敦—巴黎之间传递消息,这样比利时和英国早报的新闻当天就能传到巴黎,在巴黎的晚报上刊出,比邮局快了很多。由此开始,巴黎几十家报纸和众多机构、个人都成了他的订户,包括法国两家最大的报纸《世纪报》和《新闻报》,哈瓦斯成了"控制法国报纸的巨头"。巴尔扎克主编的《巴黎杂志》(1840年8月23日)称,全巴黎只有一家报纸,那就是哈瓦斯通讯社编发的新闻稿,它使报纸编辑失去了选择新闻的自由权。①

1845年哈瓦斯通讯社开始在国内用电报传送新闻,并且在布鲁塞尔、罗马、维也纳、马德里等欧洲主要城市建立了分社。法国早在1792—1798年就开始了电报高杆信号体系的实验,电气实验师克劳德·沙普(Claude Chappe,1763—1805)曾向国民公会提交备忘录,敦促国家支持电报机的建设。1793年巴黎与里尔之间建立了法国第一条电报线,拿破仑上台后又很快建立了连接里昂与米兰的电报线。②1837年议会通过的一部法案提出,政府应该永远垄断远程通信。10年后内务大臣再次重申,电报是政策手段并非商业工具,这一原则一直延续到20世纪。③由于得到政府支持,哈瓦斯通讯社几乎垄断了法国国内的电报消息。

1852年哈瓦斯的儿子夏尔-奥古斯特·哈瓦斯(Charles-Auguste Havas)接手通讯社,开始与英国的路透社和德国的沃尔夫社展开交换新闻的合作。在法兰西第二帝国参与的克里米亚战争(1853—1855)和意大利战争(1859)中,哈瓦斯通讯社利用电报向法国和欧洲各国的许多报社供稿,迅速建立国际声誉,为后来发展成世界性通讯社奠定了基础。

哈瓦斯通讯社还是当时法国最大的广告公司。1857年夏尔-奥古斯特和通用广告社合作,与200家地方报纸订立了合同,用国内新闻交换各报第3页或第4页的部分广告(通常为一整页的1/3或1/4),再将广告版面出售给广告商。这种做法十分成功,哈瓦斯社得到了丰厚的经济回报,各报也十分

---

① 苍田保雄:《路透其人和路透社》,第37—39页。
② Briggs and Burke, *A Social History of the Media*, p. 84.
③ Briggs and Burke, *A Social History of the Media*, p. 113.

愿意与哈瓦斯社合作。

第二节 第二共和国的政策反复：1848—1851

1848年2月共和派与自由派发动"二月革命"，政府军纷纷倒戈，推翻了七月王朝。2月25日法兰西第二共和国宣布成立。临时政府成立后第三天便实行政治大赦，宣布七月王朝时期针对政治行为和报刊言论而作出的司法判决一律无效，正在进行的诉讼也一律停止，并立即释放因为这类判决而被收押的犯人。

一、宽松的三月法令

1848年3月4日临时政府颁布"三月法令"，宣布废除1835年的"九月法令"，取消印花税和出版保证金，恢复陪审团对报刊违法的审判权。11月4日制宪议会通过《第二共和国宪法》，宣布成立议会制共和国，选举拿破仑的侄子路易·波拿巴（Louis Bonaparte）为总统。《宪法》第8条声明，公民在不妨碍他人自由权利和公共安全的前提下，有权通过报刊发表自己的思想；报刊在任何情况下都不得接受检查。

与1789年革命一样，1848年革命带来了报纸的繁荣。2—6月间，法国出现了将近200种报刊。第二共和国存在的三年内，新办的报纸总计达到1000多家。[①] 当时最重要的作家几乎都选择在报刊中发声，如乔治·桑的《真正的共和国报》（la Vraie République），帕斯帕尔（Paspail）的《人民之友报》（L'Ami du Peuple），阿方斯·德·拉马丁（Alphonse de Lamartine）的《良好公众报》（Le Bien public），拉梅内的《人民制宪报》（Peuple constituant），拉

---

① 苍田保雄，《路透其人和路透社》，第40页；孙娴：《1789—1852年法国新闻出版法剖析》，第61页。

科代尔（Lacordaire）的《新时代报》(*L'Ere nouvelle*)，蒲鲁东的《人民代表报》(*Le Représentant du Peuple*)，维克多·雨果（Victor Hugo）的《要闻》(*L'Evénement*) 等。

新出版的报刊中也有一些无产阶级报刊，但影响不如30年代。小资产阶级的《改革报》和共和派的《国民报》则是当时最活跃的报纸。《改革报》由山岳派的勒德吕-罗兰任主编，反对路易·波拿巴组建的联合内阁，成为当时最大的反对派。1848年6月，勒德吕-罗兰发动"六月起义"被镇压，《改革报》也于1850年停办。《国民报》曾是七月王朝的缔造者，但在七月王朝后期因为被温和共和派控制而影响减弱。1848年革命后，该报再次成为鼓吹共和主义的阵地，可惜1851年又被当局查封。除此之外，新闻性报纸如《新闻报》和《辩论日报》依然存在，此时《新闻报》发行量达到7.8万份。[①]

二、恢复保证金与印花税

1848年6月13日，在野的山岳派因为不满路易·波拿巴出兵罗马而举行暴动，史称"六月起义"。起义最后被镇压，领导人勒德吕-罗兰逃往伦敦，卡芬雅克成为政府首脑，报纸的短暂春天也宣告结束。早在起义期间，已有11家报刊被暂停出版，起义镇压后，路易·拿破仑决定禁止在野反对党的报刊。8月9日议会通过一部新闻出版法案，规定政府有权禁止报刊发行，而且报刊必须缴纳印花税。8月12日通过的新法案又规定，报社发行人必须缴纳2.4万法郎保证金，连载小说因为影响较大，必须另外缴纳每份1生丁的印花税。保证金与印花税大大提高了办报成本，导致很多报刊难以生存。1848年7月11日拉梅内宣布停办《人民制宪报》(*Peuple constituant*)，该报最后一期以黑框装饰版面表示哀悼，并刊登了《对穷人沉默》(*Silence aux pauvres*) 的著名

---

① Albert and Terrou, *Histoire de la Presse*, p. 43.

社论:"《人民制宪报》与共和国一起诞生,也与共和国一起终结。因为我们发现,共和国已经名存实亡。现在要享受说话的权利就需要金钱,大笔的金钱。我们不够富有,对穷人沉默吧!"

1849年7月27日,议会通过了一项更严格的新闻出版法,规定对藐视法律、扰乱社会、侮辱总统、煽动兵变的书报负责人处以监禁和罚款,且罚款不得以募捐方式获取。这实际上是要剥夺社会主义报刊的发言权。法案还规定印刷品的销售与分发必须经过审批,审批手续在塞纳省由警察总署负责,其余省由省长负责。已经获得的出版许可证仍有可能被撤销,合法的发行人也可能遭监禁和罚款。依靠同人合作而幸存下来的穷人报纸想在街头张贴,也必须得到省长审批。① 该法案还延长了1848年8月9日法案中有关期刊必须缴纳保证金和印花税的规定。

1850年7月16日,议会又通过一项新闻出版法,再次规定一切报纸和政治期刊都必须缴纳保证金和印花税,并对保证金的数额做了详细规定。塞纳省、塞纳-瓦兹省、塞纳-马恩省、罗纳省每周出版3期以上的刊物需缴纳2.4万法郎保证金,每周出版3期或以下的刊物需缴纳1.8万法郎保证金。在居民超过5万人的城市中,每周出版5期以上的报纸需缴纳6000法郎保证金,其他省份需缴纳3600法郎保证金,出版次数较少的报纸保证金可以减半。为了便于法庭追责,所有政治性、哲学性或宗教性论文都必须保留作者署名,违者将遭到罚款,署名采用假名者罚款1000法郎并监禁6个月,刊物负责人也要遭受同样的惩罚。法案对印花税也做了具体规定。从1850年8月1日起,一切报纸和期刊都必须缴纳印花税,包括报纸副刊中的连载小说,国外出版的非定期刊物在法国境内发行也必须缴纳印花税。保证金与印花税的双重打击使更多的报纸生存艰难,只有富翁才办得起报,有钱人才买得起报纸。普鲁东的《人民代表报》自1848年4月1日创办以来多次被查封,多次转移

---

① 米盖尔:《法国史》,第257–258页。

出版地、改变报名重新出版。① 《改革报》1850 年 1 月 11 日停刊，《和平民主报》5 月停刊，《自由报》6 月 16 日停刊，《信用报》6 月 31 日停刊，《普选报》1851 年 2 月停刊。

在外省，二月革命曾带来报纸的短暂繁荣。1848 年保守派外省报纸编辑甚至举行了一次全国大会，公开要求国民公会（National Assembly）搬出巴黎，在历史上第一次显示了外省新闻界的影响力。② 但"六月起义"（1848 年 6 月）和"雾月政变"（1852 年 12 月）后，外省报纸大量消失，如德龙省的《1848 年宪法报》于 1849 年 7 月 27 日暂停出版。③ 除了每个城市的官报，只有教会人士和保守派贵族支持的天主教报纸和省级报纸能幸存下来。

第三节　新闻监管逐渐放松：1852—1870

1851 年 12 月 2 日，路易·波拿巴发动"雾月政变"，解散了立法议会，逮捕了多名共和派和秩序党领袖。1852 年 1 月 14 日，新议会颁布了以拿破仑的《共和八年宪法》为蓝本的新宪法，将总统任期改为 10 年，并赋予总统独揽一切的权力。1852 年 12 月 2 日，法国通过全民公投宣布成立法兰西第二帝国，随后新宪法被确认为《第二帝国宪法》，肯定了皇帝权力至高无上。

第二帝国是法国资本主义经济大规模发展、工业资产阶级日益壮大的时期，也是帝国主义对外扩张的重要时期。在 1853—1856 年的克里米亚战争中，英法联军击败俄国。在 1858 年的意大利战争中，法国又协助意大利的萨丁王国驱逐了奥地利。但在 1863 年远征墨西哥的战争中，法国却以失败而告终。尽管如此，到 1870 年，法国已经成为仅次于英国的全世界第二大殖民帝国。

---

① 孙娴：《1789—1852 年法国新闻出版法剖析》，第 62-63 页。
② Popkin, "The Provincial Newspaper Press and Revolutionary Politics," pp. 434-456, 456.
③ Albert and Terrou, *Histoire de la Presse*, p. 48.

一、第二帝国的新闻政策：1852—1868

第二帝国一般被历史学家分为四个时期，即专制帝国（1852—1860）、自由帝国（1860—1868）、国会帝国（1868—1870）、内战与巴黎公社（1870）。专制帝国与自由帝国对新闻控制十分严厉，报业在夹缝中艰难发展。国会帝国到内战爆发时期新闻控制逐渐放松，报业开始逐步繁荣。

路易·波拿巴在政变后的第二天（1851年12月4日）便下令限制新闻自由，取消所有政治性俱乐部，禁止结社与集会。很多报纸被关闭，侮辱共和国总统成为报纸的新罪名。政变后不到一个月（1851年12月31日）议会又颁布法令，将新闻案件从轻罪改为刑事罪，其审判权归警察法庭。1852年2月17日，报刊组织法令颁布，系统地规定了第二帝国的报刊管制原则。新闻出版业恢复预审制和保证金，任何政治性、社会经济性刊物都必须接受政府预先检查。发行人、经理人、主编和行政人员变动时，必须先获得政府审批，外国报刊也必须经过审批才可在法国发行。任何政治性、社会经济性刊物都必须事先缴纳高额保证金，且保证金的数额都有详细的规定。未经审批或未缴纳保证金的刊物每期罚款100～2000法郎，报刊发行人与印刷者负有连带责任，将被处监禁1个月至2年。报纸必须报道真相，报道或转载假新闻、公布议会记录可能遭到停刊的重罚。为了控制舆论，各省的报纸还必须发布政府通告。1852年的报刊组织法令成了规范新闻出版业的宪章，其中许多条文被其他国家所效仿。有的学者指出，预审制和保证金的规定后来失效，惩罚不实报道的规定暂停执行，外省报刊发布政府通告的规定被撤销，但这部法令还是为出台更严厉的出版法定下了基调。① 1852年2月25日路易-拿破仑·波拿巴又公布了一项补充法令，更严重地打击了反对派报刊，导致很多报

---

① 孙娴：《1789—1852年法国新闻出版法剖析》，第63页；Albert and Terrou, *Histoire de la Presse*, p. 44.

纸停刊。从 1851 年 12 月 31 日起，《共和国报》《国民报》《降临报》《思想自由报》《公众舆论报》等报纸都不再出版。

自由帝国时期（1860—1868）的新闻政策并无原则性变化，但拿破仑三世日渐衰老，与天主教、关税保护派等存在分歧，而法国在对外战争中也遭遇失败，这些都促使当局被迫放松管制，允许一批新的报刊问世。1868 年 3 月 11 日国会帝国通过新的报刊法案，宣布废除出版预审制、允许创办新的报刊。1868 年 5 月当局又正式宣布废除新闻预审，报纸出版前不必经过政府批准，只需提前半个月在有关部门登记，说明报刊名称、出版时间、负责人等信息即可。印花税依然存在，但税率有所降低。无论如何，报业出版环境逐渐出现了改善。

二、党派报刊

专制帝国时期，路易-拿破仑·波拿巴的整顿致使巴黎只剩下 11 份日报，外省的共和派报纸也全部停办。正统派报刊从 60 家锐减为 24 家，比较重要的有代表官方立场的《总汇通报》（1868 年改名为《法兰西帝国公报》），正统派的《团结报》和《法兰西日报》，奥尔良派的《辩论日报》和《立宪主义者报》，宣扬天主教"教皇至上论"的《宇宙报》（1860 年被关闭，后于 1867 年复刊）、天主教自由派的《通讯者报》（Le Correspondant）等。这些报纸大都立场温和，较少表达反对意见。

根据官方统计，当时报纸的印数也大为减少。《辩论日报》减少 949 份，《法兰西日报》减少 900 份，《世纪报》减少 803 份，政府机关报《国民议会报》减少 723 份，《信使报》减少 470 份。[①]

自由帝国时期出现了一批新的报刊，如 1859 年盖鲁尔（Guéroult）创办的《国民观点报》（l'Opinion nationale），1860 年创办的《世界报》（Le Monde，并非当今法国的同名报纸），自由派阿方斯·佩拉（Alphonse Peyrat）

---

① 孙娴：《1789—1852 年法国新闻出版法剖析》，第 63 页。

图 5-3 《费加罗报》创刊号

创办的《民族前途报》(L'Avenir national)等。值得一提的是，两份未来的大报即《时报》(Le Temps)和《费加罗报》(Le Figaro)也诞生于这段时期。《时报》由奥古斯特·内夫策 (Auguste Nefftzer) 等人创办于1861年，内夫策担任主编达10年之久，报纸最初也体现了他的自由主义和清教立场，因此很难吸引读者。1873年起阿德里安·埃伯拉尔 (Adrien Hébrard) 接管报纸，开始侧重报道外交新闻和时政新闻，到1880年发行量达到2.2万份，直到二战以前都是法国最重要的高级报纸。《费加罗报》前身是创立于1835年的同名周报（参见图5-3），1854年被依波利特·德·维尔梅桑 (Hippolyte de Villemessant) 买下后改为《油灯》周报，1866年改回《费加罗报》，并变为政治性日报。《费加罗报》一直保持保守派立场，1871年甚至主张对巴黎公社社员"格杀勿论"。

三、5生丁报诞生

更便宜的廉价报纸也是这段时期出现的。1863年2月1日，来自波尔多的出版商莫伊兹·波利多尔·米约 (Moïse Polydore Millaud) 创办了《小日报》(Le Petit Journal)。报纸对开4页（43cm×30cm），内容简单朴实，尽量减少枯燥冗长的政治新闻和评论，增加煽情的社会新闻和怪诞的连载小说。《小日报》可以零售而不必按年度订阅，而且它是一份晚报，工人下班后可以很方便地购买阅读，这一切都使它能比其他报纸更受读者欢迎。除了这些廉价报纸的一般特色外，《小日报》最引人注目的是低廉的价格和惊人的发行量。该报每份只售5生丁即1苏，相当于更早的廉价报纸《新闻报》和《世纪报》一半的价格，而当时主流的报纸是15生丁报。因为价格便宜，报纸创刊号发行量即达到 8.3 万份，两年后达到 25.9 万份，而《世纪报》当时的发行量也不过是 5 万份。1870 年《小日报》发行量达到 34 万份，比巴黎其他日报发行量之和还要多，一度成为当时全球发行量最大的报纸。1876 年日拉尔丹买下该报后，继续推动报纸销量，1876 年达到 65 万份，1890 年达到 100 万份。1882 年，伊波利特·奥古斯特·马里诺尼（Hippolyte Auguste Marinoni）又买下《小日报》，将最新的转轮印刷机引入，不断刷新报刊的发行纪录。1884 年 6 月 1 日，《小日报》创办星期日增刊《图画副刊》(Supplément illustré)，并率先使用彩色印刷，售价也只有 5 生丁。到 1895 年，《小日报》发行量达到 200 万份，《图画副刊》发行量达到 100 万份。报纸 80% 的读者是外省读者，是名副其实的全国大报。

由于《小日报》很成功，巴黎出现了一批类似的日报，如 1876 年的《小巴黎人报》(Le Petit Parisien)，1882 年的《晨报》(Le Matin)，1889 年的《新闻报》(Le Journal)。这四份报纸被并称为巴黎四大日报。而在巴黎之外，廉价报纸也开始出现。至少到 1870 年，里尔、波尔多、马赛也出现 5 生丁报纸。

国会帝国时期，由于废除预审制、允许开办新报，一批新的报纸诞生，如奥尔良派的《巴黎日报》、天主教自由派的《法国人报》(Français) 等。共和派新办的报

图 5-4　《小日报图画副刊》讽刺克列孟梭

刊重新出现辛辣的批评，尤其引人注目，包括德勒克吕兹的《觉醒报》(Le Réveil, 1869—1871)、朱尔·法夫尔（Jules Favre）的《选民报》(L'Electeur)、朱尔·瓦雷斯（Jules Vallès）的《人民报》(Le Peuple)、维克多·雨果在流放期间创办的《号召报》(Le Rappel)、律师朱尔·费里主持的《侦察兵报》、政治家维克多·亨利·罗什福尔（Victor Henri Rochefort）的《明灯》(La

Lanterne）周刊和《马赛曲报》（La Marseillaise，1869—1870）等。

《觉醒报》是巴黎公社著名领袖夏尔勒·德勒克吕兹（Charles Delescluze，1809—1871）创办的共和派报刊。德勒克吕兹曾参加1830年七月革命和1848年二月革命，因为反对路易·波拿巴的统治而屡遭迫害、监禁和放逐。他曾在法隆西纳创办《北方无党派报》（1841），在巴黎创办《民主与社会革命报》（La Révolution démocratique et sociale，1848—1849）和《觉醒报》（Le Réveil，1868—1871），三份报纸都致力于抨击路易·波拿巴，宣传共和主义思想，最后都被政府查封。1871年3月巴黎公社成立后，德勒克吕兹成为公社的主要领袖，5月25日因公社灭亡而牺牲。

图 5-5 埃杜尔·马奈描绘的罗什福尔

维克多·亨利·罗什福尔（Victor Henri Rochefort，1863—1913）曾担任《费加罗报》编辑，1868年5月30日创办了《明灯》周刊，因为言辞辛辣、毫不妥协而深受读者欢迎，发行量曾达到10万份。1868年8月该刊第11期被查封，罗什福尔被判罚款1万法郎、监禁一年。但他逃到布鲁塞尔后继续出版杂志，偷运回法国发行。1869年他创办了《马赛曲报》，该报刊登了记者维克多·努瓦尔（Victor Noir）的辛辣文章，导致皮艾尔·波拿巴亲王（Prince Pierre Bonaparte）提出决斗，努瓦尔在决斗中丧命。结果《马赛曲报》被查封，罗什福尔又被投入监狱。1870年"九月革命"爆发后，罗什福尔获释并成为国防政府的官员，但因为同情巴黎公社而被迫出逃。10月份他出版了《口令报》（Le Mot d'ordre），但次年3月巴黎公社建立，《口令报》被梯也尔政府查封，罗什福尔也被投入监狱。1873年，他越狱后流亡到旧金山、伦敦和日内瓦等地。1880年大赦期间，罗什福尔回到法国，创办了《强硬报》（L'Intransigeant，又译《不妥协者报》），并恢复《明灯》周刊，开始宣传社会主义和布朗基派思想。1889—1892年他因为支持布朗基派而再次被流放。在德雷福斯事件中，他是反德雷福斯派的主要代表,而且从 1913 年直到去世都一直在《祖国报》(*La Patrie*)上发表文章。由于罗什福尔一生都陷于新闻论战之中,当时人称他为"争议王子"(le Prince des polémistes)。

第二帝国是新闻业规模迅速扩张的时代,巴黎日报的发行量从 1852 年的 15 万份猛增至 1870 年的 100 万份。报纸价格却减了一半,10 生丁报变成 5 生丁报。外省政治性报刊总发行量也从 1852 年的 45 万份增加到 1870 年的 90 万份。严厉的新闻政策打击了反对派言论,但似乎并未遏制报业的发展。①

四、哈瓦斯社的海外扩张:1857—1914

19 世纪中期,电报网的迅速扩张促使哈瓦斯通讯社与欧洲其他通讯社展开竞争。1856 年哈瓦斯社与路透社、沃尔夫社订立了交换股票行情的协议,1857 年又开始兼营广告业务。1859 年,哈瓦斯-沃尔夫-路透签订了首个交换独家新闻的合同,哈瓦斯社负责提供法国、瑞士、意大利、西班牙、葡萄牙、埃及(与路透社分享)及中南美各国的独家新闻。由此开始,哈瓦斯社逐渐把业务扩展到了拉丁美洲,并继续增加记者,使用国际电缆和越洋海底电缆传递新闻。1867 年,哈瓦斯通讯社和沃尔夫通讯社签订了三年的新闻交换合同,以沃尔夫社在普鲁士境内享有传递消息的有限特权为附加条件。1869 年 11 月 4 日,哈瓦斯社又和路透社签订了共同经营协定,规定由两社共同经营哈瓦斯社和路透社在世界各地的新闻业务,亏损和收益全部由两家分摊。英国国内的业务采用路透的名号,法国国内的业务采用哈瓦斯的名号,其他地区的业务则采用"路透·哈瓦斯"或"哈瓦斯·路透"的名号,协定期限为 20 年(1869—1889)。

1870 年 1 月 17 日,路透与哈瓦斯、沃尔夫签订了具有历史意义的分割市场协定,即"三社协定"。根据这一协定,三大通讯社将世界划分为几个区域,

---

① Albert and Terrou, *Histoire de la Presse*, p. 44.

各家通讯社在各自区域中掌握发布新闻的垄断权。收集新闻是开放的，每个通讯社都可以派记者在对方区域自由采访。但发布新闻是极其封闭的，各地区的国际新闻必须采用垄断通讯社的新闻稿。路透社的垄断领域为英帝国、荷兰和远东。哈瓦斯社的垄断领域为法国、意大利、西班牙和葡萄牙。沃尔夫社的垄断领域为德国、奥地利、斯堪的纳维亚和俄国。奥斯曼帝国、埃及和巴西为路透社与哈瓦斯社共同的报道范围。路透社可以在柏林发布美联社的新闻。其他"中立领域"可以共同开发。这个协定不过是保障了三大世界性通讯社已有的垄断领域，但哈瓦斯社从此可以不必担心受到竞争的威胁，专心开拓拉丁美洲的新闻市场。

第六章 大众新闻业的繁荣：1870—1914

CHAPTER 6

19世纪末20世纪初是法国的多事之秋。在国内，重大政治议题接连不断地出现。议会大辩论、布朗基派社会主义、巴拿马公司丑闻、无政府主义者的谋刺、德雷福斯案件及孔布（Combes）的反教权政策等使得论战达到白热化。在海外，亚洲、非洲、大洋洲的一些国家和地区陆续成为法属殖民地或保护国，法国成为仅次于英国的世界第二大殖民帝国。在欧洲，法国因为与德国交恶而开始向俄国、英国和意大利示好。1892年法俄签订军事互助协定，法国向俄国提供巨额借款，组成法俄同盟。1902年法意达成秘密协议以确保意大利远离德国。1904年法英签订有关殖民地的协约，消除了两国间的分歧。1905年与1911年，法德因为争夺摩洛哥而发生两次冲突，战争危机日益迫近。内政外交上的剧烈变化为新闻界提供了丰富的报道素材。

尽管19世纪60年代法国已经进入大众媒体时代，但1881年《新闻自由法》的出台促成了大众新闻业的真正繁荣。报纸售价大幅下降，到19世纪60年代日报已经成为人们的日常消费品。1881年《新闻自由法》废除了保证金和印花税，完全清除了限制报刊出版的各项约束条件，真正开放了自由办报的权利。

不过法国资本主义经济发展相对落后于美国、英国与德国，报业的规模与集中程度也无法与这些国家相提并论。普法战争以前，法国的工业生产总量一度仅次于英国，居世界第二位。但普法战争后，工业发展的速度逐渐减缓，到19世纪末已经大大落后于英国、美国和德国。法国报业发展也相对落后。首先，法国报纸的版面扩充较慢。1887—1890年廉价的5生丁小报变成大报版幅，但直到1899—1903年，发行量较大的报纸才变成6页。1914年的法国大报一般有8—10页，而英美大报则至少有20页。其次，法国报纸的发行量在19世纪末20世纪初达到了顶峰，以后再没有增加。1870—1914年，巴黎日报的总发行量从100万份增至550万份，外省日报的总发行量从35万份增至400万份。[①] 但到1914年，法国日报的发行量已经接近饱和。自1918年以至今日，法国报纸的读者实际上并未增加。到第一次世界大战前夕，巴黎四份大报的发行量根本无法与英国相比。

[①] Albert and Terrou, *Histoire de la Presse*, pp. 57, 65-66.

第一节　党派报纸与阶级仇恨：1870—1879

1870年7月19日，法国因西班牙王位继承争端而向普鲁士宣战，普法战争爆发。不到两个月后，路易·波拿巴在色当投降，引发巴黎人民起义。9月4日，第二帝国被推翻，法兰西第三共和国宣布成立。1871年2月28日梯也尔政府与普鲁士签订停战协定，再次引发民众反抗。1871年3月11日，维努瓦将军（Général Vinoy）在被普鲁士军队围困的巴黎城中下达戒严令，第三共和国的国防政府接管了政权，并以戒严为借口关闭6家进步报纸。3月18日，梯也尔领导的国防政府袭击巴黎人民组织的国民自卫军阵地，遭到自卫军反击，引发巴黎工人起义，最后起义者建立了巴黎公社（3月18日—5月28日），而梯也尔政府则一度逃往凡尔赛宫。

一、巴黎公社的报刊

巴黎公社的权力核心公社委员会内部实际上存在两个派别，多数派包括新雅各宾派和布朗基派，其中布朗基派主张暴力夺取政权，对敌人实行专政；少数派则是蒲鲁东派，成员大都来自共产国际。公社成立第三天便宣布，除敌对的波拿巴派报刊外，允许各种派别的报纸自由出版。在巴黎公社的短短72天中，出现了将近40种支持公社的报纸。最主要的是维美徐（Vermeersch）主办的巴黎公社委员会机关报《法兰西帝国官方日报》、新雅各宾派的《人民觉醒报》（Le Réveil du peuple）和费利克斯·皮阿（Félix Pyat）主办的《复仇者报》（Le

Vengeur）、罗什福尔主办的联邦派报纸《口令报》、罗什福尔和瓦雷斯主办的《人民呼声报》（*Le Cri du peuple*，发行量最大）、亲布朗基派的《杜歇老爹报》、蒲鲁东派的《社会革命报》（*La Révolution Sociale*）和《公社报》、共产国际伊符里和贝尔西铁路车站联合支部机关报《政治革命和社会革命报》等，其他还有《自由巴黎报》《社会报》《新共和报》《无产者报》等。由于巴黎公社受到梯也尔政府的封锁，这些报纸都只能在巴黎公社内发行，无法传播到外省。

公社最重要的报纸《法兰西帝国官方日报》（*Journal officiel de l'Empire français*，简称《公报》）。这份报纸原来是梯也尔政府的机关报，3月18日梯也尔政府袭击国民自卫军时，该报被自卫军接管，20日改为巴黎公社的机关报，自3月20日到5月24日共出版了66期。《公报》发布和解释公社的各项宣言、法令、决议和指示，其中包括著名的《3月18日革命公告》《告法国人民书》《告农村劳动者书》《关于废除面包工人夜班制的法令》等。从4月15日开始，公社委员会的会议记录也在《公报》上发布，只删去涉及军事行动的内容。《公报》也报道有关军事、社会、政治、经济、文化的各类新闻，批驳颠覆公社的谣言，揭露国防政府的投降卖国政策。但《公报》发行业务掌握在私人手里，不像其他工人报纸那样面向普通民众，而是沿袭法国官报传统，风格呆板，价格偏高，所以发行量只有3000份。

巴黎公社影响最大的报纸是亲公社多数派布朗基派的《杜歇老爹报》（*Le Père Duchene*）。这份8页的小册子3月7日出版，5月22日停刊，共出版了68期。报纸首页上印有"共和国，或死亡"的箴言，每天大量刊登读者来信，反映中下民众对革命的建议与意见。由于面向普通民众，该报发行量达到惊人的7万份。[①]

《社会革命报》是蒲鲁东派影响较大的报纸，自1871年3月31日出版至5月7日停刊，共出版48期，发行量达5万份。主编列蒂·安德烈是著名的女记者。该报大量报道国民自卫军的军事行动，并开辟"无产者论坛"，刊登读者来信，反映民生问题。

[①] 陈日农：《巴黎公社的革命报纸》，第42页。

《公社报》(La Commune)是蒲鲁东派的重要报纸。该报 1871 年 3 月 20 日出版，5 月 19 日由于与多数派布朗基派对立而被迫停刊，共出版了 60 期。报纸前 20 期的主编是德利马尔和蒲鲁东主义经济学家乔治·杜歇。后来，著名的民主派政论家米里哀加入了编辑部成为领导，刊登了很多评论公社的社会经济改革的文章，而且尤其重视农民问题，强调工人与农民的结盟。

《人民觉醒报》是最有影响的新雅各宾派报纸，自 4 月 18 日至 5 月 22 日共出版了 35 期。该报详细报道公社委员会会议情况，经常发表论述公社各项政策的专论。

图 6-1 《杜歇老爹报》讽刺梯也尔的海报

但巴黎公社内部派系众多，报纸之间有时观点对立，有时甚至为梯也尔政府鼓吹。巴黎公社后期，由于时局日益危险，公社中的多数派布朗基派开始要求权力集中。公社的公安委员会委员、检察长拉乌尔·里果坚决实行革命专政，查封了大约 30 家梯也尔派报纸。少数派蒲鲁东派反对里果的政策，指责他的做法违背新闻自由原则，结果蒲鲁东派的《公社报》也被迫停刊。

二、镇压左翼报刊

5 月 10 日，梯也尔政府与德国签订《法兰克福条约》，得到普军援助后，开始向巴黎进攻。5 月 21 日，政府军攻入巴黎城，开始"五月流血周"。28 日，政府军占领整个巴黎。巴黎警方利用照片对比的方式对公社成员展开逮捕，[①] 最后共杀害 3 万人，监禁或流放 6 万人，其中包括各派新闻记者。

---

① 苏珊·桑塔格，《论摄影》，湖南美术出版社，2005 年，16.

1871年7月、9月，国民议会恢复保证金，并开始对纸张征收特别税，规定从巴黎公社流出的报纸，不论倾向，一律销毁。

资产阶级的报纸也鼓吹严厉镇压公社成员。其中包括退至凡尔赛、改成小开本发行的《时报》和《辩论日报》。右派立场的《费加罗报》尤其主张对巴黎公社社员"格杀勿论"。因此，这段时期成为报刊史上最明显表达阶级仇恨的时期。①

三、共和派报纸

镇压巴黎公社后，保守派同共和派继续进行了多年较量。保守派包括以路易·菲利普的孙子巴里伯爵为首的奥尔良派，以夏尔十世的孙子尚博尔伯爵为首的波旁王朝正统派，以及以路易·波拿巴的儿子为代表的波拿巴派，他们或者希望恢复君主立宪政体，或者希望重建帝国。而共和派则试图遏制这些保守派在议会中的影响力。

1871—1879年是"道德秩序党"（Ordre moral）控制政府的时期。1871年共和派迫使国民议会通过宪法，确认了共和体制。1875年1月30日议会通过《制宪法案》，因为未明确宣布共和体制，被戏称为"从窗缝迁入的共和国"。在随后的议会选举中，共和派占据参议院绝对多数。1879年参议院改选时，共和派又一举赢得多数席位。在内阁中，继1876年12月共和派首次组阁后，1879年1月20日再次取代君主派组阁，第三共和国终于站稳了脚跟。

除了温和立场的《费加罗报》《联盟报》《宇宙报》和《太阳报》（*Le Soleil*）等大型报纸外，这段时期各派依然利用媒体来掌握舆论。圣母升天修会支持出版了很多天主教报纸如《十字架报》《朝圣者报》（*Le Pélerin*），还出版了无数的其他出版物来鼓吹道德秩序的运动。

---

① Albert and Terrou, *Histoire de la Presse*, p. 47.

共和派也积极通过新闻出版来扩大影响。70 年代，共和派出版了大量小册子，如"民主丛书""大众丛书""富兰克林书店""共和丛书""共和教育协会"等。这些通俗易懂的小型读物讲述大革命史，宣传正义、平等、民主等思想。1871 年莱昂·甘必大（Léon Gambetta）创办《法兰西共和国报》（*La République Française*），对国家"新阶层（nouvelles couches）"施加了深远的影响，雨果后裔主办的《召唤报》、左翼共和派的机关报《世纪报》，安德里厄的《小巴黎人报》等也都是共和派重要的报纸。

此外，有几十份重要的报纸也在这段时期诞生，如埃德蒙·阿布主办的《十九世纪报》（*Le XIXe siècle*, 1872），以及《晨报》（1872）和《吉尔布拉斯报》（*Le Gil Blas*）。而廉价报纸《小日报》发行量迅速攀升，引人注目。

"道德秩序"（Ordre moral）政府强化新闻管制，用轻罪法庭取代陪审团以镇压报刊犯罪，查禁或中止某些报刊发行。尤其是 1877 年 5 月 16 日，麦克马洪总统（M. MacMahon）企图建立军事独裁，以各种手段向选民和反对派施压，终于赢得选举，启用保皇派立场的布洛利（A. Broglie）公爵组阁。布洛利对共和派报刊进行了空前的压制，几个星期内的报刊诉讼案达到 2000多件，28 家日报被查封、20 家日报停刊、173 家报纸不准公开在街市发行。但这是政府最后一次企图全面控制报刊。压力之下，绝大多数记者反而团结起来反对麦克马洪，连温和立场的《辩论日报》也转而支持共和派。

第二节　1881 年《新闻自由法》

1879 年共和派获得议会多数席位而正式掌权，稳定了第三共和国的局势。在此背景下，自 1878 年由委员会开始讨论的《新闻自由法》于 1881 年 7 月 29 日提交议会通过，取代了原本管制新闻出版的 42 项法令 300 多个条款。这一法案成为法国废除一切出版限制，真正实现出版自由的标志。法案后来经过几次修改和补充，但其基本精神一直延续至今。1939—1945 年第二次大战期间，由于德军入侵，该法案被迫中止6年。二战后法国新闻界经历深刻变革，新出台的法令深刻影响了法国新闻界。但1881年《新闻自由法》对书籍、传单、海报、报纸和期刊等各类印刷品的规制依然有效，堪称世界上施行时间最长的新闻法。该法案的很多条款也被众多欧洲国家如瑞典、葡萄牙、荷兰、芬兰等借鉴。

一、《新闻自由法》

《新闻自由法》共5章65条。第一章涉及印刷和出版，确立了新闻自由的基本原则，并对印刷品、管理备案及公布印刷者的姓名及住址作了规定。第二章是有关定期出版物的规定，涉及出版物的权利、管理、申报和备案，更正权与答辩权，外国定期出版物等。第三章规定了各种印刷品张贴的地点，还规定了贩卖和分发各种印刷品的职业者必须向政府申报。第四章详细列举了与言论、出版有关的轻罪与重罪。第五章是有关新闻犯罪的责任人、诉讼程序和关于累犯、减刑和诉讼时效的特殊规定。

1881年《新闻自由法》最大的进步是废除了限制出版的事先许可、保证金和书报审查，使每个法国公民都获得了自由办报的权利。法案第一条规定印刷出版享有自由权。任何报纸、期刊只需要向政府声明由谁负责即可发行，既不需要事先申请出版许可证，也不需要缴纳任何保证金，只需要向政府申报报纸、期刊的负责人姓名，此后在每期刊物中注明上述内容，并在司法、行政部门备案即可。法案规定，每个长期定居国内的法国成年公民均有权办报。出版业的业主、合作者、股东、有限责任股东，出资者或金融活动的有关人员，都应是法国国籍。非法国国籍者不得经营相关新闻出版业务。

1881年《新闻自由法》规定，报纸违法的追惩对象只限于出版物的负责人。除了处于从属地位的印刷厂主和出版物的创办人之外，每份定期出版物必须指定一位"经理"作为唯一主要的负责人。一旦出版物内容引起民事或刑事纠纷，经理是主要责任追究对象，无论其个人动机如何。这一规定剥夺了政府直接压制媒体的可能性，因为报纸可以随意指定一个"经理"做替罪羊。只有当报纸需要负担民事责任时，被问责文章的作者、印刷厂、销售商等人才作为共犯被起诉。有的学者认为，这一原则表明1881年《新闻自由法》认为出版物表达的只是主办者的个人意见，而不是记者、编辑乃至社会大众的意见。结果出版物往往虚设一位名义上的经理担当"刑事受托人"，专门负责应付司法诉讼。有的报社聘请没有个人财产的外国人充当"经理"，根本无力承担司法赔偿。有的"经理"甚至案发后直接逃亡，致使案件不了了之。这种愚弄法律的做法一直延续到二战以后，通过临时政府颁布的1944年8月26日的法令才得以修正。

《新闻自由法》规定，滥用新闻自由的违法犯罪行为须遭到事后惩罚。出版违法的裁决权归于司法机关而不是行政部门，其中《刑法》《民法》《军事审判法》等法律对于报纸刊载的具体内容有一定的规定。

法案对违法行为及其惩罚作出了明确界定，还规定了一些有利于新闻自由的诉讼规则和量刑制度。例如，反对共和制、呼吁不服从法律的言论得到了容忍。而教唆犯罪、号召兵变、侮辱共和国总统的行为，则仍由重罪法庭受理。[①]对新闻机构违法行为的审理必须遵守特别的法律程序，如禁止在审判前羁押，针对新闻犯罪的刑事或民事诉讼时效均为2个月。如果当事人犯有法案规定的多项罪行，则只按最重罪行处罚，无需数罪并罚。

法案定义了诽谤和侮辱，为法庭判断罪行提供了依据。诽谤是指因援引某事实或将某事实归罪于某人或某团体，从而损害了该人或该组织的声誉。当诽谤言论针对某人公职时，诽谤者如果无法提供事实依据，则必须受到惩处。而当诽谤言论针对某人私生活时，诽谤者即使能提供事实依据，也必须

---

① 二战之前，法国政治界绥靖主义盛行，为了防止报纸出现抨击德国、苏联等国家的激进言论，1935年10月30日新颁布的法令还将重罪惩处的范围扩大到对外国元首、部长和使节的侮辱。

受到惩处。侮辱是指侮辱人的言语、蔑视或谩骂的词句,并不包含对任何事实的指控。当侮辱言论针对个人时,处罚较轻。当侮辱言论针对公职人员或合法团体时则处罚较重。根据诽谤或侮辱对象不同而采取不同的惩处方式,这成为1881年《新闻自由法》的特色之一。

为方便新闻机构及时补救不实报道对社会或个人造成的伤害,而且为了尽量避免诉诸法庭,1881年《新闻自由法》还规定了两项特殊条款,即行政主管的更正权和普通民众的答辩权。更正权针对的是行政机关的主管官员,如省长、市长、检察官等,当这些人的公职活动未被报刊准确报道时,他们有权在报刊上做一次免费的更正说明。刊载不实报道的报纸必须在最近一期的首要位置刊登该更正说明,篇幅不超过原报道的2倍,否则将被处以100—1000法郎的罚金。答辩权针对任何被报刊报道的人。名誉受损的当事人,无论是被报纸直接点名,或是被报纸间接暗示,均有权在报纸中澄清事实。刊载不实报道的报纸必须在收到答辩的三天之内、期刊必须在下一期上免费刊登答辩文章。答辩所占的位置与原报道相同,篇幅不超过原报道2倍,否则将被处以50~100法郎的罚金。答辩权经常被使用,1957年又从印刷新闻扩展到广播电视新闻,有效地避免了诉诸法庭。

《新闻自由法》使法国公民第一次真正拥有了自由出版书报的权利。由于出版许可、保证金和书报检查是针对公民印刷出版书报所作的事先限制,而且主要通过政府机关的行政命令来管理,这些限制废除以后,政府再也无法通过行政程序和经济手段限制公民的出版自由,只有司法机关才能对书报出版的违法行为作出事后追惩。因此可以说,1789年《人权宣言》提出的言论出版自由,终于在将近100年后,通过1881年《新闻自由法》获得了法律的保障。

从党派报刊发展的历史来看,《新闻自由法》也反映了夺取政府控制权的纯粹共和派对新闻自由的看法。大革命以来,历代当政者都企图以各种行政、司法与经济手段压制出版自由,无数发行人、编辑和记者因为书报言论而遭到罚款、监禁、流放，甚至被处以极刑。1881年《新闻自由法》以"经理"代表报刊的发行人、编辑与记者，从法律上避免了报纸被查封、停刊的可能，也避免了发行人、编辑与记者被提起刑事诉讼的可能，这极大地保护了书报的正常出版，也捍卫了报人的言论自由。然而必须承认，这一法律也使不负责任的言论免于法律追究。19世纪末，法国社会反犹思想甚嚣尘上，报纸经常出现右翼民族主义者的诽谤性、侮辱性言论。在撕裂法国社会的德雷福斯事件中，媒体滥用言论自由的后果表现得尤为明显。

二、德雷福斯事件

19世纪末，法国社会中兴起了反犹主义思潮。当时法国大约有8万名犹太人，其中巴黎就有4万人，他们早已融入法国社会。但一些右翼人士，尤其是主张天主教权的人士却竭力煽动反犹情绪，在军队上层中排犹情绪尤其猖獗。早在布朗基事件和巴拿马运河丑闻中，一些知识精英已经开始表达反犹主义观点。但在1894—1906年的德雷福斯事件（l'affaire Dreyfus）中，反犹派媒体尤其大肆鼓吹针对犹太人的仇恨，将这种民族沙文主义扩散到了社会各阶层。

德雷福斯事件缘起与一场误判的间谍案。1894年法国总参谋部发现有人将军事机密出卖给德国驻法使馆武官。情报处副处长亨利少校（Colonel Henry）根据字迹判断，认定犹太人德雷福斯上尉是间谍。1894年10月29日，反犹主义代表者爱德华·德吕蒙（Edouard Drumont）主办的《自由言论报》（La Libre Parole）首先报道了德雷福斯事件，揭开了媒体论战的序幕。由于该报发表了一系列文章，谴责一些优秀的犹太军官"背叛了自己的出身"，导致一些军官与德吕蒙、文章作者等决斗，甚至有军官在决斗中丧生。《自由言论报》、《权威报》（L'Autorité）、《新闻报》（Le Journal）和《时报》都对德雷福斯本人做了很多不实报道。原本就持有反犹立场的《自由言论报》和《十字架报》

趁此机会再次向读者重申,犹太人不应该担任军队要职。1894年11月,梅西耶(Mercier)将军接受《费加罗报》和《高卢人报》(Le Gaulois)采访时,未经审判便公开宣称德雷福斯有罪。尽管共和派报刊主张公开审判德雷福斯,《闪电报》(L'Éclair)、《小日报》、《十字架报》(La Croix)等报纸却认为军方的秘密审判是绝对必要的。

当国防部宣布德雷福斯罪名成立、被判无期徒刑时,事件并未因此停止发展。陆军部长卡戈德弗鲁瓦·卡芬雅克将军(Godefroy Cavaignac)在议会公布了证明德雷福斯有罪的"保密案卷",却很快被证明是伪证,结果参谋长布瓦岱弗尔(Boisdeffre)和陆军部长卡芬雅克被迫辞职,亨利少校由于伪造文件曝光而在狱中自杀。但夏尔·莫拉斯(Charles Maurras)却公然在《法国公报》上发表赞美诗,称亨利少校是"国家崇高利益的英勇仆从"。德吕蒙的《言论自由报》则发明了"爱国伪造"的观念,号召人们给亨利少校捐款修建纪念碑,结果该报的1.4万名订户(其中包括53名议员)共筹集到13.1万法郎的捐款。

1896年3月,新任情报处处长乔治·皮卡尔(Georges Picquart)中校发现真正的间谍是法籍匈牙利裔军官菲尔德南·瓦尔辛埃斯特拉齐(Ferdinand Walsin Esterhazy),但总参谋部却拒绝重审案件。很快,支持与反对德雷福斯的政治界和新闻界人士形成了立场鲜明的两派。反重审派报刊大多是天主教报刊,包括《十字架报》《朝圣者报》《闪电报》《小日报》《祖国报》《强硬报》等,他们主张维护军队尊严,拯救天主教与家庭秩序,打倒腐败的共和国。爱德华·德吕蒙(Edouard Drumont)主办的《犹太法国》(Jewish France)和《自由言论报》(La Libre Parole)尤其竭力反对犹太人加入法国军队。

但支持德雷福斯的阵营也开始集结起来。作家埃米尔·左拉从1897年11月25日开始在《费加罗报》上连续发表三篇文章揭露真相,最后被害怕失去读者的报纸主编阻止。从11月下旬到12月上旬,一些名人也都开始撰文支持德雷福斯,包括作家奥克塔夫·米尔博(Octave Mirbeau)和阿纳托尔·弗朗斯（Anatole France），学者吕西安·莱维－布吕尔（Lucien Lévy-Bruhl），巴黎高师图书管理员吕西安·赫尔（Lucien Herr），克列孟梭兄弟阿尔贝与乔治等。《世纪报》社长约瑟夫·雷纳克呼吁重审案件，并在报纸上不断刊文鼓吹。乔治·克列孟梭在《震旦报》（*L'Aurore*）中质问：到底谁在袒护真正的间谍埃斯特拉齐，为何正直的皮卡尔中校却遭到泄密的指控？1898年1月15日《时报》发表了一封呼吁重审案件的签名信，签名者包括埃米尔·左拉、阿纳托尔·弗朗斯、巴斯特研究院（Pasteur Institue）院长埃米尔·迪克洛（Emile Duclaux）、画家克劳德·莫奈（Claude Monet）、社会学家埃米尔·迪尔凯姆（Émile Durkheim）、历史学家加布里埃尔·莫诺（Gabriel Monod）等各界名人。

1898年，真正的间谍埃斯特拉齐被军事法庭宣判无罪，而皮卡尔中校却因为向《时报》透露参谋部文件造假反而被判监禁11个月。作家埃米尔·左拉决定采取激进的策略，通过发表轰动性的文章迫使当局审判他。1898年1月13日，他在《震旦报》头版发表题为《我控诉……！》（*C J'accuse…!*）的4500字长文，以"致富尔总统（François-Félix Faure）公开信"的形式痛斥政府与军队的民族沙文主义和反犹主义。信的末尾发出了七大控诉，逐一点名批评陆军部与参谋部中应对该案负责任的官员，最后他说：

> 在提出这些控诉时，我完全明白我的行动必须受1881年7月29日颁布的有关新闻传布条例第三十及三十一条的监督。依据这些条例，诽谤是一项违法行为，我故意使我自己置身在这些法律下。

《震旦报》当时的发行量为3万份，而这一期的发行量突然猛增至30万份，引发社会广泛关注。

由于左拉太有名，对他的审判不可避免。1898年1月20日，反德雷福斯派议员在议会中发表了谴责左拉的言说，最后以312∶22的投票结果同意对左拉提起诉讼。1898年2月23日，国防部长比约将军（General Billot）以

图 6-2 我控诉……！

诽谤罪起诉埃米尔·左拉与《震旦报》经理亚历山大·佩朗（Alexandre Perrenx）。根据1881年《新闻自由法》，当侮辱言论针对公职人员时，诽谤罪必须在重罪法庭（Cour d'Assises）审判；而当侮辱言论针对普通人时，诽谤罪只需在民事法庭审判。在本案中，佩朗与左拉都在重罪法庭遭到起诉。根据《新闻自由法》的"经理负责"原则，佩朗被列为第一被告，左拉被列为第二被告。由于当时反犹主义成为社会主流，左拉每次结束聆讯时，都必须在警察保护下才能躲开民众的攻击。法庭判决左拉一年监禁，罚款3000法郎，这是最高的惩罚，反映了当时的民意。但这次审判也使德雷福斯事件被广泛讨论，更多的人开始希望了解真相。真正的间谍埃斯特拉齐被判无罪，揭露真相的作家埃米尔·左拉与乔治·皮卡尔中校反而被判有罪，越来越多无辜的人被投入监狱，这一切都使国内外舆论密切关注德雷福斯事件。

德雷福斯事件直到1906年才落幕。埃斯特拉齐逃往外国，德雷福斯先由终身监禁改为10年刑期，后来得到总统埃米尔·鲁贝（Émile Loubet）的特赦，到1906年终于由高等法院正式平反。民族主义首脑遭到清算，其中24人接受了特别最高法庭审判。反德雷福斯的报刊大都被处以罚金，有些被迫停刊，天主教机构圣母升天修会被解散。廉价报纸《小日报》因为主编埃内斯特·朱代（Ernest Judet）坚决支持反德雷福斯派而导致报纸读者大量流失，到1914年发行量降为85万份，到1919年又降到40万份。避免站队的《小巴黎人报》很快超过《小日报》，成为法国

图 6-3 德雷福斯在狱中

发行量最大的报纸。

在德雷福斯事件中，法国媒体罕见地扮演了第四等级的角色。当时报纸的一些重要社论都是由著名的作家、小说家撰写的，他们的观点深刻影响了政府、议会与高等法院的立场。

第三节 报业的黄金时代：1881—1914

19世纪末，法国报刊进入了黄金时代，这是由当时的社会政治条件决定的。首先，识字率的增加使报刊发行量能够进一步扩大。大革命后政府理论上建立了公费小学（1793），但由于革命破坏太大，大众教育实际上还倒退了五十年。直到再经历两个共和国以后，法国才建立起真正的义务小学制度，为文坛培养了大批读者。到19世纪末，出现了一批供大众阅读的小说连载报刊（Le Feuilleton），如蒙彼利埃的《连载》（Le Feuilleton，1882—1884），巴黎的《连载画报》（Le Feuilleton illustré，1897—1898）与《星期六连载》（Le Feuilleton du dimanche，1876—1876），里昂的《小罗曼司连载》（Le Petit roman-feuillon，1874—1883）等，反映了民众阅读需求的提高。其次，政策的松绑也为报刊业稳定发展提供了法律保护。1881年《新闻自由法》颁布后，印刷商和书商的执照费和报纸的印花税废除，现代版权和稿费制度也正式建立。1886年法国通过《博恩公约》（The Bern Convention）达成了国际协议，使法国图书业不必再受盗版之苦。

一、巴黎党派报纸

第三共和国实行多党制和议会民主制，因此政治性报纸长盛不衰。这段时期，共和派最大的特点是发生了激进派和温和派的分裂。激进共和派主张使法国迅速地实现进步和民主，与教会和传统价值决裂，不惜代价争取与社会主义者和解。他们在巴黎和全国各省建立自己的联合会（fédération），每天组织代表开会。激进共和派在巴黎无法与右翼相匹敌，但在外省的选举中则稳操胜券。温和共和派也称机会主义派，主张采取中间路线来治国，反对激烈的社会变革。这种政治力量上的变化也体现在巴黎与外省的报纸中。

这段时期，巴黎的政治性报纸也日益小型化，价格降为 5 生丁，开本以小型为主，如左派的《小共和国报》(La Petite République)、《小马赛人报》，温和偏左的高级报纸《辩论日报》《时报》《费加罗报》，右翼立场的《巴黎回声报》、宣扬民族沙文主义反犹主义的《强硬报》、反犹主义的《犹太法国》(Jewish France)，亲法西斯的右翼团体"法兰西行动"机关报《法兰西行动报》(L'Action Française) 等。《犹太法国》由反犹派报人爱德华·德吕蒙创办于 1886 年，当年发行量便达到 15 万份。激进的反犹主义思潮和教权主义思潮兴起，为报纸发表极端言论提供了社会条件。根据 1881 年《新闻自由法》，只要攻击的对象不是政府官员，报纸与作者几乎不会受到法律追责。

激进共和派在 19 世纪末对新闻界和政治界都造成了巨大的影响。1871—1880 年最重要的激进派报纸是甘必大的《法兰西共和国报》，但甘必大死后，该报被共和党温和派接管，以 5 生丁价格发行。乔治·克列孟梭（Georges Clemenceau）执政期间，共和党激进派又创办了一系列鼓吹进步与民主的报纸，如《正义报》(La Justice，1880—1930)、《震旦报》(1897)、《行动报》(L'Action，1903)、《自由人报》(1913)。《正义报》由乔治·克列孟梭和沙利·龙格（Charles Longuet）共同创办。龙格是马克思的女婿，19 世纪 60 年代中期曾在巴黎出版《学派报》和《左岸报》，后来都被查封。龙格是第一国际总委员会代表，也参加了巴黎公社，公社遭镇压后逃到伦敦。1880 年回国后，他与激进派来往密切，与克雷门梭共同创办了《正义报》。《震旦报》是另一份代表激进派立场的报纸，1898 年 1 月 13 日左拉在该报上发表了支持德雷福斯的著名公开信"我控诉"，显示了激进派报纸影响社会舆论的巨大威力。

中立派报纸立场温和，影响相对较小，包括《辩论日报》《时报》《费加罗报》等。1873 年阿德里安·埃布拉尔接管《时报》，尽管发行量只从 3.5 万份增至 4

万份,①但它的硬新闻、匿名文章和受过审查的信息都是全国最好的新闻。《时报》的外交新闻很受法国外交部重视,报纸也拥有很多外国读者。1893 年《时报》因新资本注入而重新焕发活力,在德纳莱什(de Nalèche, E.)主管下追求学术化,到 1914 年发行又降为 2.5 万份。②《费加罗报》原本是保守派报纸,但支持君主制的维尔梅桑去世后,该报变为共和党的中立派,甚至因为替德雷福斯辩护而失去了几乎所有的老读者。加斯东·卡尔梅特(Gaston Calmette)主持该报后,试图使其重回保守路线。1914 年 3 月卡尔梅特被卡约夫人刺杀,造成舆论轰动。

鼓吹民粹主义、反犹主义的右派报纸包括《强硬报》《闪电报》《巴黎回声报》《自由言论报》等。《强硬报》是 1880 年由罗什福尔创办的,1908 年由莱昂·巴伊比(Léon Bailby)接管后转为右派,鼓吹帝国主义对外战争。《闪电报》1888 年创办,1905 年埃内斯特·朱代接管后也开始仿效《小日报》,鼓吹天主教会的立场。但 1900 年后最重要的右派报纸是《巴黎回声报》(L'Echo de Paris)。该报 1884 年创刊,最初仿效《吉尔布拉斯报》(1879—1914),是一份轻

图 6-4 《时报》头版

松的小报。在亨利·西蒙主管下,该报成为"法兰西祖国联盟"(la Ligue de la Patrie française)机关报,在军队中拥有不少读者,1914 年发行量达 12 万份,在第一次世界大战期间几乎成了参谋部的宣传喉舌。《自由言论报》1886 年由爱德华·德吕蒙(Edouard Drumont)创办,受到天主教支持,成为反犹派报纸的主要代表。在德雷福斯事件中,《自由言论报》积极鼓吹把犹太人清除出法国军队,主张德雷福斯有罪,反对案件重审,极大地煽动了民众的反犹情绪,干预了司法审判。与此同时,《自由报》《祖国报》《新闻报》等老报转入金融

---

① Albert and Terrou, *Histoire de la Presse*, p. 70.
② Albert and Terrou, *Histoire de la Presse*, p. 70.

家手中，在20世纪20年代经常支持法西斯社团反对共和派政府。

社会主义报纸在巴黎公社后一度销声匿迹，再过十多年才出现。《人民呼声报》由瓦雷斯和塞弗里纳（Séverine）主办（1883—1889），传播社会主义各流派的思想。稍后出现的《小共和国报》（1892—1903）也传播社会主义思潮。《小法兰西共和国报》（La Petite République Française）1876年创办，最后被社会主义者接手。《号召报》直到1880年都是左派报纸，1877年被《路灯报》超越。罗什福尔的《强硬报》自1880年7月到1886年一直支持社会主义，但在布朗基主义盛行时转变为民族主义。1904年4月18日，法国社会党创始人让·饶勒斯（Jean Jaurès）与阿里斯蒂德·白里安（Aristide Briand）在巴黎创办《人道报》（L'Humanité）。该报一开始是社会党机关报，影响不大。1914年7月13日，饶勒斯由于宣传反战而遭暗杀，报纸发行量更加减少。1920年12月以后，工人国际法国支部（S.F.I.O.）成为工人运动的多数派，马塞尔·加香成立法国共产党，《人道报》成为共产党机关报，宣传和鼓动了20年代的多次工人运动，因此影响很大。

教会报纸包括《宇宙报》《田垄报》《十字架报》等，这些报纸在反犹主义思潮中表现突出，但最后因为德雷福斯事件而受到严重的打击。《宇宙报》在1883年路易·弗约去世后依然听命教会，其他天主教报纸如迪庞卢神父1876年创办的《社会与宗教辩护报》（La Défense sociale et religieuse）、《世界报》、1893年创办的《真理报》（La Vérité）等却因为拒绝与罗马合作而消失。1910年教皇庇护十世谴责了马克·桑尼耶（Marc Sangnier）的社会运动组织"西永"（le Sillon），导致西永派报纸与该组织一起被解散。圣母升天修会大量发行报刊，如1876年创办

图6-5 《朝圣者报》讽刺国会

了《朝圣者报》，该报极力反对共和派，在德雷福斯事件中站在反重审派立场。《十字架报》最初是一份不定期发行的教会信徒公告，1877年改为定期发行，1883年变为日报，1896年发行量稳定在17万份。1899年圣母升天修会遭围捕后，作为该组织机关报的《十字架报》在保罗·费龙－弗罗（Paul Feron-Vrau）领导下立场一度缓和，1914年开始与《法兰西行动报》立场一致，主张民族主义。马克·桑尼埃创办的《田垄报》致力用天主教信仰解释时代的斗争与希望，为社会底层民众发声。1910年《田垄报》遭到教皇严厉谴责，但依然影响深远。贝玑的《半月札记》受到《田垄报》的启示，直到一战前夕都坚持宣传开放和兼收并蓄的天主教复兴思想。

君主派报纸包括《联合报》《法兰西行动报》等。其中波拿巴派报纸一直活跃到1879年，此后开始出现分裂并失去读者。1883年尚博尔伯爵去世，导致《联合报》等正统派报纸大量消亡，《太阳报》《法国公报》幸存下来，一直办到一战爆发。《法国公报》在记者阿蒂尔·梅耶尔（Authur Mayer）领导下，变成为大资产者代言的报纸。《法兰西行动报》1898年创办时只是一份杂志，1908年变成日报。在夏尔·莫拉斯支持下，经过记者莱昂·都德（Léon Daudet）的努力，该报重新成为君主派报纸，虽然发行量不稳定，但言辞激烈，影响很大。

二、巴黎商业报纸

巴黎最有代表性的商业报纸是《小日报》《小巴黎人报》《晨报》和《新闻报》，这四份报纸成为19世纪末法国四大大众化报纸。《小日报》（*Le Petit Journal*，1863—1944）是米约创办于1863年的著名廉价报纸，每天发行4版，售价5生丁。该报一直以社会新闻、煽情报道和连载小说吸引读者。出版两年后销量达到20万份，1880年达到60万份，占巴黎报刊销量的四分之一。1891年该报增加了彩印图片，成为发行量超过100万份的大报。可惜1898年后由于主编埃内斯特·朱代坚定地支持反德雷福斯阵营，报纸开始大量流失德雷福斯派的读者。

《小巴黎人报》1876年创办时，是一份共和派激进派的小报。1888年让·迪

ÉDITION DE PARIS
Le Petit Parisien
LE PLUS FORT TIRAGE DES JOURNAUX DU MONDE ENTIER
JANVIER 1 LUNDI
La France, l'Angleterre et la Russie demandent à la Grèce des réparations et des garanties
78.500 Allemands faits prisonniers par la France en 1916
SUR LES CONFINS DE LA MOLDAVIE
LE TEXTE DE LA NOTE
LA NOTE DES ALLIÉS
Le moine Raspoutine est mort assassiné
SIR DOUGLAS HAIG promu maréchal
ÉCHANGE DE TÉLÉGRAMMES
Plus de naufrages: des combattants!
Le chef de cabinet du général Lyautey
La carte de guerre au 31 décembre 1916
BRAVADE
LES NOUVELLES TAXES

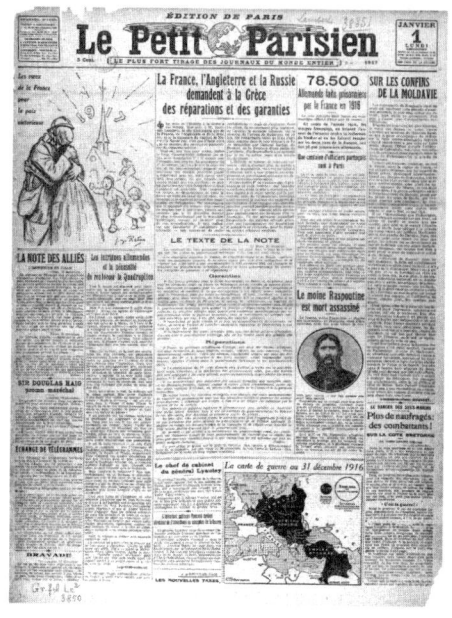

图 6–6 《小巴黎人报》（1917 年元旦）

皮（Jean Dupuy）买下该报后大胆改革，声明保持政治中立，大量刊载社会新闻、连载小说和娱乐信息。该报是巴黎率先采用转轮印刷技术的报社，由于改进发行推广工作，报纸销量从 1886 年的 15 万份猛增到 1901 年的 85 万份。在 19 世纪末的一系列危机事件如布朗基事件、巴拿马运河丑闻、德雷福斯事件中，《小巴黎人报》积极参与报道，发行量进一步增加，1903 年达到 100 万份，1917 年达到 200 万份，很快取代《小日报》成为当时全球最畅销的报纸。让·迪皮本人同时还兼营八九种期刊，成为报业大亨。

《晨报》（*Le Matin*, 1884—1944）由美国报业大亨约瑟夫·普利策（Joseph Pulitzer）1884 年 2 月 26 日在巴黎创办。报头上画有电报线路，报头下方写着“昨晚的电报”。1884 年阿尔弗莱德·爱德华买下该报，1896 年又转卖给莫里斯·比诺－瓦里亚（Maurice Bunau-Varilla），1917 年销量达到 90 万份，直到 1944 年停刊。该报虽然数次易主，但始终保持创刊时的美式廉价报纸风格：文字通俗，版面活泼，立场中立，经常发起社会改革运动，扩大报纸的影响。

Le Matin
DERNIERS TÉLÉGRAMMES DE LA NUIT
"MORNING NEWS" FRANÇAIS
AU LECTEUR
FRANCE ET TONKIN
UNE REINE
LETTRE DE M. ARÈNE
LETTRE DE M. DE CASSAGNAC
LETTRE DE M. CORNÉLY
LETTRE DE M. VALLÈS
EXPLOSION A LONDRES
POLITIQUE PACIFIQUE

图 6–7 《晨报》创刊号

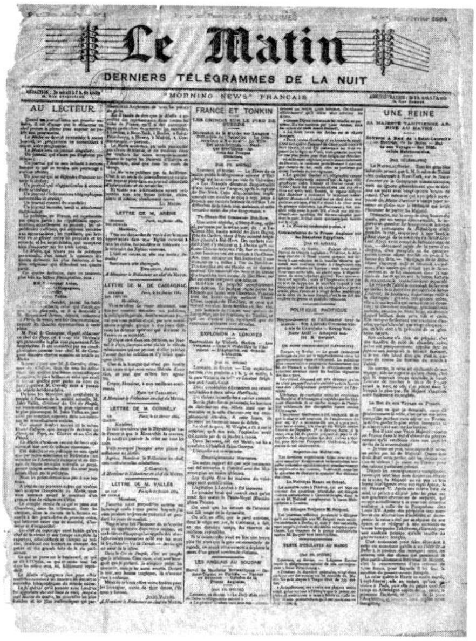

《新闻报》（*Le Journal*）1892 年由费迪南·贺创办，1896 年被富翁欧仁·莱泰利耶（Eugène Letellier）买下，后来又传给儿子亨利·莱泰利耶。报纸“提

供迎合小商人、工人、小学教师和职员口味的文学作品",高薪聘请左拉等文学家撰写小说。1914 年该报的发行量也达到 100 万份。

这一段时期专业报纸也开始出现,如《汽车报》和《喜剧报》。1891 年《自行车报》(Le Vélo)创办,1900 年改名为《汽车报》(L'Auto,1900—1944),从此法国有了一份体育日报,很长时期在各国中一枝独秀。1907 年《喜剧报》(Le Comoedia)创刊,成为第一份专门报道文艺与戏剧的日报。1910 年皮埃尔·拉斐特(Pierre Laffitte)创办《至上报》(Excelsior),试图学习美国、德国的高品质图片报,但报纸办得不太成功,读者很少。

三、外省报纸

由于巴黎四大报纸也在外省发行,当地报纸的发展受到限制。1878 年巴黎大报纷纷在外省建立报社分部,分部与巴黎总编室相连,但更加自主。到 1914 年,外省报纸主要还是周报或一周发行两三次的报纸,不过几乎每个省的专区都开始有了日报,1874 年为 179 份,1914 年增加到 250 份。有的大城市甚至同时存在 5～6 份日报。①

但最成功的外省报纸依然是观点纸,而不是巴黎那样的新闻纸。图卢兹、里昂和里尔的《电讯报》都是激进共和派的机关报,以报道地区新闻为主。1914 年排名前 20 位的外省报纸发行量总计超过 10 万份。这些报纸往往影响很大,立场温和,与右派的教会报纸和左派的社会主义报纸相互竞争。

四、哈瓦斯社的扩张

19 世纪末,哈瓦斯社的经营范围和公司规模都有了巨大的发展。在与路透社和沃尔夫社的新闻交换中,哈瓦斯社处于领导地位。1872 年美联社

---

① Albert and Terrou, *Histoire de la Presse*, pp. 72-73.

也加入三社协定，以美国本土的新闻与三社交换，成为"三社四边协定"的第四边，哈瓦斯社也由此获得了北美地区的新闻。1874年初，连接欧洲和南美洲的第一条海底电缆通到巴西沿岸，为哈瓦斯社向南美扩张提供了条件。这一年5月，路透社和哈瓦斯社进一步充实了1869年签订的联合经营协定，使之成为永久协定。到8月，哈瓦斯社和路透社在里约热内卢设立了联合分社，由哈瓦斯社编辑卢维埃任社长，巴西的《商业日报》已经开始刊登以"路透·哈瓦斯电"为电头的新闻。1875年智利也建立了联合分社。南美的政治新闻属于哈瓦斯社的业务范围，商业消息则属于路透社的业务范围。1876年6月30日，因为在纽约建立分社的尝试失败，哈瓦斯社与路透社宣布终止协定，南美洲成为哈瓦斯社垄断的领域。与此同时，哈瓦斯社一直与路透社、沃尔夫社和美联社达成国际政治新闻的交换协议，经1889年、1899年、1909年三次重新确认。直到第一次世界大战前夕，随着法国民族主义复苏、德国法西斯化、美国通讯社急剧扩张，三大通讯社再也无法瓜分世界报道范围。随着协议到期，"三社四边协定"宣告终结，各通讯社才恢复行动自由。

在扩展新闻业务的同时，哈瓦斯社也发展成法国最大的广告商。为了向外省报纸提供有偿信息，1866年哈瓦斯社与长期合作的通用广告社合并，此后又不断改组，到1879年被巴黎银行家埃朗热男爵（Baron L'Erlanger）买下时，已经成为拥有82万法郎资本的股份公司。哈瓦斯社旗下还有两家小通讯社，即专门播发政治财经消息的无线电通讯社（Agence Radio）和西班牙主要通讯社法布拉通讯社（Agence Fabra）。由于法国缺少大型报刊，哈瓦斯社垄断了绝大多数法国的新闻稿和广告业务，到1934年已经有2000多家报纸订户，控制了法国报界广告总收入的80%以上。哈瓦斯社也与其他法国媒体一样，成为各国操纵宣传的利用对象。1904年以后，沙俄政府每月贿赂哈瓦斯社的资金达到1万法郎以上。

五、受贿、亲俄与右翼化

19世纪末的法国报业虽然已经十分繁荣,但在报纸篇幅、广告比例和发行量方面均落后于英美报纸,这主要是因为报纸企业化水平低,广告资源有限,多数报纸需要依赖津贴才能维持运营。出版业接受津贴的做法从旧制度的官报时期就有了,作家与记者早就认为领取政府津贴是理所当然。大革命后,政府向报刊提供津贴也一直是管理新闻出版业的指导性政策。法国政府认为新闻业不应屈服于盈利性的私人商业活动,长期以来自认为有责任支持媒体经营,因此设立了国家新闻部,其主要职责就是向媒体提供资助。1880—1914年,法国政府在年度预算中专门拨出一笔资金用于补贴报纸,而报纸为了获得津贴也纷纷转而支持政府,各种津贴和秘密基金已经成为报纸的主要收入来源。法国报纸还经常成为外国政府贿赂的对象。1904—1908年法国与俄国签订协定,法国向俄国提供贷款以帮助俄国发展,为此几乎所有的法国报纸都得到了俄国政府支付的巨额广告费,而报纸也对沙俄的政治腐败和经济落后保持了沉默。

津贴的存在导致法国报业市场极不平衡。以日报市场为例,1914年巴黎4份最大的日报发行总量超过400万份,但更多的报纸却根本没有读者。1910年巴黎共有60种日报,但其中39种发行量少于5000份,25种发行量甚至低于500份。① 所谓的"幽灵报纸"(Feuilles-fantômes)由某些商人所办,目的是敲诈某些部长竞选人。"政治报纸"(feuilles politigues)只要发行上百份就能在议会圈中闻名。"选举报纸"(feuille électorales)只在选举期间出现,一旦微薄的赞助消失就停止发行。这些报纸扭曲了统计数据、掩盖了报业集中的事实。

自1908年开始,民族沙文主义组织"法兰西行动"多次举行示威游行,

---

① Albert and Terrou, *Histoire de la Presse*, p. 69.

民族主义狂热席卷巴黎。报纸也开展激烈的抨击运动，反对共和党激进派代表卡约谈妥的协定。《新闻报》《小巴黎人报》等消息灵通的报纸在平民百姓中拥有大量读者，与主张和平的社会主义日报立场不同。加斯东·卡尔梅特主持的《费加罗报》持续猛烈地批判卡约，卡萨尼尔克兄弟的《权威报》称卡约的行为叛国，朱代在《闪电报》上批判和约为"溃败"，乔治·贝图拉的《自由报》和天主教右翼的《巴黎回声报》也语调一致地批评议会草率地通过了"灾难性的条约"。[①]

在1913年的总统大选中，右翼再次依托报纸为普安卡雷助选。《费加罗报》和《时报》先后掀起抨击运动，强烈谴责社会主义者和激进派议员。阿尔贝·德·门伯爵在《费加罗报》发表文章迎合天主教徒，号召人们考虑国家大局，重新"团结一致"。最后普安卡雷当选总统，但左翼派别在卡约和饶勒斯领导下而赢得了议会选举，他们主张国际和平，要求德法两国政府裁军。

---

① 米盖尔：《法国史》，第335页。

第七章 集中垄断与战争的破坏：1914—1945

CHAPTER 7

　　1914—1945年法国经历了两次世界大战，新闻业也进入紧急状态。所谓紧急状态是指为了应对特别重大的突发事件如天灾人祸、经济危机、战争事故等，国家机关不得不依照宪法或法律的规定行使紧急权利，宣布全国或部分地区实行的一种临时性的严重危急状态。在紧急状态下，政府可以采取特别措施，限制社会成员的某些行动，还有权强制有关公民有偿提供一定的劳务或财物，而社会成员也有义务配合政府紧急状态下采取的措施。法国的战时新闻管制和战后改造为我们研究紧急状态下的媒体表现提供了重要的案例。

　　与战时报刊同样重要的是，这段时期也是电子媒体诞生与初步发展的时代。作为世界上最早使用电子媒体的国家之一，法国在两次大战中都利用了这种新兴的媒体来进行宣传。

第一节 一战的宣传：1914—1918

1914年6月28日，奥匈帝国王储费迪南大公夫妇在波斯尼亚首府萨拉热窝遇刺身亡，这成为第一次世界大战的导火线。不久之后欧洲各国相继卷入战争，形成了以法国、俄国、英国为首的协约国，以及以德国、奥匈帝国、意大利为首的同盟国，还有许多国家也卷入战争。

在宣战之前，法国形成了主战派和反战派两大阵营。主战派以普恩加莱总统为首，主张严厉打击德国，报普法战争之仇。反战派以社会党、总工会和少数激进派人士为首。7月31日德国向法国发出最后通牒，反战派领袖让·饶勒斯被暗杀，舆论迅速转向了主战派。1914年8月4日，普恩加莱总统发表公告，号召人民建立反对德国侵略的"神圣同盟"（Union Sacred）。同一天，国会一致通过决议，内容包括追加军费、宣布法国进入战时状态，推行战时书报检查制度。

一、战时书报检查

负责战时书报检查的机构是新闻部（Bureau de la presse）。1915年4月—1917年3月，新闻部接受陆军部（minister de la guerre）领导，负责对所有文字、照片和影像内容进行审查。报纸、图片和新闻片都必须向新闻部提供付印样（morasse），以接受事先检查。审查有两个总原则：一是为防止国内士气低落，不得报道过于残酷、压抑的战争事实；二是为避免向外敌透露军情，不得发布军队、武器、作战计划等信息。除总原则外，新闻部还会发布针对某一特定媒体的指令。根据总原则和每日得到的特别指令，审查官不仅有权批准或否决受审内容的发布，还有权删减、改动具体的受审内容。被撤下的稿子要立即从排字架上抽掉，有时会在报纸上留下空白。被禁播的新闻片则并未销毁，而是留待战后发行。如果媒体不服从命令继续发表，则会遭逮捕、起诉或查封。军事新闻尤其需要经过军方的严格审查。在战争初期，记者、摄影师不准到前线采访。报纸的战争新闻只是总参谋部发布的通稿，胜利凯旋的内容很多，惨败悲观的内容极少。新闻片大都只是介绍战争背景，不直接报道战争，目的是宣扬爱国主义，鼓励购买国债。随着战争进行，文化界和新闻界对军方的控制越来越不满。

1916年7月索姆河大会战以后，军方逐渐放松了新闻管制。记者、摄影师获准在战争前线采访报道。新闻片的审查权也从新闻部转到了军队摄像部（Section cinématographique de l'armée，SCA），审查标准变得相对宽松。1915年法国共播出了156部新闻片，1916年播出了400部。[①]

二、报业大衰退

战争导致广告收入减少，纸张匮乏，发行不便，结果报纸普遍出现了篇幅缩小，价格上涨，发行量减少的衰退迹象。1914年8月战争开始后的几个月，30多份巴黎日报破产。1917年日报价格重新上涨为10生丁。巴黎的五大报《小巴黎人报》《小日报》《晨报》《新闻报》《巴黎回声报》与阿歇特公司（Messageries Hachette）组成联营企业（Consortium），共同管理五大报的广告和发行，在1918年后也垄断了报刊广告市场。可以说，法国的报业集中并非是自由竞争的结果，而是战争导致的被迫合并。即使如此，五份报纸的表现却并不相同。《小巴黎人报》发行量高达200万份以上，《晨报》也有

---

① Véray, "1914-1918, the First Media War of the Twentieth Century:" pp. 77-78.

150 万份，受军队欢迎的《巴黎回声报》发行量达 40 万份。曾经盛极一时的《小日报》发行量却不断下降。《新闻报》（*Je Journal*）1917 年被德国资本（Lenoir et Bolo Pacha）买下，尽管其政治部主任安贝尔广为宣传，依然失去大量读者。①

战争爆发后，社会党中的反战人士变成了"少数派"，但依然宣传反战思想，批评"神圣同盟"内阁。②他们还加入国际反战运动，要求交战各国推动"白色和平"。从 1917 年 5 月开始，罢工此起彼伏，军队发生兵变。和平主义成为沙龙和编辑部里公开宣扬的潮流。一些著名的作家如罗曼·罗兰（1916 年诺贝尔和平奖获得者）、亨利·巴比塞、亨利·巴塔耶、维克多·玛格丽特等人都支持和平主义。社会党机关报《人道报》失去精神领袖让·饶勒斯后，一度宣布忠于"神圣同盟"，但 1918 年又被拥护"白色和平"的弗洛萨尔和加香接管，加香成为《人道报》社长，弗洛萨尔成为社会党书记。可惜《人道报》经历这段变动后一蹶不振，发行量一直没能超过 2 万份。直到 1920 年 12 月工人国际法国支部（S. F. I. O.）选举成功，《人道报》变成共产党机关报，其影响才逐渐扩大。1914 年古斯塔夫·泰里（Gustave Tery）创办周报《劳动报》（*L'Ooeuvre*），第二年变成日报，凭借头条新闻和反战宣传而大获成功。阿尔默雷达（Almereyda）办的《红帽报》（*Le Bonnet rouge*）因为宣传和平而于 1917 年 8 月被起诉，报纸主管在狱中自杀。③1917 年 8 月 31 日，在"爱国"报刊声势浩大的攻击下，内务部长马尔维辞职下台，社会主义者立即退出政府，"神圣团结"宣告破裂。

右派报纸《十字架报》《费加罗报》默默躲过了战争。《高卢人报》失去大量读者。《闪电报》因为替教皇本笃十五辩护而遭遇发行困难。《强硬报》成为最大的晚报，由于提前 15 小时发行，该报的发行量达一度达到 50 万份。④

---

① Albert and Terrou, *Histoire de la Presse*, p. 80.
② 1917 年间，各帮人马轮流组阁，总理三次变更。
③ Albert and Terrou, *Histoire de la Presse*, p. 80.
④ Albert and Terrou, *Histoire de la Presse*, p. 80.

《法兰西行动报》不再批评共和国,而是猛烈抨击和平主义者,称他们为叛徒,报纸的发行量因此有所增加。

中间派报纸《时报》与《辩论日报》幸存下来。乔治·克列孟梭的《自由人报》被审查机关买下,1914 年 10 月改名为《被缚者报》(*L'Homme enchaîné*),只能维持中间派立场,抨击和平主义者。1917 年底该报得到总理的资助,重新恢复《自由人报》的名字。1915 年左派报纸《鸭鸣报》(*Le Canard enchaîné*,又译《被缚之鸭报》)由莫里斯·马雷夏尔创办,立场也较为温和。

另外,战争导致描绘新闻的报纸如《画报》、《镜报》(*Le Miroir*)、《我看见》(*J'ai vu*),通俗杂志《巴黎生活》(*La Vie Parisienne*),讽刺杂志《笑》(*Le Rire*)、《刺刀》(*La Baïonnette*)等大受欢迎。

第二节　战后恢复:1918—1939

从 1918 年底法德签署停战协定到 1939 年法国再次对德宣战的 20 年间,法国经历了一段经济低迷的时期,报业也处于相对停滞的状态。19 世纪末已经发展得颇有规模的报团,到此时开始停滞不前。全国的日报发行量虽从 1000 万增加至 1200 万,但报业的总体格局很不稳定。《巴黎晚报》十分成功,而巴黎其他大报却日益衰落,而且全国日报发行量的增长有一半是来自外省日报。政治的动荡也影响了报业的表现。在一战后的和谈中,报刊界出现了一场鼓吹"德国佬应该赔款"的舆论运动。而在 30 年代法西斯主义甚嚣尘上之际,媒体又频频传出接受外国政府贿赂的丑闻。面对经济危机带来的思想混乱,各党派报纸重新活跃起来,共产党的《人道报》表现尤其突出。

杂志出现了繁荣,种类也日益多元化,文学、体育、女性等杂志纷纷出现。1934 年后,儿童杂志开始刊登漫画,电影杂志、广播杂志、图片杂志开始出现,反映了平面媒体对新媒体形式的吸收和补充,但也成为日报停止发展的原因。1938年，让·普罗沃斯特重新发行了综合性图片杂志《竞赛》，一年后发行量达11000万份。女性杂志《玛丽-克莱尔》则达到98.5万份。政治周报也日益成功，由于一战后观点性日报衰落，一些周报开始成为政治团体的发言论坛。

两次大战期间也是法国广播电视业诞生的阶段。1922年法国创办第一个广播台，1935年首次播出电视节目，由此成为世界上最早发展广播电视业的国家之一。

一、报界改变对德立场：1919—1939

1918年9月，法英美联军突破兴登堡防线，11月11日法德签署停战协定，结束了大战。法国虽然是战胜国，但由于西线战斗基本上在法国境内，工农业遭到了严重的破坏，人口数量锐减，还欠下大笔战争债务。1919年1月19日，法、英、美三国代表召开巴黎和会，法国提出了彻底向德国清算的要求，包括将莱茵河作为法德边界，莱茵河左岸建立独立于德国、受法国保护的莱茵共和国，德国支付巨额赔款。根据6月28日德国代表签署的《凡尔赛和约》，法国收回阿尔萨斯和洛林地区，萨尔区和莱茵河左岸被划为托管区，莱茵河右岸50公里内则为非军事区，德国还需缴纳战争赔款。

由于新闻部已于1919年10月12日废除，战时新闻检查不复存在，1881年《新闻自由法》得以恢复。在巴黎和会谈判期间，法国社会舆论普遍支持克列孟梭的主张，即订立一个苛刻的"赔款"和约，就像1871年普法战争后俾斯麦对待法国那样。巴黎大报《晨报》带领新闻界发起了"德国佬应该赔款"的宣传运动，要求德国人赔偿战争所造成的破坏和法国的军费开支。这一口号反映了普通法国人的意愿，似乎能解决战后的全部问题：物价飞涨、公债和货币崩溃、劳动力短缺、交通设施损毁、各地遭受广泛破坏等。在这种舆论下，1919年11月右翼政党组成的"国民联盟"赢得战后第一次议会选举的多数席位，他们主张保卫共和制，全面执行《凡尔赛和约》，反对共产主义的扩张。

但赔款总数确定后，德国却数次要求延期偿付，导致了1923年1月法国出兵鲁尔的外交危机，这促成了左派的崛起。受俄国十月革命影响，法国左派发生分裂，形成了多数派和少数派。多数派同情十月革命，频频发动积极的抗争，如1919年4月黑海法国军舰的水手发动起义，迫使法国从苏俄撤军。1919年5月1日国际劳动节，左翼多数派领导了300万巴黎工人大游行。1920年5月，多数派又领导了铁路工人总罢工。1920年12月19日，以马塞尔·加香（Marcel Cachin）和弗洛萨尔为首的多数派宣布成立法国共产党（Parti Communiste Fais，PCF），并接管了《人道报》的领导权。以莱昂·勃鲁姆为首的左翼少数派则保存了老社会党的机构。在1924年的选举中，激进党、社会党等左翼党派团体联合组建"左翼联盟"，击败右翼的"国民联盟"而上台（1924年5月—1925年4月），承诺大赦1920年罢工运动的被捕者，允许公务员组织工会，实行社会保险、8小时工作制、实施累进所得税和政教分离。此后总理频繁更换，历任内阁都无法解决外交与财政问题。

由于左翼在政坛获胜，实业界便通过资助各种非政府的"联盟"来鼓吹右翼思想。例如，"法兰西行动"积极鼓吹反对犹太主义，"束棒"和"爱国青年"等组织日益法西斯化，"火十字团"集结了数十万退伍军人，"法兰西团结"得到《费加罗报》老板、香水商科蒂资助。1935年3月29日议会通过了《职业记者法》，规定在公众秩序受到骚乱的威胁之下，行政当局有权禁发和查封部分报刊。

法国新闻界深受贿赂风气影响，到20世纪上半叶这种恶习愈演愈烈。自1914年以来，津贴保证了巴黎日报75%、外省日报40%的收入。一战以后，法国政府将报纸津贴正式列入预算中，如1933年用于补贴报刊的政府预算为7100万法郎，其中外交部的宣传费就有3300万法郎。[1] 内政部、商业部、殖民部、教育部、艺术部也有大量宣传经费用于补贴媒体。内政部以补贴地方

---

[1] 朱静：《报价起伏大成法国报业受贿主因》，第76页。

报为主，殖民部则补贴殖民地报纸，其他部门的津贴也大都给予与本身主管行业有关的报纸。

报刊界接受外国津贴的风气，在一战以后也重新出现。意大利、西班牙、德国政府都不惜花费大笔资金贿赂法国媒体。1935年阿比西尼亚战争期间，意大利的墨索里尼政府贿赂法国报业和法西斯团体，金额高达1.3亿法郎。1936年西班牙内战爆发，弗朗哥集团以3200法郎贿赂法国媒体。希特勒上台后也主要依靠收买报纸来向法国民众作宣传。1933—1938年德国用于法国的宣传费达到每年600万马克，1938年后每年增加到2400万马克，1939—1940年的宣传费甚至高达1亿马克，仅仅为了宣传慕尼黑协定就向法国报纸支付了1000万法郎。法国报纸因此大量刊登亲德文章和广告、定期款待亲德记者，有些报纸甚至完全被德国人收买。1936年10月，社会党的莱昂·勃鲁姆总理要求国会立法加强新闻管理，阻止报业接受外国政府贿赂的陋习。新法案规定，每年发行30次以上的定期刊物均需公布发行人姓名及其经济来源，故意传播错误消息、蔑视法庭的报纸要承担法律责任，加强报纸诽谤罪的惩罚以保护公职人员。该法案虽被国会通过，但由于勃鲁姆1937年辞职而未能实行。1938年9月29—30日英、法、德首脑参加慕尼黑会议，法国报纸大加赞美。1939年，继任总理爱德华·达拉第（Edouard Daladier）下令禁止个人和团体接受贿赂为外国宣传，违者罚款或监禁。据此，接受德国贿赂的《时报》采访部主任和《费加罗报》经理分别因受贿100万法郎和350万法郎而被送交军事法庭。但惩罚似乎没有起到警示作用。在德国进攻前几个月内，没有一份报纸指出战争已经迫在眉睫，有的报纸甚至故意隐瞒希特勒备战的消息。①

政界人士、知识分子试图反击猖獗的法西斯主义。青年激进党人加斯东·贝热里创办了反法西斯共同阵线的杂志《箭》。1932年基督教民主派报纸《黎明报》（L'Aube）创刊，关注人权和人的尊严。哲学家和论理学家爱麦虞埃尔·穆尼埃创办了《心灵报》（Esprit）。

---

① 朱静：《报价起伏大成法国报业受贿主因》，第77页。

新闻界的有识之士也试图作出反省。1918年3月全国记者协会成立，同年7月通过了记者使命宪章（La Charte des devoirs du journaliste），首次制定了法国记者应该遵守的职业伦理规范，经1938年、2011年两次修订而沿用至今。1935年全国记者协会推动通过《记者职业法》，建立了记者良心条款和记者仲裁委员会。所谓良心条款是指当报纸被财团收购而改变编辑原则时，编辑记者可以为了坚持专业良心而选择离开报社，这时他们应该得到报社一定金额的赔偿。良心条款反映了新闻界捍卫记者尊严与权利的呼声。1940年11月9日全国记者协会曾被维希政府关闭，直到1946年重建。作为法国第一个记者团体，全国记者协会在推动记者工作权益方面作出了很多努力。1974年协会推动通过《克雷萨尔法案》（la Loi Cressard），确认了自由记者的工资原则。此后，协会陆续指定了一系列记者培训中心。1993年，协会重新恢复了一度被废除的记者仲裁委员会。

图7-1　全国记者协会标识

二、新兴的广播业

法国是世界上最早开办广播的国家之一。20世纪最初30年，利用无线电波传送声音和图像的实验先后获得成功，广播和电视相继问世。在法国，1903年李·德·弗雷斯特（Lee de Forest）在埃菲尔铁塔上架设天线，尝试用长波发射无线信号，设立了广播实验电台。1920年，无线广播设备制造公司CSF开始制作和播出广播节目。

1922年2月，法国邮政电报电话部（Postes, télégraphes et téléphones, PTT）正式成立巴黎邮电电讯台（Paris PTT），通过埃菲尔铁塔以长波信号定时发送节目，成为法国第一家国营广播电台。同样是在1922年，工程师埃米尔·吉拉尔多（Émile Girardeau）创立了拉迪奥拉电台（Radiola），成为法国第一家民营广播电台。拉迪奥拉电台第二年开始发布哈瓦斯通讯社的"新闻简报",被当时的法国人称作"说话的公报"(gazette parlée),1924年3月29日改名为"巴黎电台"(Radio-Paris)。这样,1922年成为法国广播业的诞生之年,不仅是在巴黎,外省的政府和民营企业也纷纷开始兴建电台。1931年法国还建立了殖民地电台,开始对殖民地和其他国家和地区广播。1938年,殖民地电台更名为巴黎-世界电台,增加了广播时间和语种。法国电台从开播之日起便同时播送新闻和音乐,不识字的民众也能收听节目,广播日益成为民众日常生活的一部分。

1923年6月,政府颁布了第一部《广播法》。法案规定广播业为国家所有,个人无权私自设立广播电台。但直到第二次世界大战前,法国政府基本采取了以发展国营广播网为主,同时允许民营电台存在的方针。民营广播台向邮政电报电话部申请"临时和可撤销"的执照后可以获得特许经营权,但不得妨碍国营广播与公共利益。值得注意的是,当时的广播电台只靠收取执照费和出售收音机设备盈利,即使民营电台也不出售广告时段。这是因为当时欧美社会大都认为广播是一种公共产品,就像公交车、公立图书馆等公共设施一样,不应该成为追求私利的工具。1926年12月政府又公布新的《广播法》,规定全国只能有11家私人广播电台,经营期限不定;邮政电报电话部设立广播领导机构,致力于促进公共广播电台发展。自此开始,地方发射台网络逐步建立。到1936年法国已有国营全国电台3家,地方台18家,民营电台12家,全国共有520万个收音机。[①]1939年7月,国会通过了广播与邮电分家的法令,成立由国会议长主持的广播委员会,负责管理国营广播网、监督私营广播网。

早期电台不刊登广告,另一个原因是受到了印刷媒体的抵制。不仅如此,报纸还阻止和拖延广播节目尤其是体育消息的发布,限制广播报道新闻消息的次数,并要求报道时间晚于报纸发售时间。与此同时,很多报社也参与创办广播台。例如,《小巴黎人报》入股巴黎邮电电讯台,《强硬报》入股西岱广播台

---

① Albert and Terrou, *Histoire de la Presse*, p. 82; 张彩:《世界广播发展研究》,北京:中国传媒大学出版社2007年版,第86页。

（Radio Cité），《日报》（*Le Quotidien*）控股维蒂斯广播台（Radio Vitus），《巴黎晚报》控股37电台等。直到1939年，广播电台才摆脱报业而独立。

1932年法国开始试播电视，1938年开始每天定时播出电视节目。到二战前夕，巴黎地区每周播出的电视节目已经达到15小时，在当时处于领先地位。[①]可惜1940年二战爆发，贝当（Pétain）政府向纳粹德国投降，广播电视全面被禁。

三、报业集团

1929—1930年，法国经济进入两次大战之间的"繁荣时期"顶峰，巴黎交通繁忙，店铺林立，热闹无比。但自1930年底开始，席卷世界的经济危机袭来，大批银行与企业倒闭，工业和农业产品过剩导致价格暴跌，财政陷入困境。这样的经济背景也决定了报业由盛而衰的发展形势。

第一次世界大战以后，法国报纸销量仍有所上升，但报纸种类持续减少，30年代的经济危机进一步加速了报业的兼并。从1920年到1939年，巴黎日报从40份变为32份，外省日报从220份减少为175份。[②]1921年，全国有日报的城市有65个，其中只有一家日报的城市为32个；1927年这个比例变成66∶37；到1937年进一步变为70∶49。[③]这一变化说明，法国虽然没有出现英美等国那样的大型报团，但也出现了相当程度的报业集中。

法国的现代报团形成于20世纪30年代，比英美等国晚了近半个世纪。旧制度末期的庞库克家族曾经拥有《法国公报》《文雅信使》《总汇通报》等法国主要报纸和杂志，建立了特许垄断的报业集团。19世纪中期廉价报纸的首创者吉拉尔丹也曾同时拥有几家报刊。很多巴黎日报也出版杂志，但规模相对较小。到30年代，原有的报团如小巴黎人报团和新的共产党报团等都变得越来越有影响。而与这些传统报团不同的是，新出现的报团大都是由工商

---

① 罗治平：《法国广播电视的历史分期与体制变革》，第136页。
② Albert and Terrou, *Histoire de la Presse*, p. 94.
③ 程曼丽：《外国新闻传播史导论》，第89页。

企业收购报纸而形成，实际上是工商企业的子公司。

巴黎晚报集团即普鲁沃斯特报团是规模较大的报团。让·普鲁沃斯特（Jean Prouvost）是法国的毛纺织业大王，1917年涉足报业，买下《家园》杂志，1924年购入《巴黎午报》，1930年又取得了《巴黎晚报》和《强硬报》的所有权。《巴黎晚报》是欧仁·梅尔（Eugène Merle）于1923年创办的左派报纸，最初没什么影响。1930年普鲁沃斯特买下该报后，聘请了一批出色的报人，将报纸改为新闻画报式的晚报：图文并茂，排版醒目，标题精巧。该报侧重刊登社会新闻、体育新闻和人情味故事（human interests），政治经济新闻则力求简明扼要，迎合市民阶层的阅读需求。报纸发行量逐年增加，从1931年的13万份增加到1933年的100万份，1939年一跃达到180万份，1940年增至200万份，成为第一份取得巨大成功的晚报。1938年普鲁沃斯特又买下《竞赛画报》杂志，模仿美国《生活》画报的方式将它办成了一份新闻画报，一年后发行量高达110万份。① 此外，普鲁奥斯特报团还出版了模仿美国妇女画报的《玛丽-克莱尔》。

科蒂集团所有人弗朗索瓦·思博蒂诺是法国著名的科蒂化妆品公司老板，20世纪20年代开始投资报业，并购和创办了一批报刊。他1925年买下历史悠久的《费加罗报》，1928年并购《高卢人报》，同年5月又创办了宣传法西斯观点的《人民之友报》（1928—1933），以10生丁的低价与25生丁报竞争，销量一度达到80万份。可惜科蒂报团在30年代的经济危机中破产，1934年科蒂去世后，旗下报纸先后出售或关闭。

温德报团是法国钢铁和军火大王温德家族（De Wendel）投资的报团。两次大战期间，温德报团先后并购了《时报》《论坛报》《新闻报》和《工业日报》，并入股《晨报》《巴黎回声报》和哈瓦斯通讯社。

帕特诺特报团由法国糖业大王雷蒙·帕特诺特（Raymond Patenôtre）创办。帕特诺特从小随父亲定居美国，回法国后仿照美国模式建立了报团。该报团1936年拥有《小日报》《共和报》《里昂共和报》等报纸，还持有《巴黎晚报》

---

① 程曼丽：《外国新闻传播史导论》，第91页。

和《劳动报》的股份。

必须强调的是，20世纪30年代建立的报团都不具备全国性规模，而且并购报纸的企业看重的往往是报纸的社会影响，而不是营利能力。例如，严肃大报《时报》面临发行量下降、收入萎缩的困境，但依然有大财团（温德报团）愿意买下，因为财团看重的是报纸的影响力。而并购后的时报也没有较好的市场表现，反而因为接受各种津贴而失去公信力，发行量进一步下降。这个例子正好解释了报业市场萎缩与报业集中化加剧并存的矛盾现象。

报业集中可能造成的问题，已经受到当时政府与新闻界人士关注。1935年3月29日全国记者协会（Syndicat national des Journalistes，SNJ）主席乔治·布尔东（Georges Bourdon）推动通过了《职业记者法》，确立了著名的良心条款，并建立了记者仲裁委员会。正如前文所述，良心条款允许记者基于职业良心而选择离开被财团并购的报社，并保证记者因此能得到一笔赔偿金。1936年，布卢姆（Léon Blum）政府试图制定《传媒产业法》，对媒介兼并做出规范，可惜次年提交议会时被否决。但垄断资本控制法国大报的情况一直维持到第二次世界大战。德国占领法国期间，以社会党人为主的地下报刊曾设想解放后在法国建立一种新的新闻体制，避免媒体被金钱势力控制。这些设想后来由临时政府以法律形式公布，并随着国家主权的收复而逐步实现，这就是1944—1946年的一系列新闻立法。

四、巴黎与外省大报

这段时间，巴黎的大报各自面临经济衰退的挑战。《小巴黎人报》在让·迪皮去世后由他儿子保罗·迪皮（Paul Dubuy）接管，一度十分繁荣。保罗·迪皮两次赴美考察普利策和赫斯特的办报方式，回到法国后采用美式"黄色新闻"策略，大量报道犯罪新闻和社会丑闻。保罗·迪皮还在伦敦、柏林、华盛顿等大城市派驻了记者，加强国际新闻的报道。1921年、1924年《小巴黎人报》又尝试发行地方版，但遭到地方大报反对，并未建立起严格意义上的报团，发行量也出现了下降。《小日报》先后由卢舍尔（Loucheur）、帕特诺特主持，1938年被弗朗索瓦·德拉罗克上校（François de La Rocque）接管后成为法西斯组织"火十字团"的机关报，读者逐渐流失，1939年发行量不到17.5万份。《晨报》在比诺-瓦里拉时期也倾向于反共、反社会主义。1935年2月6日右翼和法西斯发动巴黎骚乱，《晨报》积极鼓吹反对议会而失去读者支持。1939年该报发行量不到30万份。① 《时报》是创刊于1881年的著名言论报纸，但发行量却不到7.5万份。该报1927年被煤矿联合会（Comité des Houillères）接管，1931年由雅克·沙特内（Jacques Chastenet）和埃米尔·米罗（Emile Mireaux）主持，极力支持亲德立场，赞扬慕尼黑协定，二战爆发后成为维希政府的机关报。德纳莱什主编的《辩论日报》创办于1789年，但在二战前夕流失了最后一批读者，于1944年停刊。

　　右派报纸中，塔迪厄（Tardieu）的报纸《民族回声报》（*L'Echo national*）1924年停办，《自由报》1937年由多里奥重新出版。亨利·西蒙主管的《巴黎回声报》也无法保住战争带来的特定读者。该报刊登佩蒂纳（Pertinax）的外国政治文章很受欢迎，但1937年陷入危机后，被迫与巴伊比的《日子》（*Le Jour*）合并，与亨利·德·克里利斯（Henri de Kerillis）的右派报纸《时代报》（*L'Epoque*）、比雷（Buré）的《秩序报》（*L'Ordre*）等成为少数反德报刊。莱昂·巴伊比的《强硬报》直到1930年仍保持了战时积累的30万发行量，取代《巴黎回声报》成为最重要的右派报纸，但到二战爆发前发行量减少到13万。1931年，激进派代表巴伊比发行《日子》，1939年发行量达到18.5万份。《法兰西行动报》依然是对立立场激烈争论的最大报纸。1926年，该报因遭教皇庇护十一世谴责而失去大量天主教派读者，但在莱昂·都德和夏尔·莫拉斯领导下依然是反对共和国的重要报纸。

　　右派报纸真正的实力在周报。《老实人报》（*Candide*）由A. 法亚尔（A. Fayard）创办，先后由雅克·班维尔（Jacques Bainville）、皮埃尔·加克索特（Pierre Gaxotte）编辑发行，一直维持了50万份的发行量。《格兰瓜尔报》（*Gringoire*）由H. 德卡尔布恰（H. de Carbuccia）和亨利·贝罗（Henri Béraud）主办，激烈地反美、反犹，1937年发行达80万份。图片月刊《我无

---

① Albert and Terrou, *Histoire de la Presse*, p. 96.

处不在》(Je suis partout, 1905—1939) 则成为法国最亲法西斯的报纸。

天主教报纸中,《十字架报》维持 17 万份的发行量，依然是最大的天主教报纸。教皇谴责《法兰西行动报》导致 1927 年《十字架报》编辑部发生危机，新主管 P. 梅克朗 (P. Merklen) 主持报纸后使该报立场变得温和。美好出版社 (La Bonne Presse) 旗下报刊也更多元化，《本地十字架报》(Croix locales) 周报和地区新闻出版社 (La Presse régionale) 使其能影响牧师和外省天主教会。《天主教生活》杂志 (La Vie catholique) 1924 年由弗朗西斯克·盖伊 (Francisque Gay) 创办，《黎明报》(L'Aube) 1932—1940 年变成日报，这两份报纸成为基督教民主派机关报。1920 年创办的日报《青年共和国报》(La Jeune République) 是老西永派机关报，由马克·桑尼耶任主编。"左派"天主教周报《七》(Sept) 1934 年创办，1936 年在政局变动中停办，被《当代报》(Temps présents) 取代。而《天主教法国报》(La France catholique) 周报则是极端保守的天主教全国联盟机关报。

激进派报纸中影响较大的是日报，包括《日报》《劳动报》《巴黎人民报》(Le Populaire de Paris) 等。《日报》(Quotidien) 1923 年由亨利·迪迈 (Henri Dumay) 创办，获得周报《民权进步报》(Progrès civique) 读者的支持，主要包括教士、小资产阶级激进派和社会主义者。这份"正直人读的正直报纸"发行量很快达 35 万份，在乔治·鲍里斯 (Georges Boris) 主编下培养了当时最好的一批记者。1926 年酿酒商埃内西 (Hennessy，中文又译"轩尼诗") 被爆是《日报》的赞助商，导致编辑部"迫于良心"而离职并创办周报《光明报》(La Lumière)。《劳动报》是激进派最大的机关报，由古斯塔夫·泰里、让·皮奥先后主持，发行量超过 20 万份。《巴黎人民报》是社会党的机关报，在 30 年代积极推进左翼联盟，支持抵抗运动，拥有不少读者。其他激进派机关报还有埃里奥 (Herriot) 的《新时代报》(L'Ere nouvelle)，达拉第的《共和国报》(La République)。外省激进派报纸有图卢兹的《电讯报》(La Dépêche)，波尔多的《法兰西报》(La France)，里昂的《进步报》(Le Progrès) 等。

左派周报虽然不如右派周报有影响，但也维持了较大的发行量。《星期五报》(Vendredi) 由安德烈·尚松 (André Chamson)、安德烈·维奥利斯 (André

Viollis）和让·盖埃诺（Jean Guehenno）主编，成为人民阵线论战的机关报。最成功的《鸭鸣报》在创办者莫里斯·马雷夏尔主管下，维持了20万发行量。①

原本属于社会党的《人道报》1914年开始由马塞尔·加香任主编。在20世纪20年的左派分裂中，加香接管该报后，把它变成了共产党的机关报，与《巴黎人民报》等所有工人国际法国支部（社会主义党全称S. F. I. O.）的报纸一样生存艰难，人民阵线政府时期发行量不到30万份。加香在《人道报》上撰文，号召工人阶级和劳动者拯救自己的报纸。各地纷纷建立"保卫《人道报》委员会"，帮助报纸渡过难关。到二战前，《人道报》的发行量达到了50万份。二战爆发后，《人道报》遭到查禁，而转入地下秘密发行，揭露贝当政府的投降行为和德军的暴行，鼓励法国人奋起抗敌。1937年，共产党还创办了日报《今晚报》，该报仿效《巴黎晚报》，由阿拉贡（Aragon）和J.–里夏尔·布洛克（J.-Richard Bloch）主管，十分成功，直到1939年还有30万份发行量。杂志也有很多宣传共产主义的，如《问候》（*Regards*）、《瞧》画报。外省的社会主义报纸中影响较大的是《北方觉醒报》（*Le Réveil du Nord*），但共产党并未在外省发行日报和周报。1939年8月26日，由于苏德签订了互不侵犯协定，《人道报》等所有共产主义报纸被当局关闭。

《巴黎晚报》的成功在二战间期显得尤为引人注目。这份报纸是欧仁·梅尔于1923年创办的左派报纸，但不太成功，7年接受4次津贴，发行量仅有6万份。1930年诺尔省工业家让·普罗沃斯特买下《巴黎晚报》，聘请杰出的编辑如加布里埃尔·佩勒（Gabriel Perreux）、雷蒙·马内维、皮埃尔·拉扎雷夫和勒诺东（Renaudon），以先进的新闻照片填充版面，很快成为富有特色的新闻画报。《巴黎晚报》精心策划标题与图片，采纳煽情故事与体育新闻，以乐观的立场报道政治新闻，深受读者欢迎。报纸的发行量从1931年的13.4万份增加到1933年的100万份，1940年达到200万份。②《巴黎晚报》的成功

---

① Albert and Terrou, *Histoire de la Presse*, p. 98.
② Albert and Terrou, *Histoire de la Presse*, pp. 99-100.

震动了法国报业，因为这是晚报第一次达到如此高的发行量。

20世纪30年代也是外省报纸首次超越巴黎报纸的关键年代。外省报纸页数增加、版本增多，新闻消息接近本地读者，用卡车运输以加快发行，远比巴黎报纸更受本地读者欢迎。1939年，9份外省大报发行量超过15万份：雷恩的《西部闪电报》（*Ouest-Éclair*，后来改名为《法兰西西部报》）为35万份，里尔的《北方回声报》（*L'Echo du Nord*）为33万份，波尔多的《小吉伦特报》（*Petite Gironde*）为32.5万份，格勒诺布尔的《小多菲内人报》（*Le Petit Dauphinois*）为28万份，图卢兹的《电讯报》为25万份，里尔的《北方觉醒报》（*Le Réveil du Nord*）为25万份，波尔多的《法兰西报》为23.5万份，里昂的《进步报》为22万份，马赛的《小普罗旺斯人报》（*Le Petit Provençal*）为16.5万份。[①]到二战前夕，外省报纸的发行量已经占了全国报纸总发行量的一半。

历史上第一次，外省也出现了著名的记者。热纳维耶芙·塔布伊（Geneviève Tabouis，1892—1985）成为30年代外省报业中杰出女记者的代表。塔布伊出身名门，家族中有很多人担任高级外交官和军官。她年纪轻轻就进入法国与英国的上流社会，为后来作为记者获取重大新闻消息来源创造了条件。她1924年开始为两大地方报纸《小马赛人报》（*Petit Marseillais*）和《小吉伦特报》写稿，1932年开始为巴黎日报《劳动报》写稿，到二战前夕还成为伦敦《星期日裁判报》（*Sunday Referee*）的长期撰稿人。为了不让读者知道她是女性，报社经常要求她用姓名的首字母缩写（如G. Tabouis或G. T.）。塔布伊报道的重要新闻包括：国际联盟、《洛迦诺公约》（*Locarno Treaties*，1925）的签署仪式、1933年法国总理爱德华·赫里欧出访莫斯科（旨在建立反德的法苏联盟）等。由于她主张支持西班牙共和派反对弗朗哥，亲弗朗哥阵线的《小吉伦特报》与《小马赛人报》终于将她辞退。她提醒法国人警惕希特勒，号召法国阻止德国占领捷克斯洛伐克，因此被法西斯立场的《老实

---

① Albert and Terrou, *Histoire de la Presse*, p. 100.

人报》(Candide)、《格兰瓜尔报》、《法兰西行动报》(Action Française)等斥为"战争贩子"。希特勒曾在1939年5月1日的演讲中点名批评她:"说到塔布伊夫人,就属她最聪明。她预知我的计划,比我本人还早。真是荒唐。"1940年法国投降德国前夕,塔布伊辗转逃到美国纽约,为《纽约每日镜报》(New-York Daily Mirror)与伦敦《星期日邮报》(Sunday Dispatch)写稿,并担任法文报刊《为了胜利》(Pour la victoire)的编辑。二战后,她回到了巴黎,先后在"自由法国"临时政府、信息部和《巴黎日报》(Paris-Jour)工作,还在卢森堡电台主持节目。

第三节 二战的破坏与抵抗:1939—1945

1936—1939年,面对德国进驻莱茵河左岸、建立德意日三国轴心、吞并奥地利、捷克斯洛伐克、波兰等国的一系列行动,法国一直选择谈判,却遭到德国明确拒绝。1939年9月2日法国被迫宣战,不到一年就被德国占领了大部分领土。6月22日法德签订停战协定,法国被分为"占领区"与"自由区"两部分。北方工业区是德国直接控制的占领区,民众必须为德军生产物资,生活必需品则实行配给制,法国必须支付巨额占领费。占法国领土2/5的南方农业区是自由区,由驻守在维希的贝当政府统治。7月11日,贝当连续颁布了三个制宪法令,宣布以"法兰西国家"取代"法兰西共和国",第三共和国宣告终结。维希法国对内镇压一切主战派和左翼政党,提高天主教地位,对外与德国合作。1942年11月美军登陆北非后,德国出兵占领了法国南部地区,此后贝当完全成为傀儡。

1940年6月18日,即贝当发表停战广播的第二天,戴高乐通过英国广播公司发表《告法国人民书》,号召建立"自由法国"。6月22日,自由法国组织成立"法兰西临时民族委员会",一个月后筹建了自由法国的第一支部队,10月宣布成立"法兰西帝国防务委员会"。到1942年下半年,自由法国得到所有交战国的承认。至此，法国分成了维希法国和自由法国两支对立的力量。

与此同时，在德占区和维希法国都存在地下抵抗组织，如"保卫法国""解放南方""自由射手"等。1942年1月，戴高乐派遣让·穆兰回国统一各抵抗组织，到1943年终于组成"全国抵抗运动委员会"。1943年6月，戴高乐与另一位抗德领袖吉罗德在阿尔及尔成立法兰西民族解放委员会，得到英美苏等国承认，成为实际上的临时政府。1944年6月6日，英美联军在法国北部的诺曼底登陆，打破了德军的大西洋封锁。8月25日，驻守巴黎的德军在市民起义与盟军援助下投降。到9月中旬，除阿尔萨斯、洛林和西部几个港口外，法国全境解放。

一、报纸的附逆与抵抗

早自1940年5月24日起，法国政府就宣布实行出版许可制和出版物资的统一管理。1940年5—6月的军事溃败导致巴黎和外省大量报纸关闭，首都报纸被迫迁到南方。8月26日政府关闭共产主义报纸，两天后开始实行新闻审查。

德国人占领北方后，对言论出版实行严格的管制。除了"合作派"报纸外，其余巴黎报纸全部停办，禁止发行南方区的报纸，鼓励刊登攻击维希政府的言论。警察机构通过暗杀、逮捕、流放等方式镇压抵抗组织，在电台、街头和报刊上大肆进行亲德宣传。新闻纸张实行配给制，1941年日报减为2页，内容大大减少，本地新闻与行政消息成为报纸主要内容。德占区重新出版的法国报刊有巴黎的高级大报《晨报》（1940年6月17日重新出版）、马塞尔·德亚（Marcel Déat）的社会主义日报《劳动报》（9月21日重新出版）、《小巴黎人报》（10月8日重新出版）等。新出版的报纸有让·吕歇尔（Jean Luchaire）主办的《社会主义法兰西报》和《新时代》、多里奥主办的《人民呼声报》、杂志《我无所不在》《示众柱》等。这些报刊因为鼓吹法西斯主义，支持德国人而被称为"合作派"报纸。

在南方，维希政府设立了新闻部，对所有消息报道进行检查，对报刊实行严格控制。新闻处向各个报刊发号施令，并提出所谓的指导性意见，经常强迫报纸刊登某些指定稿件，甚至连头版的版式都加以具体规定，每天还要对一些综述性稿件提出"建议"。1941年初新闻处就贝当到外地出巡一事发布宣传指令称：

……在元帅的言谈中，应该毫无顾忌地把那些能够激发起法国民众爱国热情的词句强调出来。如"对未来满怀着信心""物质精神方面的复苏""法兰西的复兴"，等等。必要之时，应对政府自1940年7月以来的所作所为加以足够的说明。要在行文中表现出——不应该过分强调——德国占领当局对法国国家元首的尊敬，反映出贝当元帅在言谈中的性格特点、法德双方会谈的"气氛"，特别是要指出元帅在奉行法德合作政策方面的可贵之处。①

外省合作派报纸少，但由于纳粹的监管，亲维希的报纸也很少。南迁后在维希政府下继续出版的报纸面临重重困难。由于路途遥远，条件落后，报纸的编辑与发行都成了问题，而政府的战时新闻政策也使报纸经营惨淡。1940年11月24日，迁到里昂的《费加罗报》主编皮埃尔·布里松（Pierre Brisson）写信给贝当元帅，对新闻检查和愚民政策表示了反对："当局企望在报刊上表现出来的那种强颜欢笑，那种对于胜利者的阿谀奉承，字里行间流露出来的感恩之情，稍受青睐便连篇累牍地大做文章，以及肆意侮辱英国而对德国人大献殷勤，凡此种种奴颜婢膝式的可笑竞争，只能激起公众对报纸的反感。这场旨在怂恿伟大的法兰西战败的宣传运动，是无望取得成功的。"

1942年德军入侵南方后，许多南迁的报纸纷纷倒闭，其中包括一些著名

---

① 阿尔贝等：《世界新闻简史》，第25页。

大报。1942 年 3 月 31 日《日子——巴黎回声报》成为第一份自行关闭的报纸。11 月 11 日《费加罗报》关闭，11 月 30 日《时报》关闭，1943 年《巴黎晚报》清算倒闭。《日报》《小日报》《法兰西行动报》《十字架报》《辩论日报》艰难存活到 1944 年 6 月。地方报纸也生存艰难，里昂《进步报》1942 年 11 月关闭。在关闭的报纸中，《法兰西共和国官方日报》与《辩论日报》是自大革命以来持续出版到二战的百年老报。《法兰西共和国官方日报》(Journal officiel de la République française) 前身是 1789 年由庞库克创办的《总汇通报》(Le Moniteur universel)，自 1799 年成为拿破仑政府的机关报后，始终以政府官报的形式存在，1869 年改名为《法兰西帝国官方日报》(Journal officiel de l'Empire français)，以后报纸名称也大都以 "Journal officiel de" 开头，到第三共和国时期称《法兰西共和国官方日报》。1871 年巴黎公社与凡尔赛政府同时出版各自的《法兰西帝国官方日报》。德占区也一直出版《法兰西共和国官方日报》，直到 1944 年最后停刊。《辩论日报》1789 年由三位地区议员创办，后来多次更换老板，只在第一帝国时期曾被拿破仑收归国有并改名。该报始终保持温和保守的立场，依附当朝主流，到 1944 年也最终停刊。

抵抗官方宣传的地下报刊从 1940 年贝当宣布法国停战之时就开始出现。报刊形式多样，从小册子、不定期画报到四页报纸都有，传播方式包括口耳相传、散发张贴、油印手抄等。地下报刊不需要接受新闻检查，所以有很多平常不可能刊登的内容出现，如人身攻击、煽动暴力、歪曲事实等，这一切都是为了达到心理战的效果。据估计敌战区出现了 1000 多种地下报刊。创办者需要逃避德国人和维希政府的追捕，因此有的报纸在各地同时出版不

图 7-2 《战斗报》巴黎版（1941）

同的版本，有的报纸被复制传抄，真实情况很难考证。《抵抗》《小小飞翼》等秘密散发的临时小报向民众传播了鼓舞士气的消息。共产党的《人道报》于 1939 年 10 月 26 日秘密再版，通过地下交通发行到敌占区。1940 年又出现了一批个人办的报纸：8 月让·特谢尔（Jean Texier）创办《占领意见报》（Conseils à l'occupé），10 月雷蒙·戴斯（Raymond Deiss）创办《庞大固埃报》（Pantagruel），10 月朱尔·科雷亚尔（Jules Corréard）创办《弯弓报》（L'Arc），12 月克里斯蒂安·皮诺（Christian Pineau）创办《解放报》，后者成为达斯蒂埃·德拉维热里领导的占领区联络网机关报。自 1941 年起，地下报纸大都成为抵抗组织机关报，数量不断增长，如 1941 年 4 月出版的《北方之声报》（La Voix du Nord），1941 年 8 月安多米蒂斯（Indomitus）主编的《保卫法国报》（Défense de la France），1941 年 11 月出版的《基督徒见证者报》（Les Cahiers de Témoignage chrétien），1941 年 12 月出版的《战斗报》（Combat），1941 年 12 月出版的《法兰西－神枪手报》（Le France-Tieur），1942 年出版的《法兰西信札报》（Les Lettres françaises），1942 年 5 月社会党出版的《人民报》（Le Peuple），1943 年 3 月出版的《比尔哈凯姆报》（Bir Hakeim）等。1942 年 4 月，全国抵抗运动委员会新闻局（Press du C. N. R.）的机关报《综合新闻》问世。1943 年 11 月，全国地下报纸联盟（la Féderation nationale de la presse clandestine）成立，与阿尔及尔的阿尔热·巴（Alger Bayet）耶临时政府合作，为法国战后重建新闻业打好了基础。

二战时期，法国出现了巴黎与外省"一分为二"的报业格局。巴黎五份大报曾计划战后继续垄断日报市场，但哈瓦斯社不同意签署该协议，这使外省报纸留住了读者。由于军事边境哨卡林立，首都与外省交通隔绝，巴黎报纸很难发送到外省，地方报纸却形成了独特的发展优势。这一切为二战以后巴黎报纸与外省报纸关系逆转创造了条件。战后全国通讯网恢复缓慢，巴黎报纸很晚才传播到外省，而这时外省读者早已经习惯订阅能够提供地方新闻的本地报纸。

二、广播的突围

纳粹德国占领巴黎后，完全禁止法国人办广播，因此法国本土的广播电视中断，对外广播也停播，对内广播只剩下维希电台和巴黎电台两家，都受到德国人控制。巴黎电台（Radio-Paris）前身是法国最早的民营电台"拉迪奥拉电台"（Radiola），1924年3月29日改名为"巴黎电台"，1933年12月变为国营广播台。德国占领巴黎后，巴黎电台被德国人控制，播音员雅克·多里奥（Jacques Doriot）、菲利普勒·亨里奥（Philipple Henriot）、让·埃罗尔德-帕基（Jean Hérold-Paquis）等人为轴心国进行宣传。由于巴黎电台与"自由法国"的伦敦电台（Radio Londres）完全唱反调，伦敦电台主持人皮埃尔·达克（Pierre Dac）曾在广播中疾呼："巴黎电台已死，巴黎电台已死，巴黎电台变成了德国台。"1942年5月8日，巴黎电台位于布尔日（Bourges）的发射站被抵抗组织炸毁，1944年8月15日晚巴黎电台被抵抗组织占领。

流亡政府"自由法国"利用伦敦电台发出了影响巨大的战时宣传。就在贝当投降德国的第二天即1940年6月18日，戴高乐利用英国广播公司的设备向法国境内播出了《告法国人民书》即著名的"6·18号召"，第一个举起了争取民族解放的旗帜。此后，他领导的民族委员会通过英国广播电台不断地向法国发出抵抗号召。在英国新闻大臣支持下，英国广播公司每天向"自由法国"提供两次节目时间，每次5分钟。随着二战的进行，法语广播时间不断增加，到大战结束时已经达到了每天5小时。英国广播公司也成了法国抵抗分子聚会的地方：莫里斯·舒曼、皮埃尔·奥利维埃、皮埃尔·布尔当、让·马兰（Jean Marin）和让·奥贝莱都是每天出场的广播员。他们主持的著名广播节目"法国人对法国人讲话"，与巴黎电台和维希电台展开了电波战，还号召法国人在所有的墙上刷满醒目的"V"表示胜利。德国人千方百计地干扰电波，但还是有很多法国人收听到"自由法国"的宣传。戴高乐还利用电波来指挥作战。1941年"自由法国"在刚果首都布拉柴维尔建立了广播中心，随后又在巴勒斯坦、贝鲁特、纽约、伦敦等地创办电台。1944年诺曼底登陆前夕，戴高乐通过伦敦电台向法国本土的抵抗组织发出动员令。由于有效地利用了无线电广播，戴高乐被法国民众视为英雄，也在英国赢得了"麦克风将军"的称号。

三、哈瓦斯社遭肢解

二战爆发前夕，哈瓦斯社已经从民营股份公司逐步变成了国有企业。自1925年起，哈瓦斯社经历经济危机而财政恶化，新闻业务亏损日益严重。1930年以后，广告业务的收益也逐渐减少。1931年外交部向哈瓦斯社提供了3600万法郎的资助，但也因此经常利用哈瓦斯社来探测政治政策、外交行动的社会反响。1936年哈瓦斯社一度与人民阵线政府对立，经常与右派报纸一起攻击政府。为了防止这种情况再次出现，自1938年7月起，外交部决定承担哈瓦斯社新闻业务的全部巨额亏损，实际上把该社新闻部收归了国有。

1940年法西斯德国军队占领巴黎前夕，哈瓦斯社的股票被维希傀儡政府全部收买，形成了法国新闻宣传部（Office française d'Information）、广告社、世界电讯社（Telemondial）三部分。法国新闻宣传部利用哈瓦斯社的资产和设备，继续发布法国与外国的新闻消息，实际上沦为德国人的宣传机器。广告社依然保持民营性质，沿用哈瓦斯的公司名字直到战后，而且控制了法国大部分广告销售。世界电讯社则成了德国通讯社的分社。这样，世界上第一个通讯社在二战中消失了。

与此同时，流亡海外的抵抗者在伦敦建立了法国独立新闻社（1940年），在阿尔及尔建立了法非新闻社（1942年），在法国境内则以地下组织消息资料通讯社和自由法国通讯社的形式继续开展新闻业务。

第八章 战后改造与调整：1945—1974

CHAPTER 8

　　从二战结束到50年代末的15年是法国政府对新闻业进行战后改造的关键时期。在政府主导下，投敌报人与报纸被严厉清算，巴黎与外省出现了一批新的报纸。广电业形成了国家垄断的经营体制，建立了主管广播电视媒体的国家机构——法国广播公司。

　　50年代末到70年代末是战后新闻业面临困境与挑战的时期。报业的危机出现得最早，以1947—1953年的党报倒闭大潮为开端，到60—70年代演变为商业报刊的兼并大潮，并形成了报纸商业化、地方化、集中化，期刊杂志异军突起的局面。与此同时，电视逐步取代广播与报纸，成为法国影响最大的媒体。广电业与法新社的改造反映了第五共和国加强国家认同的需要，国家垄断成为改造的基本原则。

第一节 战后改造：1944—1946

1944年法国全境解放。1945年10月，从阿尔及尔迁来的临时政府领导了制宪议会选举和全民公决。共产党、人民共和党和社会党成为议会大党，形成了以戴高乐为首的三党联合临时政府。共产党在抵抗运动中贡献巨大，两名共产党员首次成为内阁部长。1946年12月24日新宪法生效，法兰西第四共和国正式成立。

为清除被占时期德国法西斯的影响，战后法国政府全面改造了新闻业。左派政党控制的政府制定了国家干预报业、垄断广电业和通讯社的计划。这次改造几乎造成了法国新闻历史的一次断裂：大量战前的报纸因为战时附逆而被取缔，这导致当代法国大报的历史大都只能追溯到二战之后；广播电视业完全国有化，战前已经默许存在的民营电台消失不见；哈瓦斯通讯社被新成立的国营法新社取代；大量投敌记者遭到逮捕和关押，有些甚至被处死。

从新闻史上看，历经战争、政变或革命以后，新政权往往需要改造新闻业、清除旧势力的影响。但法国临时政府基于政治原因取缔了几乎所有的媒体，而不是予以保留并进行整改。如此激进的做法在各国新闻史上均是很少见的。

一、清算新闻界：1944—1946

战后法国之所以实行激烈的新闻改革，主要是由临时政府的性质决定的。当时的政府官员大都来自左派政党或战时抵抗组织，他们大都认为，二战前的法国报纸被资本家控制而成为逐利工具，没能很好地服务于公众利益。而抵抗运动的主导思想就是控制新闻工具。因此早在二战期间，流亡阿尔及尔的临时政府便曾规划战后报业如何摆脱金融集团的控制。全国抵抗运动委员会的章程中甚至有"清洗新闻界"的要求。光复前夕，戴高乐领导的临时政府先后通过一系列法令（1944年5月6日、6月22日、8月26日、9月30日），开始推行激进的新闻改革，力求摧毁旧的报刊体系，由国家垄断广播、电视和通讯社，由新闻部报供应报纸纸张，使新闻业摆脱资本家的控制。

5月6日的法令规定，凡是发表出于恶意制造的消息并有可能扰乱公众安宁者，都必须受到惩处。散布任何与事实不符的消息都将构成犯罪。

8月26日的法令是专门针对报业的。这一法令最重要的规定是恢复1881年《新闻自由法》中规定的登记制。报刊主管只需要签署一份简单的声明，说明报刊名称与出版方式、负责人姓名与住址、印刷厂的相关信息，并邮寄给国家检察院即可。

与1881年《新闻自由法》相比，1944年8月26日的法令对报纸发行人限制更严格。在1881年《新闻自由法》中，报纸的法律代表人为"经理"，此人可以是与报社无关、没有经济实力的"稻草人"。一旦报社违法，"经理"常常无法承担法律责任。而在1944年8月26日的法令中，报纸的法律代表人为"发行主管"（directeur de publication），此人必须是报纸的实际所有人，拥有报纸的大部分资金或是董事会中的多数派代表，能最广泛地代表报社工作人员，不能仅仅是一个挂名。即使发行主管将全部或部分职责授予"代理负责人"，他本人仍必须依法履行民事责任。1952年3月25日颁布的法令甚至规定，一旦"发行主管"享有议会豁免权，他就必须另外任命一位负责人。

8月26日的法令对报社的经济活动约束更加严格。法令规定报纸的所有人、股东、出资者等都必须拥有法国国籍，因此限制了外资进入。每一期刊物必须公开发行人、董事会成员、股东和信托负责人的信息，而且必须公布总发行量。如果出版社为股份公司，则创办者的股份受到一定限制，股票必须记名，股份变动须得到董事会批准，出版机构还必须每年发布经营报告。此外，报纸和出版物还必须向相关部门提交备案，方便国家收藏和管理出版物。1943年6月21日通过的《版本备案法》和后来的一些法律条款进一步完善了备案细则。根据这些规定，出版者必须提交1份出版物给版本备案管理局，4份给国立图书馆（巴黎出版物）或其他有资格的图书馆（外省出版物）。除版本备案外，出版物还必须向本市检察院提交2份司法备案，向新闻情报部（巴黎出版物）或省长、市长办公室（外省出版物）提交10份管理备案。面向青年的刊物还需要额外向司法部监督委员会提交5份备案。

8月26日的法令规定报纸唯一的罪行是轻罪。为防止垄断，禁止一个人拥有多份日报。然而这一条款并未被严格执行。1979年11月，埃尔桑集团被控违反该条款，但因为此前已有很多报团打破先例，这次诉讼不了了之。①

9月30日的法令也十分重要，主要规定了清除附敌报纸的原则。法令规定凡在敌占区创刊或在敌占区公开发行15天以上的报刊一律永久停刊，而地下发行的抵抗报刊则可以公开发行。经营报纸或从事新闻出版业的人必须接受身份调查，有不忠行为者将被取消资格。投敌报刊的财产收归国有，用以协助战后报业的复兴。据此，一些著名的记者如菲尔多内、罗贝尔·布拉西、白里安等被判处死刑。56家北方日报和51家南方日报被关闭。战前的报刊仅有巴黎的5家和外省的2家可以继续存在，其中《费加罗报》成为唯一创办于19世纪的老报纸。这次清算导致二战以前的报刊格局被彻底打破，当代绝大多数法国报刊与19世纪和20世纪初创办的报刊没有任何关系，法国新闻业开始长期落后于英、美、日、德等报业发达国家。

由于左派人士接受了战时附敌的报社房屋和器材，大批战时秘密发行的反法西斯报刊纷纷接收敌伪报刊而公开出版，各左派政党也扶植了自己的机关报。巴黎形成新的"四大报纸"，即《法兰西晚报》（France-Soir）《费加罗报》《解放了的巴黎人报》《震旦报》。《法兰西晚报》继承了战时的《保卫法国报》，接收《巴黎晚报》并模仿其风格继续出版。《费加罗报》停刊了两年继续出版，

---

① 孙维佳：《浅谈法国新闻法规》，第32页；盖荷尔：《法国的新闻立法》；李峰：《论战后法国报业集中化的趋势》，第25页。

1949年被毛纺大王 J. 普罗沃斯特财团和糖业大王比海姆财团收购，1975年又被新兴的报业主贝尔·埃尔桑并购，维持了将近40万份的发行量。《解放了的巴黎人报》（*Le Parisien Libéré*）则继承了战前的《小巴黎人报》。1944年10月，复刊后的《人道报》发行量达到45.6万，成为全国最有影响力的政治报纸，到1946年发行量增至48万份。① 共产党还出版了以妇女、青年和儿童为对象的周刊和日报。在外省，日报采用了《马赛曲报》《爱国者报》等爱国主义的名称，新的政治性报刊成为报业主流。

新闻部依然是战后政府管理新闻业的最高机构，主要任务是向新闻界提供直接和间接的资助，直到1969年被蓬比杜总统取消。法律规定每年至少出版四期、广告版面不超过三分之二、致力于广泛传播知识的刊物都可以获得由政府预算统一支付的直接资助，总额大约为25亿法郎，相当于新闻业年度营业总额的15%。记者个人也得到国家津贴，享受30%的减税，并获得免费参观全国性博物馆的优待。间接的资助方式包括对报刊订购法新社稿件和使用邮政发行提供优惠；减免报刊企业的部分税收，对报刊业筹集投资资金实行特殊优惠，对新闻纸实行全国统一定价。据1997年统计，法国政府对报刊出版业的直接资助为2.489亿法郎，间接资助为24.7亿法郎。② 津贴虽然扶植了新闻业的繁荣发展，但也使新闻业依赖于政府，削弱了竞争力。

除此之外，国家对报纸物资也实行了集中管理。根据1946年5月11日颁布的法令，报纸物资由全国报业协会（Société nationale des Entreprises de Presse）控制和保管，并向获得许可的报纸提供租借。

在政府主导的整顿与改造之下，二战后的新闻业开始了初步发展。日报发行量出现了增长，从1945年的1200万份增至1946年的1500万份。新的日报也不断出现，1946年法国共有200多家日报，其中巴黎28家，外省175家。③ 到1947年，报纸的种类和发行量都达到历史最高峰。

---

① 米盖尔：《法国史》，第391页。
② 朱静：《报价起伏大成法国报业受贿主因》，第77页。
③ Albert and Terrou, *Histoire de la Presse*, p. 121.

二、报纸与杂志

在二战后创办的报纸中，最为醒目的是《世界报》（Le Monde）。早在二战结束前夕，戴高乐将军便提出要办一份"法国的《泰晤士报》"，使之成为独立的新闻和公众讨论的平台。1944年12月18日于贝尔·伯夫－梅里（Hubert Berve-Méry）联合30名青年记者接收了《时报》的设备，在巴黎合资创办了《世界报》。伯夫－梅里自1935年起担任《时报》驻布拉格记者，后来因为反对慕尼黑协定和达拉第政府的绥靖政策而辞职。二战期间他参加了抵抗组织，并出版知识分子杂志《神灵报》。《世界报》创刊后，他逐渐成为主要负责人。

《世界报》的创刊号社论强调，报纸的宗旨是向读者及时提供全面而准确的新闻报道。报纸以国际视野、保持质量、维护独立、信守承诺为四大原则。该报内容全面，信息量大，措辞讲究。与"记录报纸"（Newspaper of Record）《泰晤士报》和《纽约时报》相比，《世界报》更侧重刊登国内外时事热点的深度报道和评论，法国与外国政治界、经济界要人的专访，法国总统、总理、外交部长的独家谈话等。《世界报》观点多元，偶尔"中间偏左"，由于能反映法国政府的立场而有较强的权威性和参考价值。该报不仅是法国政界、知识分子广泛阅读的报纸，在欧洲、北美和大多数非洲国家也有订户。

《世界报》是一份下午上市的晚报，当天新闻当天见报。但与普通意义的晚报不同，该报不以报道市民生活为主，拒绝一切花哨的元素。报纸长期只采用单色印刷，整份报纸不刊登新闻照片，以文字为主，只配以少数漫画。直到1983年12月27日改版后，头版才首次出现亮色漫画，改变了报纸"纯灰色调"的风格。

《世界报》采取同人办报模式。所谓同人办报，就是几个志同道合的人自愿联合办报，一般保持财政独立，不依附于任何报团，也不接受政府津贴，连广告都被排斥在版面之外。报纸成立初期由克里斯蒂昂·方克－布朗塔诺、勒内·库尔和于伯尔·伯夫－梅里组成的三人小组领导，他们各拥有世界报公司200股股份中的40股，其余80股由独立的社会贤达分享。1951年公司设立报纸编辑共同持有的 80 份新股，规定报社的任何重大决策或人事任免必须获得主编协会（Société des Rédacteurs）同意。1968 年公司又将 5% 的股权出让给报社普通干部，4% 的股权出让给普通职工，使报社所有员工都有了股权。但创办人和编辑拥有的是 A 股权，普通干部和职工拥有的是 B 股权。报社员工对《世界报》的所有权随着时间的推移而逐渐减弱，但始终保留了选举总监的权利，因此被视为新闻界自治的罕见例子。①

图 8-1 《世界报》创刊号

除了庄重而中立的《世界报》外，反映各政党立场的政治性报纸是战后巴黎报界的主流。诸如解放、战斗、自由射手、游击队等名字反映了报刊诞生的背景。重新组建的各个政党为了争夺议会席位，纷纷利用报刊刊登政论文章，左右社会舆论。据统计，二战后巴黎共有 32 家日报，其中政治性日报就有 27 家，占 82%。②左派的报纸影响尤其巨大，如法国共产党的《人道报》、《今晚报》（Ce Soir），社会党的《人民报》（Le Peuple）、《战斗报》（Combat）、《法兰西神枪手报》（Le France-Tieur）、《法兰西义勇军》，人民共和党的《黎明报》（L'Aube），左派哲学家阿尔贝·加缪（Albert Camus）主办的《解放报》和《战斗报》等，都是发行量较大的报纸。《战斗报》发行到 1974 年停刊，《解放报》一直发行到今天。

巴黎日报失去全国主导的地位，这是由战争期间与战后时期的报业环境共同造成的。战争期间法国各地区相互隔绝，实行分区配给制，并规定一区

---

① 丹尼尔·C·哈林，保罗·曼奇尼著，陈娟、展江译：《比较媒介体制：媒介与政治的三种模式》（第三版），北京：中国人民大学出版社 2012 年版，第 116—117 页。

② 李峰：《战后法国报业的"非政治化"》，第 88 页。

一报，巴黎报纸难以发送到外省。地方报纸独立发展，形成了独特的优势。战后全国通讯网恢复缓慢，但由于有通讯社供稿，外省已经能够与巴黎同时接受消息。新创办的巴黎报纸缺少经验，质量不高，并不受外省读者欢迎。巴黎日报虽不满足于只作为地方报纸而存在，却也不能很好地适应外省读者的需要。光复以来各日报的社长基本没有变动，直到年老退休，报纸自身的改进很少。地方报纸能提供本地人感兴趣的地方新闻，一些二战后遭到清算的报人加入地方报业，也使外省报刊变得更有活力。这些原因造成了战后外省报纸市场份额突然增加的奇特现象。在战前1100万份的全国报纸总发行量中，巴黎报纸占700多万份，市场份额为2/3。而经历50年代的报业危机后，全国报纸总发行量再度回落到1100万份，此时巴黎报纸却只占400万份，市场份额却变为1/2。①

1961年以后，巴黎报纸发行量继续减少，地方报纸的发行量却超过800万份。法国20家地方大报的销售数量1960年为458.4万份，约占地方报总发行量的64%。一些著名的区域性大报开始出现，如《西部法国报》（发行量53.5万份）、《里尔进步报》（35.5万份）、《北方之声报》（33.7万份）、《西南报》（30.7万份）等。不过外省报纸大都将焦点放在地区性新闻和本地新闻上，也形成了缺少政治性内容的特点。

与此同时，新的综合性新闻杂志也开始出现，如《巴黎竞赛》画报、《快报》和《新观察家》等。《巴黎竞赛》画报由纺织业大资本家让·普鲁沃斯特创办于1949年，前身是二战时停刊的《竞赛》（*Match*，1938—1944）。《竞赛》仅报道体育新闻，而《巴黎竞赛》画报将自己定位为法国的《生活》杂志，强调"语言的力量，照片的冲击"（Le poids des mots, le choc des photos），以图片为主，文字为辅。1950年罗歇·泰龙成为《巴黎竞赛》的主编，积极报道战后欧洲及世界各地的形势，很快使杂志发展到鼎盛时期，1964年发行量达到200万份，创造了法国发行量最高纪录。但随着电视的普及，《巴黎竞赛》

---

① Albert and Terrou, *Histoire de la Presse*, p. 122；李峰：《战后法国地方报业的兴起》，第32页。

的发行量开始下降，1976年6月出售给阿歇特报团，后来又吸收了菲力巴奇报团的股份，影响力不断下滑。1984年9月，《巴黎竞赛》改为全彩页出版，1996年推出网站，形成了法国、比利时和美国三个版本。

1953年5月，激进党人J. 塞尔旺－施赖贝尔（J. Servan-Schreiber）创办《快报》（*L'Express*），最初是《回声报》的政治副刊，1956年变为独立的日报，但仍带有浓厚的政论色彩。1964年《快报》效仿美国的《时代》周刊进行改革，削弱政治文章，加强时事新闻报道，并广泛涉猎其他领域，终于变成法国最大的时事新闻周刊。70年代初，法国左翼联盟成立，《快报》的立场逐渐转向保守派。1977年因为经营困难，塞尔旺－施莱贝尔将快报集团45%的股份卖给了J. 戈德史密斯控制的英法合资总公司，杂志立场进一步趋向保守。《快报》注重调查性报道和新闻分析，主要面向中、高级职员和知识阶层。

1964年，偏向左派立场的综合性新闻周刊《新观察家》（*Le Nouvel Observateur*）创办。1967年《扩展》（*L'Expansion*）杂志创刊，成为法国最早出版的经济类月刊，侧重报道法国工商界的情况及世界各国和各地区的商业行情。

三、法新社初创：1944—1957

1944年8月20日，同盟军进攻巴黎时，法国抵抗组织的记者占领了法国新闻社，以法国新闻社的名义发布了解放巴黎的第一条消息。根据1944年9月30日的法令，曾被并入德国新闻社的哈瓦斯社必须解散。政府接管了三个反法西斯通讯社，即伦敦的法国独立新闻社、阿尔及尔的法非新闻社、沦陷区的地下组织自由法国通讯社和新闻资料通讯社，它们成为新的法国新闻社的基础。

1944年9月30日，法新社在哈瓦斯社旧址上建立，继承了原来哈瓦斯社的主要人员和设备。但与哈瓦斯社不同的是，法新社的社长和财务部长都由政府指派。由于当时的法国报纸无力承担联合经营通讯社的费用，暂时规定法新社是接受政府拨款的企业，成为国营通讯社。战后最初几年，法新社致力于发展国际记者网。1953年3月6日苏联领导人约瑟夫·斯大林（Joseph Stalin）去世，法新社记者成为西方世界最先报道该消息的记者。由于新闻稿来源丰富，法新社维持了战前哈瓦斯通讯社的重要地位，成为著名的世界性通讯社。但法新社与政府的经济联系依然紧密，不完全是市场化的经营方式，经济状况经常出现问题。

四、法国广播电视公司的垄断：1945—1964

二战结束后，广电业实行了国家完全垄断的体制。巴黎解放时，戴高乐政府便接管了所有的民营电台。1946年的《第四共和国宪法》与1958年的《第五共和国宪法》均规定，凡具有或获得国家公共服务性质的财产和企业应变为集体所有。广播业作为公共服务部门之一，其垄断权和经营权自然属于国家。因此战前存在的所有民营电台都被政府接管，其特许经营证都被取消。

1945年11月，直属于新闻部的广电最高管理机构法国广播电视公司（Radiodiffusion-Télévision Française，RTF）建立，作为临时性的机构管理法国境内的所有广播电台和电视台。这些广播电台与电视台均为公营性质，其财源除了部分来自广告费和节目销售之外，主要依靠财政拨款，连节目也是政府部门安排的。RFT的管理委员会一半由政府任命，一半由受众代表、新闻记者和公司工作人员组成。管理局长由部长会议委任，经理由总理任命。RTF尽管与英国的BBC有着相似的管理结构，但却比BBC更依赖于政府。RTF很快发展成一个庞大的机构，工作人员有1.2万人，其中记者却只有650名。

图8-2　法国广播电视公司（RTF）标识

自20世纪50年代开始，随着收音机的

普及，法国进入了广播时代。四个全国性广播网覆盖了全国98%的人口。这些电台最初不播放广告，收入主要来自执照费和国家财政资助，但随着战后财政状况的不断恶化，被迫于1951年开放商业广告。① 尽管如此，在很长一段时期内，卢森堡、摩纳哥等沿着法国边境创办的、面向法国听众播出的法语的商业广播台如欧洲一台（Europe 1）等，依然深受法国人欢迎。②

这段时期，法国的国际广播也颇有影响。法国作为殖民强国，早在20世纪20年代便在海外殖民地建立了很多广播电台。其中1931年成立的法国殖民地电台，1938年更名为巴黎–世界电台，并增加了广播时间和播出语种，二战期间曾用17种语言对外播出。二战结束后，巴黎–世界电台由法国海外广播公司（Société de radiodiffusion de la France d'outre-mer，SORAFOM）统一管理，对外广播的语言也减少为英、德、法、葡、西五种语言，用短波和中波播送。但短波广播范围不够广，采用的语种和播音时间都无法与BBC、VOA、德国之声等相比。③ 该公司1962年改组为无线电讯合作局，1964年又被法国广播电视局对外关系合作部取代。1975年，巴黎–世界电台更名为法国国际广播电台，由法国广播电视局直接领导。1986年正式成为一个独立运营的广播电台，随后又发展为一个广播集团。

为了大力发展广播电视，从1954年开始，政府提出了建设45个发射机的五年计划。法国第一个电视台是"电视一台"（TF1），提供综合性节目，新闻占25%。"电视二台"则是法国最早的彩色电视台，也是综合性节目，娱乐节目较多。"电视三台"播送一套供全国各地区的电视节目，也负责管理和发展广播电视台、海外电视台。与广播电台一样，随着战后政治经济状况的不断变化，自1959年起，电视台也开始播送广告。

无论如何，50年代法国电视业还在发展初期。1954年全国才有6万台电

---

① 王泰玄：《法国的广播电视》。
② Briggs and Burke, *A Social History of the Media*, p. 195.
③ 道格拉斯·A·波伊德、许邦兴、约翰·Y·本齐斯：《法国广播公司（Sofirad）——法国的国际性商业宣传工具王国》，《国际新闻界》1984年第1期，第55页。

视机。到 1958 年 RTF 被改组时，全国观众也只有 500 万人，相当于西德电视观众的一半。[1] 直到 70 年代电视网才覆盖全国人口的 98%，比广播网达到相应的覆盖率晚了 20 年。[2] 电视夺去了很多报纸读者，平面新闻逐渐成为广电新闻的补充，内容以评论为主，也报道广电媒体不报道的本地新闻。

第二节 危机与改革：1947—1974

战后到 70 年代末是法国新闻业改造与调整的关键时期。报业经历了党派报纸向商业报纸转变的艰难过程。巴黎的报纸经历战后改造与经济危机而逐渐失去垄断地位。一批新兴的外省报纸开始崛起，形成了法国报纸地方化的特色。60 年代是法国电视普及的年代。但为了应对印度支那战争（1954）、阿尔及利亚战争（1958）和巴黎学生"五月风暴"（1968），政府一直没有放松对广电业的监管，广电业的自由化要到 80 年代才能实现。

一、报业危机与兼并：1947—1953

1947 年左派联合政府下台，取而代之的是由社会党、人民共和党、激进党与温和党组成的第三力量联合政府。1947—1952 年间，尽管法德和解并着手推进欧洲一体化，殖民地问题却变得日益棘手。1954 年法国在越南惨败，被迫结束印度支那战争。1958—1962 年阿尔及利亚发生起义，最后法国公投放弃该殖民地。在上述危机中，接连几任内阁倒台，促使戴高乐宣布组阁、修宪，加强总统和政府的权力。1958 年 10 月 4 日，新宪法生效，第五共和国诞生。不久戴高乐当选第五共和国首任总统。

---

[1] Briggs and Burke, *A Social History of the Media*, p. 195.
[2] 王泰玄：《法国的广播电视》。

在此背景下，法国报业经历了巨大的危机。1947 年 2 月，法国报刊分拣封发公司（Messageries francaises de Presse）倒闭，引发印刷工人大罢工。4 月 2 日政府通过法令管制该公司，并禁止建立新的报纸。这项法令与阿歇特集团（Société Hachette）、巴黎报刊分拣封发新公司（Nouvelles Messageries de la Presse parisienne）的建立直接引发了危机。[①] 报纸出现关闭与并购的浪潮，成为二战后新闻业集中化的第一次高峰。到 1952 年，巴黎只剩下 14 份日报，外省只剩下 117 份日报，全国日报的总发行量降到 960 万份，退回到一战以前的水平。经过这次浪潮，政党报刊也由盛而衰，报刊业形成了商业化报刊为主、地方性报纸繁荣、杂志市场发达的新格局。

关闭的报纸中很大一部分是政治性报刊，这是由经济和政治两个原因造成的。从经济上看，通货膨胀导致报价飙升，从 1946 年的 4 法郎增至 1951 年 10 月的 15 法郎。读者大量流失，报纸发行量下降，到 1952 年只剩下 960 万份。发行量减少对小报造成了致命打击，因为广告客户希望广告宣传范围更广，倾向于支持发行量较大的报纸。从政治上看，1947 年共产党被排挤出政府，1958 年左翼和中间派别政党都成为在野党，左派报刊逐渐失去了优势地位。社会党机关报《人民报》于 1969 年停刊，最后只剩下 1 万份左右的发行量。到 1974 年，左翼倾向的报纸只剩下 6 家。二战后全国发行量最大的共产党机关报《人道报》到 70 年代连续亏损，1975 年发行量只剩下 14 万份左右。[②] 到 80 年代，只有共产党依然保持了党报体系，其他政党的机关报纷纷停办。右翼倾向的报纸中，基督教民主党机关报《黎明报》也停刊。商业报纸在种类和数量上逐渐占据了优势。

这次报业危机进一步加剧了报业的地方化趋势。1960 年法国只剩下 111 家地方日报，比二战后不久的 1946 年减少了将近一半。一些中小城市的报纸通过控制发行区而互相争夺读者与广告商。为了在残酷的竞争中胜出，20 世纪 50—60 年代，有些报纸开始订立广告协议，实行广告联营，以此形成地区

---

① Albert and Terrou, *Histoire de la Presse*, p. 12.
② 李峰：《战后法国报业的"非政治化"》，第 88 页。

性的广告垄断。1966年7月，西部地区的4家报社实行广告联营，垄断了当地广告市场。紧接着又出现了东部报业集团，里昂的《进步报》集团、格勒诺布尔的《自由多菲内报》集团等。到1984年，以广告联营为基础的地方报业联合体已经有25个。1966—1979年间，《进步报》与《自由多菲内报》一度联合建立了规模空前的地方报业集团"第一号企业"（No.1），垄断了法国东南部1/4国土面积的报刊，发行量居于全国之首。[①]一些中小报纸逐步依附于大报，变身为大报的地方版，于是全国出现了二十多个区域性报团，如《西南报》报团、《中部电讯报》报团、《普罗旺斯人报》报团、《山岳报》报团等。

《世界报》遭遇的是另一种危机。50年代初，《世界报》编辑部内部分裂成支持和反对政府的两派。伯夫-梅里主张法国脱离英美两大国独立的政策遭到另一派的猛烈攻击，一度被迫离开《世界报》。经过广大读者和报纸其他成员的挽留斗争，最后伯夫-梅里终于留任，夺回了报道权。从此，《世界报》彻底摆脱了政府的直接控制，而且在60年代经常对戴高乐总统的政策作出批评。[②]1969年戴高乐下野，伯夫-梅里也于同年离开《世界报》，1989年伯夫-梅里逝世后，报纸每期报头的右下侧都刊登他的名字表达纪念。60年代《世界报》的发行量不断增加，从1958年的16.4万份增加到1969年的35.4万份，版数从12页增加到将近30页，广告篇幅从35%增加到50%，每年的利润增长10%以上，到1969年达1500万法郎。但70年代开始，随着新闻纸价格上涨，经济低迷导致广告业停滞，《世界报》的利润从1970年跌落到8%以下，1976年以后再次下滑到不足3%。进入80年代后，《世界报》开始转变经营策略。1985年公司设立"读者股"，规定凡在银行、邮局或货币兑换所购买《世界报》至少一份股股份的人都能成为读者股股东，外来资金参股人可以参加股东大会和公司的文化活动，但不能参与编辑决策。《世界报》由此吸收了1500万法郎的资金，1987年又吸收了2100万法郎资金。除此之外，《世界报》

---

① 李峰：《战后法国地方报业的兴起》，第35-36页。
② 马丁·沃克：《报纸的力量——世界十二家大报》，100页。

也更加重视广告经营,广告占据了 45% 版面,广告收入也增加到报纸总收入的 70% 以上。广告的增加带来了内容的调整,但《世界报》依然保持高级报纸的风格,主要用减少娱乐性内容来增加广告版面。

相比之下,由大型财团控制、立场相对温和、销路相对较广的新闻性报纸则幸存下来。巴黎幸存下来的报纸有《巴黎晚报》(75 万份)、《解放了的巴黎人报》(50 万份)、《费加罗报》(45 万份)、《震旦报》(32 万份)等。[①] 但相比于战后初期,这些报纸的发行量也大大下降。为了吸引读者,报纸向多元化、杂志化方向发展,政治性内容日益减少。以《费加罗报》为例,该报的政治性内容从 1946 年占据报纸一半的篇幅,到 1969 年减少为 17.5%,到 1974 年又减少至 13.5%。[②]《震旦报》则通过转变政治立场来应对市场挑战。该报 1942 年在巴黎复刊,属布萨克纺织集团,二战后成为"巴黎四大报"之一。该报的创办人犹太人罗伯尔·拉楚克原来是法国共产党,后来变为极右派,该报也转而支持法国对印度支那和阿尔及利亚的民族战争,反对戴高乐的民族独立政策。1978 年,《震旦报》被埃尔桑集团的《费加罗报》合并。

为了帮助报业走出困境,政府也推行了一些扶植政策。1947 年 4 月 2 日的法案允许个人或非营利性组织团体自由发行出版物。为保证公共服务的活力、出版物的多元化和价格的低廉,政府通过出版联合委员会提供财政津贴,以减税、特别邮费、火车或航空费方式发放,其中一半给予私人出版商,一半给予公共出版商,广告收入较少的小型全国报纸和地方报纸还有特别补助。[③] 1954 年 8 月 2 日通过的法令允许报刊资料国有化。

经济发展也刺激了广告市场,报纸重新获得了生机,报价平稳,新报创办。1957 年日报发行量达到 1140 万份,年均增长率达到 5.8%。巴黎的《费加罗报》和《震旦报》发行量都达到 50 万份,《法兰西晚报》超过 100 万份,《解放了的巴黎人报》为 90 万份,《世界报》为 20 万份。据统计,1944 年法国日报平

---

① Albert and Terrou, *Histoire de la Presse*, pp. 122–123.
② 李峰:《战后法国报业的"非政治化"》,第 88 页。
③ 汪梦:《法国传媒监管制度考察》,第 54 页。

均只有2页，到1963年则增加为16页，1974年达到22页，1987年更是超过了25页，增加的版面带来更多的广告收入。①

1958—1967年随着电视的普及，报纸大量流失读者，再次出现发展停滞。日报价格从1957年的15法郎增至1967年的40生丁，巴黎报纸除《费加罗报》和《世界报》外，发行量都没有超40万份。②面对战后出生、此时已经成年的新一代读者，报纸再度作出调整，《巴黎晚报》《快报》《解放了的巴黎人报》都尝试以活泼轻松的内容与版面吸引读者，但并不像《太阳报》等英国小报那样成功。

二、报业集团重现：70年代

法国报业集团的真正大规模发展是在20世纪70年代。1944年8月26日的法令实际上禁止同一个人掌握两种以上日报，但这一规定不切实际，政府也从未认真执行。据统计，从战后到70年代，巴黎日报从28份减少为13份，地方日报从175份减少为81份，日报数量减少了一半以上。③战后巴黎仅有十多个报团，到1983年时报团数量达到31个。这段时期，传统的报业经营开始发展为报团间的联营，真正的全国性报团首次出现，包括埃尔桑报团、阿歇特报团等。相比之下，30年代著名的普罗沃斯特报团却一蹶不振，旗下的几份重要刊物先后被埃尔桑报团和阿歇特报团买下。与此同时，一些著名的实业集团如阿尔卡特-阿尔斯通公司、通用水务公司、里昂水务公司、布依格公司、马特拉-阿歇特公司、LVMH公司等，也都不同程度地参与投资报刊业。④

埃尔桑报团是70年代异军突起的地方报团，最后变成了法国最大的全

---

① 李峰：《战后法国报业的"非政治化"》，第90页。
② Albert and Terrou, *Histoire de la Presse*, p. 124.
③ 李峰：《论战后法国报业集中化的趋势》，第21、24页。
④ 孙维佳：《法国报刊出版业的体制、结构及特点》，第74页。

国性报团,反映了巴黎与外省报业平衡的翻转。报团所有人罗贝尔·埃尔桑(Robert Hersant,1920—1996)在二战中曾投靠贝当政府,解放后一度因叛国罪而被监禁。他出狱后创办 IPG 广告公司而获得巨大收益,于是开始投资媒体以刊登广告。1950 年 1 月埃尔桑创办《汽车》半月刊,大量刊登汽车广告,有时广告版面高达 70% 以上,一举获得成功。接着他并购了《利摩日晨报》《普瓦图自由报》等近 10 家中小日报,并在此基础上组建了《中部新闻》日报,形成了一个拥有将近 20 家地方报纸的区域性报业集团。此后,他开始逐步打入巴黎报业市场:1972 年控制了《巴黎-诺曼底报》,1975 年向普鲁沃斯特集团买下《费加罗报》,1976 年向阿歇特集团买下《法兰西晚报》一半的股份,1978 年又向布萨克集团买下《震旦报》。1983 年买下外省第二大报团《自由多菲内报》大部分股份,成为右翼攻击政府的重要平台。到 20 世纪 80 年代末,埃尔桑已经控制了全国 40 多家报刊,其中包括 21 份日报,占全国性日报总发行量的 38%,地方性日报总发行量的 18%。[①]80 年代以后,埃尔桑报团还打入比利时布鲁塞尔报团,拥有新闻通讯社、广告公司和印刷厂,并进军电视业,变成了综合性的传媒集团。埃尔桑在新闻界的扩张也招来社会各界的关注和非议。1984 年 11 月 23 日,议会通过《报业反托拉斯法》,规定同一个人拥有的地区性日报发行量不得超过全国同类日报发行量的 15%。该法案因为明显针对埃尔桑报团而被称为"反埃尔桑法",但并未对埃尔桑报团产生实质性威胁。埃尔桑自己是激进党党员,曾任国民议会议员,他的报纸成为右翼政治势力的喉舌,为财团权势辩护。1996 年 4 月埃尔桑去世后,埃尔桑报团才随之衰落,很多重要报刊纷纷易主。

阿歇特集团是法国最大的图书出版发行集团。自 1826 年路易·阿歇特(Louis Hachette)创办书店开始,至今已有 190 年历史。阿歇特集团兼营报刊和报刊进出口业务,在许多国家和地区设有机构,已经成为一家国际性垄断组织。第二次世界大战后,阿歇特报团一度拥有发行量最大的《法兰西晚报》,

---

① 李峰:《论战后法国报业集中化的趋势》,第 25 页。

因此也被称为法兰西晚报集团。后来，该集团将旗下日报转让给其他报团，开始集中经营杂志和书籍。目前该集团出版的杂志达到107种，其中62种在国外出版，包括《每周电视》《她》《双亲》《问题》《新经济学家》《时装之苑》等。集团在一些电子媒介中也有股份，还承担部分电视节目和广告的制作业务。最近几年，集团又开始在法国南部省份大量收购报纸，直接或间接控制的报纸有《法兰西星期报》《星期日报》等。2003年集团的营业额为9.59亿欧元，占法国200强出版社营业额的17.2%，是法国与西班牙第一大、英国第二大出版商。

阿莫里报业集团又称解放了的巴黎人报团，也是法国主要的报业集团之一。创始人艾米利安·阿莫里（Emilien Amaury）是法国广告业巨头和政客，二战之前曾任哈瓦斯通讯社社长。1944年8月他与人合作创办《解放了的巴黎人报》（Le Parisien Libéré），内容以社会新闻、犯罪新闻为主，有"凶杀案大全"之称，深受劳工阶层欢迎。该报在巴黎外的其他地区叫《今日报》，为小开张的大众报纸，50年代的发行量曾超过90万份。在法国报业竞争中，阿莫里的集团不断扩大，形成以该报为核心的报团。1977年艾米利安·阿莫里去世后，报团一度衰落。但在菲利普·阿莫里的主持下，随着《法兰西晚报》的衰退，《解放了的巴黎人报》逐渐巩固了地位，1986年1月改名为《巴黎人报》，2014年发行量接近23万份，成为法国排名第四的全国性日报。阿莫里报团还拥有《队报》《西部信使报》《体育日报》《曼恩自由报》等报纸，《观点》《玛丽–法兰西》等期刊，同时还拥有自己的印刷集团。巴黎体育报纸《队报》垄断了法国的体育新闻，如环法自行车赛的报道。《队报》的创办与德雷福斯事件有关，一些反犹主义报人对当时最大的体育报纸《自行车报》（Le Vélo）不满，于是创办了新的体育报纸《汽车报》（L'Auto），成为《队报》（L'Équipe）的前身。1903年的7月1日举行的第一场环法自行车赛就是《汽车报》策划的一次营销活动。《队报》在法国夺得世界杯足球赛冠军的次日（1998年7月13日）创下了1645907份的发行量纪录。如今该报依然是法国著名的体育报纸，提供足球、自行车、赛车、橄榄球等体育运动的专业报道。2007年《队报》网络版正式上线，2013年纸质版发行量为25.2万份，是法国排名第三的全国性日报。①

世界出版集团（Edition Mondiales）原为西诺·德尔·杜卡报团。创办人杜卡去世后，几度易主，现由科拉超级市场集团控制，拥有数种畅销杂志如《我俩》《亲密朋友》《电视杂志》《巴黎时装》等，该报团还有三座印刷厂和一家新闻通讯社。

巴亚德报团（Bayard Presse）是法国最重要的天主教报团，政治上代表右翼资产阶级，主要报刊有历史悠久的《十字架报》（1885年创办）、《朝圣者报》（1873年创办）、《天主教参考》、《圣经世界》等宗教出版物。

菲力巴奇报团（Filipacchi Medias）成立于1955年，主要经营娱乐性杂志和画刊。菲力巴奇和泰诺分别掌握60%和40%的股份。该报团拥有的刊物有《致敬》《OK》《花花公子》《图片》《爵士画刊》《他》（Lui）等。

共产党报业集团（Groupe Communiste）是70年代仅剩的党报集团。集团中最重要的《人道报》（L'Humanité）是法国共产党中央委员会的机关报。该报团二战前曾在各地建立"保卫人道报委员会"，战后改为"人道报推销委员会"，旨在筹集资金、推广发行。战后恢复出版后，发行量一度达到50多万份，在战后报业危机（1947—1953）爆发之前曾是法国第一大报。50—60年代在印度支那战争与阿尔及利亚战争期间，报纸由于反对帝国主义政策而一度被政府查封。70年代以后《人道报》销量一路下降，到80年代只有十多万份，1996年只剩6万份不到。2001年《人道报》为求生存被迫出售股份，法国民营电视公司电视一台成为其股东之一。②尽管如此，《人道报》反映和维护劳工的社会经济利益，读者对象主要是法国劳动群众和共产党的活动分子，因此仍被视为重要的政治声音。2016年5月26日，法国总工会（Confédération Générale du Travail，CGT）因为各大报拒绝刊登其秘书长菲利普·马丁内兹（Philippe Martinez）号召抗议的声明而下令所有报刊停止印刷，只有《人道报》

---

① 所有报刊2013年发行量的数据均来自胡正荣等：《全球传媒发展报告（2015）》，第107页。
② 哈林等：《比较媒介体制》，第93页。

因为同意刊登马丁内兹的一篇社论而被允许出版。除了《人道报》，共产党报团还有《人道报星期刊》，三家地方日报即里尔的《自由报》、利摩日的《中部回声报》和《马赛曲报》，以及刊物《共产主义手册》《革命》等。

三、法国广播电视局的垄断：1964—1974

戴高乐获得连任后不久，通货膨胀与失业罢工不断出现。1968年初巴黎等大城市的大学生不满教育体制的陈旧僵化而发起罢课，到5月份罢课演变为大规模的示威游行，全国工人举行总罢工予以声援，整个法国陷入瘫痪。戴高乐依靠法国驻德部队控制了"五月风暴"，但却失去了民意支持。1969年蓬比杜总统击败戴高乐而上台，开始推行"新社会"改革，激烈的政治动荡对新闻业造成了很大的影响。

"麦克风将军"戴高乐在战后执政时（1958—1969），仍十分重视广播电视对政治的巨大作用。尤其是在印度支那战争与阿尔及利亚战争期间，报刊杂志对戴高乐的外交政策指手画脚，连他亲自主导创办的《世界报》也发出独立的声音，这一切都促使戴高乐总统决定改革广电业的管理机构，加强政府的控制。在他主持下，国营广电业首次进行了重大改革。1964年6月27日，议会通过了新的《广播法》。据此，法国广播电视公司（RTF）被改组为法国广播电视局（Office de la radio-télévision française，ORTF），通过委员会对全国广播电视进行管理。ORTF是类似BBC的公营机构，但政府控制比英国更多，ORTF机构庞大，共有1.2万名工作人员，却只有650名记者。由于经营不善，ORTF连年亏损，员工经常不满。这次改革的另一个重要内容，是正式开放电视商业广告。由于50年代以来政府面临的财政困难，电台（1959）与电视台（1959）早已被迫开放了商业广告。1967年11月10日，议会经过激烈辩论后通过了电视开放商业广告的提案。1968年10月1日，电视开始正式播放商业广告，但政府对广告依然有严格的限制。

从 RTF 到 ORTF，政府对广电的垄断没有根本变化。戴高乐政府主要利用广播电视向民众灌输第五共和国的认同，宣传政府的外交防御政策，压制反对声音。在 1965 年春天的学生示威游行与工人罢工潮中，ORTF 的记者和员工为抗议政府干涉新闻报道经常举行罢工。罢工平息后，政府控制更严，近百名员工被解雇。尽管戴高乐总统因为"五月风暴"而被公投下台，继任的乔治·蓬皮杜（Georges Pompidou）总统并没有进一步改造法国广播电视局，直到 1974 年吉斯卡尔·德斯坦（Giscard d'Estaing）总统上台才推行广电业的第二次改革。可以说，直到 1974 年广电业的第二轮改革之前，法国电子媒体的总体特点是国家垄断，没有竞争，不关心对私有企业的资助。这一政策导致广电业日益依赖政府、政党和各种利益集团，新闻自由和独立难以得到有效的保障。

广播电视局管理下的国家电视台是二战以前就建立的，但最初只播送一些政府公报性质的新闻。1945 年法国正式重建电视台，1967 年播出彩色电视节目。60 年代法国有了 100 万台电视机，70 年代初增至 1200 万台，人们不再看报，改为在晚餐时间收看电视节目。1965 年的总统选举是第一次电视选举，戴高乐虽然最后获胜，但精明的密特朗作为反对派候选人出现在电视上，给人们留下深刻的印象。1968 年法国学生暴乱期间，政府对电视记者进行了干预，防止他们报道学生领袖。为此，电视记者举行罢工，结果在整整五个星期内，信息部控制的法国电视台只能播出由一位普通职员播报的新闻简报。随着戴高乐对学生运动的平息，参加罢工的记者们失去了工作，而政府对电视的垄断仍然继续。

四、法新社改革：1957

1957 年 1 月 10 日，国会通过有关法新社的改革法案。法案规定，法新社是一个政府授权的、独立的公共企业，其经营受市场规律支配，法新社的社长不再由政府任命，经费也不再由政府拨款，形式上独立于法国政府。

法案规定法新社的领导机构共分三部分，即高级委员会、财政委员会与董事会。高级委员会由知名人士组成,负责监督法新社章程的实施情况。设主席1人,由全国律师委员会成员担任,委员7人,由高等法院法官、报业组织、新闻记者团体、法国广播电视局等机构的代表构成。财政委员会负责监督预算和管理财务。法新社的财政赤字一般由政府各部门分担。董事会由来自媒体的15名委员组成。其中8位代表来自法国报业,2位代表来自法新社员工,2位代表分别来自国营广播电台和电视台,3位代表来自政府,分别由总理、财政部长与外交部长任命。委员会每三年选任一次行政总监,并成立一个理事会监管法新社的运营,确保其绝对独立和公正。而在编辑方面,则有一个资深记者网络为法新社的新闻内容负责。法新社的业务机构分为三个部分:新闻部、总务部和技术部。

法新社的经费收入主要有三个来源:政府补贴性订费,即由政府机构、国营大公司订阅该社产品,照章付费,这部分收入约占总收入的48%;报刊、广播电台、电视台订费,占27%;私营机构、企业订费,占20%。根据规定,法新社严禁获取任何政府津贴。但法国政府是法新社的首要服务对象,政府与国营公司是法新社的最大订户,其订购合同无异于一种变相津贴。因此,很多观察者都认为法新社具有半官方性质,实际上该社仍是法国的官方喉舌。

五、两大图片社

影响深远的马格南图片社(Magnum Photos)1947年由法国人亨利·卡蒂埃-布列松(Henri Cartier-Bresson)、匈牙利裔美国人罗伯特·卡帕(Robert Capa)、英国人乔治·罗杰(George Rodger)等建立。Magnum是拉丁文,表示伟大、顽强,也是一种著名的香槟酒品牌,因此也含有庆祝的意思。如今马格南图片社已经成为一家国际性图片社,在巴黎、纽约、伦敦、东京建立了分社,拥有很多世界著名摄影记者和摄影照片。该社的创始人卡蒂埃-布列松出生于非常富庶的家庭,最初学习的是油画。20世纪30年代开始用35毫米的轻型莱卡相机拍摄以艺术为主的超现实主义照片。然而随着法西斯主义的甚嚣尘上,他开始拍摄越来越多的新闻照片,作品的政治意图也日益明显。1947年,他参与建立了马格南图片社,并因提出了"决定性瞬间"的概念而闻名于世。20世纪40—60年代他曾在中国、印度、美国、古巴和苏联等地游历、拍摄。60年代末由于对摄影的兴趣减弱,他重现开始拿起画笔,过着一种半隐居的生活,直到2004年去世。

著名的图片通讯社伽马图片社(Gamma photos)成立于1967年1月1日,由原达尔马通讯社的雷蒙·德巴顿(Raymond Depardon)、《法兰西周末》的于格·瓦萨尔和《费加罗报》的于贝尔·昂罗特、阿比图片社(Apis)的吉勒·卡隆(Gilles Caron)等人集资创办。1970年该社成为欧洲第一大图片社,每天发布5000张正片和3000张黑白照片,其资料库收存了1200多万份图片。该社拥有2000多名摄影合作者和通讯社员,报道网分布在法国和世界主要城市,其2000多家固定订户遍及45个国家和地区。

图8-3 五月风暴的抗议者(吉勒·卡隆摄)[①]

---

① 瑞威·戈登著,陈继静译:《目击者:这个世界上最杰出的新闻摄影师》,北京:中国摄影出版社2010年版,第57页。

第九章 竞争与多元化：1974—1999

CHAPTER 9

20世纪80年代以来，自由化与多元化成为法国新闻业变革的主要趋势，国家资助、政府控制的情形日益减少。1974年国家广播电视公司被解散，取而代之的是7个互相独立、互相竞争的国营公司。自1982年开始，新的《广播法》又开放了民营广播电视业。到1989年最高视听委员会（CSA）成立，法国基本形成了公营、民营并存的广播电视经营体制。新技术催生各种新的媒介形态，有线电视、卫星电视、互联网媒体先后出现。政府在80年代曾扶植发展有线电视与卫星电视，但并不成功，到90年代便采用市场主导的方式发展数字电视。1995年5月法国政府撤销二战以来主管报业的新闻部，并改由文化部领导广播电视业，国家不再对广播电视的新闻节目作出重大干预。但政府还是以制定法律法规、主导法国文化的方式间接约束媒体。这种管理方式也形成了新的问题，例如优质的节目内容有时不能回应市场需求，女性、少数族裔的声音也未能在主流媒体中充分表达。

在电子媒体的竞争下，报纸市场进一步萎缩，全国报纸的总发行量继续下降。报业集中的趋势虽然存在，但法国报业集团大都规模较小，无法与英、美等国的大型传媒集团相提并论。相比之下，期刊市场倒是维持了稳定的增长。

第一节 七大公营广电公司：1974—1982

20世纪60—70年代以来，随着新传播技术的发展，媒介形态日益多元化、国际化，广播电视频道容量大幅增加，订阅服务和付费内容越来越多，支持公共广播的政治力量却越来越少。法国广播电视局机构庞大，人浮于事，缺乏竞争机制，一段时间下来财政严重失衡，面临前所未有的危机。

1975年8月7日，吉斯卡尔·德斯坦政府通过新的《广播法》，下令解散唯一管理全国广播事业的政府机构法国广播电视局（ORTF），将它统一行使的职权分散给7个独立的公营小公司，即法国广播电台（Radio France），法国电视一台，法国电视二台，法国电视三台，负责播放广电节目、管理发射设备的法国广播发射公司（Télé Distribution Française，TDF），负责提供技术、服装、后勤服务的法国制片公司（Société Française de Production，SFP），以及负责保存所有广播电视音像资料、兼顾科研与培训的国家视听研究所（Institut national de l'audiovisuel，INA）。

多个公营广电公司的出现并没有改变国家对广电业的垄断，只是"国家垄断下的分工与竞争"。决定7个公营公司业务方针的领导机构均为管理委员会，委员会成员由内阁任命或认可，不能干预公司具体业务，只能聘任高级管理人员对公司进行管理。公司的收入主要来自视听费、广告和少量的国家拨款。广告的内容、形式和时间都由1975年《广播法》进行了严格的规定和限制。不仅如此，政府依然控制着重要新闻的消息来源。尤其是在敏感时期如1985年法国特工击沉绿色和平组织的环保抗议船"彩虹勇士号"（Rainbow Warrior）、

1991年法国出兵海湾战争期间，政府都控制了相关消息的报道议程。①

一、法国广播电台

法国广播电台（Radio-France，RF）是面向国内广播的公共电台。电台所属的法国广播公司采取国有公营的形式，下设6个子公司，分别是6个广播电台，即国内综合台、新闻台、文化台、音乐台、蓝色台、7号台。内阁任命的管理委员会负责主持各公司事务，管理委员会享有经营自主权，能独立决定本公司的业务方针，聘任高级管理人员。法国广播公司的经费大部分来源于执照费，少部分来源于广告。

法国新闻台（France Info）成立于1987年6月，是欧洲第一家新闻专业电台，如今面向全国24小时滚动播出新闻时事节目，每半小时更新一次。海湾战争以后，该台成为全国收听率排名第5的电台。音乐台（France Musique）24小时播放调频立体声节目，主要是古典音乐和现代音乐。文化台（France Culture）以文化教育为主，也有新闻和时事专题。蓝色电台（Radio Bleue）是专为老人播出节目的综合台。7号台和巴黎之音电台1971年1月开办，面向巴黎及其郊区听众，内容包括简明新闻、音乐、气象预报、交通情况等。

法国广播公司后来还建立了独立的国际广播公司，并与地方共同投资8家地区性公报电台和43家地方电台。

图9-1　法国广播电台台标

二、法国电视一台

邮政电报电话部建立的法国电视一台（Télévision Française 1）是法国历史最悠久的电视台，1935年4月26日开始利用埃菲尔铁塔上的发射器播

---

① Kuhn, "Squaring the Circle?" p. 328.

出信号,是世界上最早一批电视台,也是屈指可数的二战前建立的电视台之一。一台最初就叫"法国电视台"(Télévision Française),后来随着其他电视频道的创办而改称"法国电视一台"(Télévision Française 1)。其所需的公司于1984年改组为统一管理各公营电视台的法国电视集团。1987年,为了加强民营电视台的发展,电视一台被转售给私人资本,为了与公共频道有所区别,名字也改为TF1。

三、法国电视二台

法国电视二台是1964年由法国广播电视局成立的全国无线电视网,最初叫"天线二台"(Antenne 2),1967年率先在法国播出彩色电视节目。1975年在广电业的改革中成为独立的电视公司。1987年法国电视一台私有化以后,天线二台面临巨大的经济压力,于是和三台合并成法国电视集团,1992年9月更名为"法国电视二台"(France 2),形成了公营电视台统一的命名风格。法国电视二台是综合频道,24小时提供新闻和各类戏剧节目,尤其以戏剧节目为特色。二台的节目覆盖了全国90%以上的人口,市场占有率约为30%。

四、法国电视三台

法国电视三台(France 3)成立于1969年,1973年元旦开始播出彩色电视节目。法国广播电视局拆分成7个公司后,该频道既播出全国性电视节目,也负责管理和发展22个地区电视台和29个地区广播台,因此被称为"法国地区三台"(France Régions 3)。三台的节目以电影、辩论和地方新闻为主要特色。1987年三台与二台一起加入法国电视集团,1993年改名为法国电视三台(France 3)。

五、国家视听研究所

国家视听研究所（INA）1975年在马恩河畔布里（Bry-sur-Marne）建立，主要负责归档、培训和研究视听资料。该研究所保存了法国广播、电视音像节目的所有资料，截至2006年，每年保持的音像资料达到30万小时左右。1995年研究所建立Inathèque数据库，1998年10月在法国国家图书馆（Bibliothèque nationale de France）网站上面向公众开放。2006年研究所又建立了可以自由在线访问的ina.fr网站，向民众提供10万个总计2万小时播出时长的节目搜索。

第二节　最高视听委员会：1982年至今

在国家垄断广电业阶段，广播电视节目一直保留了强烈的党派政治色彩，最高广电管理机构的权力来源和管理办法也经常成为重要的政治议题，各党派都希望从中捞取政治资本。1981年5月，第三次参加竞选的密特朗当选总统。在随后举行的议会选举中，社会党获得超过半数席位，为全面改革奠定了基础。密特朗上台后，面对政府财政困顿、其他国家广电业的自由化趋势，决定开放法国广电体系。经过三次立法（1982年7月、1986年9月、1989年1月），最高广电管理机构不断改组，形成最高视听机构（1982—1986）、全国通信自由委员会（1986—1989）、最高视听委员会（1989年至今）三个发展阶段。前两个阶段的失败是因为最高广电管理机构仍没有真正独立于政府，最高视听机构被右翼派别指责为社会党政府的工具，全国通信自由委员会则被左翼派别批评为倾向右翼派别，还遭到密特朗总统的点名批评。只有最高视听委员会得到了当局的肯定，在1995年希拉克总统上台后也并未被取而代之。密特朗的改革促成了民营广播与国营广播争夺受众的局面，如今法国民营广播电台已达到 1400 个，电视网业已达到十多个，法国《世界报》因此称密特朗是"伟大的电波解放者"。

一、最高视听机构：1982—1986

1982 年 7 月 29 日，法国议会通过新的广播法《视听传播法》（*Loi sur la communication audiovisuelle*），允许开办民营广播台。此后一年间，1000 多家民营电台获得了执照。1985 年 1 月，政府又宣布开放商业电视。不久，全国性民营电视台五台、六台获得了执照，40 多个独立的地方民营电视台也获准开办。终于，私营广播电台和电视台在 20 世纪 80 年代中期以后逐步发展起来。民营台同国营台一样，其行使的广播技术的经营使用权仍属国家，只是得到了政府特许权。

1982 年的《视听传播法》将法国的公营广播电视机构改组为 9 个。从此以后，单一国营机构即法国广播电视公司（RTF，1945—1964）或法国广播电视局（ORTF，1964—1982）垄断全国广电业的情况终结了。根据 1982 年的《视听传播法》，另外成立了最高视听机构（Haute Autorité de la communication audiovisuelle，HACA），既管理公营广电，也管理民营广电，而且独立于政府。最高视听机构共有 9 名委员，任期为 9 年，他们有权任命公营电台、电视台董事长，也负责向民营电台、电视台发放营业执照，监督承包合同的执行情况。

二、全国通信自由委员会：1986—1989

1986 年 9 月 30 日，议会通过了《通信自由法》，对最高视听机构进行全面改组。根据该法案，总理亲自牵头成立全国通信自由委员会（Commission nationale de la communication et des libertés，CNCL），取代最高视听机构（HACA）统一领导全国广电业。CNCL 是政府部门主持的咨询机构，共有 13 名委员，任期为 9 年，他们比独立于政府的 HACA 拥有更广泛的权限，有权任命国家视听通信部门的领导人，还全面管理广电、通信、卫星等各部门。

同一年通过的《广播法》还规定了"播送利用权"制度，即政府机关、政治集团、职业集团、宗教机构等社会力量有权定期或不定期地利用公共（国家）广播电视台播送一定时段的节目。①

三、最高视听委员会：1989 年至今

密特朗再度当选总统后第七次修改 1958 年《广播电视法》。1989 年 1 月 17 日通过的《广播电视法修正案》规定，成立第三代全国广播电视管理机构最高视听委员会（Conseil superieur de l'audiovisuel，CSA），取代原来的通信自由委员会。

最高视听委员会独立于政府之外，旨在进一步促进广播电视媒体的开放与自由。委员会共有 9 名委员，任期缩短为 6 年，每两年更替 1/3 的委员。委员中有三人是由参议院、国民会议（众议院）、总统分别指派的，其中委员会主席由总统提名，每周开会。委员往往是杰出的专家如资深媒体人或教授，不得兼任其他公职，不可调动职务，不可连任。委员会下设 8 个部门：总务部、行政财务部、视听部、节目部、技术部、法务部、研发部、对外关系部。委员会的主要职责包括：任命公营广电公司的董事和董事长，授予和更换民营广电媒体的营业执照，管理和分配无线电波、发放广播电视执照，规范、监督、调查、仲裁、提议、研究等。委员会只能解释和执行法案，不能制定新的法案。

图 9-2　最高视听委员会标识

最高视听委员会对媒体内容的管制强调了四大原则，即政治多元化与公平性，捍卫法国文化与法语，保护未成年人和弱势群体，限制与监管广告。根据政治多元化原则，民营广播电视节目必须包含各方观点，因此无政府主

---

① 汪梦：《法国传媒监管制度考察》，第 56 页。

义、社会主义、极右翼的电台都可以存在。广播是文化多样性的代表性媒体，可以优先获得文化部拨款。自 2004 年以来，针对广播的财政预算不断增加，到 2013 年达到 6.06 亿欧元，[1] 这使得广播的广告收入尽管有所下降，但总收入依然呈现上升的趋势。为了捍卫法语与法国文化，最高视听委员会规定电视中至少要有 60% 欧洲国家制作的节目和 40% 的法语节目，广播中至少 35% 的青少年歌曲和 60% 的成年人歌曲必须是法语。1994 年，文化部长雅各·杜彭（Jacques Toubon）进一步推动了在公营媒体与广告中保护法语的"杜彭法令"（le loi Toubon），规定所有广告必须翻译成法文，公营媒体中至少 80% 的歌曲必须是法语，法德公共电视台（ARTE）必须提供反映欧洲文化的优质节目。[2] 为了保护未成年人和弱势群体，每天晚上八点以前，广播、电视中禁止出现色情、暴力内容。在广告方面，公共电视台每小时播放广告不能超过 8 分钟，商业电视台则不能超过 12 分钟。[3]

违反规定的媒体可能被最高视听委员会警告、处以罚金、要求公开道歉、禁播节目、暂停或取消执照，但这些惩罚都必须事先发出正式通知并举行听证。当事人如果不服，可以向高等法院提起行政诉讼。值得强调的是，民营媒体的节目也可能受到最高视听委员会的实质性干预。2001 年民营频道第六电视台（M6）播出根据荷兰电视节目《大哥》改编的《阁楼故事》（Loft Story）真人秀。最高视听委员会直接要求制作方将更多的镜头外时间留给节目参与者，[4] 这显示了法国政府为保护本国文化与价值而干预媒体的一贯传统。

---

[1] 胡正荣等：《全球传媒发展报告（2015）》，第 111–112 页。
[2] Kuhn, "Squaring the Circle?" p. 331.
[3] 林诗庭：《法国公共广播电视体系与传媒产业分析》，第 93–94 页；汪梦：《法国传媒监管制度考察》，第 56 页。
[4] 哈林等：《比较媒介体制》，第 127 页。

第三节 民营广电的诞生：1982年至今

在商业广播开放前，尽管法国公营广电业已经进行了分散化改革，但由于德斯坦政府依然严格管制新闻广播业，对地方性商业广告广播施加种种限制，民众不愿收听公营广播单调乏味的节目，全国出现了众多海盗式民营电台。这些电台一般设在邻国，大多受控于法国资本，而且都用法语面向法国听众广播，因此被称为"外围电台"。1981年地方民营广播电台FM首先获准开播，迫使政府进一步开放广电业，允许民营媒体存在。[①]1982年的《视听传播法》首次取消国家对电台的垄断，允许私人和团体设立电台，公共电视也可以委托给私人公司运作。民营电视台获得最高视听机构颁发的营业执照即可运营。执照有效期为10年，可以更新两次，每次有效期为5年。这些举措结束了国营广电独家垄断的体制，使商业频道扮演越来越重要的角色。

一、民营广播台

在商业广播开放前，很多法国人不愿收听国营广播台单调乏味的节目，而是选择收听"外围电台"。"外围电台"是指在法国边境外邻国领土内的法语电台，它们属于外国电台，但面向法国听众播出节目，法国政府也通过"广播投资公司"（SOFIRAD）控制其多数股份，并在电台内部安插工作人员，达到控制电台的目的。法国民众最喜欢的四个"外围电台"是欧洲第一广播电台（Europe 1）、蒙的卡罗电台（RMC）、卢森堡广播电视台（RTL）和南方电台。欧洲第一广播电台34%的股份、蒙的卡罗电台83%的股份、南方电台100%

[①] 罗治平：《法国广播电视的历史分期与体制变革》，第139页；李波等：《垄断与"解放"的历史》，第41页。

的股权都由法国广播公司控股，卢森堡广播电视台的大部分股权也由与法国政府关系密切的法国民营股东控制。①

欧洲第一广播电台（Europe I）位于德国的萨尔布吕肯，是二战后期法国商人在当时属于法国的萨尔布吕肯投资兴建的。如今萨尔布吕肯属于德国萨尔州首府，从萨尔地区对法国东北部广播。欧洲第一广播电台是欧洲第一家效仿美式"音乐加新闻"节目的电台，由于新闻质量有保证而迅速成功，名列法语电台第二位，实际上与卢森堡电台旗鼓相当。如今欧洲第一广播电台在法国巴黎设有演播室，节目由法国人制作，使用法语，以法国听众为主要对象，每天播出18小时，周末播出24小时，还通过卫星向加勒比海地区广播。②

蒙的卡罗电台（RMC）位于摩纳哥境内，二战期间曾是纳粹德国的宣传机器。如今该台隶属于NextRadio集团，面向法国东南部和广大中东地区广播。2002年12月，蒙的卡罗电台由综合台改为新闻谈话台。

南方电台位于法国和西班牙之间的安道尔公国境内，法国广播公司控股100%，但1981年因为安道尔驱逐外资电台而关闭。

卢森堡广播电台（RTL）是法国开办最早、也是最有影响的商业电台，曾经连续15年保持法国收听率最高的纪录，最近一次调查收听率占全国的11.8%。③该电台位于卢森堡境内，属于法国卢森堡电台集团，向卢森堡全境及法国大部分地区广播。

1982年法国国内开放民营电台后，民营电台数量猛增，到80年代末面向全国的广播网已有11个，还有不少地区性的民营电台和社区电台，总市场占有率超过了公共电台。很多民营电台由于无法赢得足够的广告来源而经营困难，还有一些民营电台加入了几个大的广电公司控制的全国广播网。短短几年间，广播电台已经从国家垄断变为空前的多元化，最后又变为少数商业寡

---

① 波伊德等：《法国广播公司（Sofirad）》，第56页。
② 波伊德等：《法国广播公司（Sofirad）》，第56页。
③ 陈力丹：《世界新闻传播史》，第94页。

头垄断的局面。尽管如此，还是有很多小规模的社区电台幸存下来，人们的选择也比国家垄断广电业时期多了很多。

二、民营电视台

1984年11月，"新频道"（Canal plus）获得第一张民营电视执照而正式开播，成为法国第一个、也是欧洲第一个民营的全国电视网。新频道电视公司由公私合营的哈瓦斯广告集团和另外一些私人股东合资建立，通过地面和通信卫星同时传送信号，用户必须每月交纳一定的费用并在电视机上安装解码器才能收看。为吸收更多的订户，每天也播出4小时无需解码器便可收看的节目。"新频道"是收费电视台，内容多为文娱、体育、影片等，每天播放五六部电影，深受观众欢迎。密特朗政府并未将三大公营电视网之外的"第四频道"建成教育台或面向少数族裔的频道，目的是营造一个更加开放的政府形象。[①]2000年12月母公司维旺迪集团改组为维旺迪环球集团后，新频道电视台的业务一度受到冲击，此后通过购买球赛转播权而赢回订户。[②]如今新频道电视台在法国国内的受众已经覆盖法国人口90%以上，在西班牙、德国、比利时、波兰、瑞士等国也有众多订户。

图9-3 新频道电视台标识

民营的第五电视台却是一个失败的例子。1986年，法国埃尔桑集团与意大利贝卢斯科尼集团合资创办"第五台"（La Cinq），主要播放电影和电视剧。但因为政府管制过多，第五电视台的节目内容受到限制，无法吸引观众与广告，最终宣告破产，1992年被法德公共电视台收购后重组。有的观察者指出，这是因为社会党政府发现无线电视市场已经过度饱和，有必要通过规制的方式有意将失去竞争的商业频道关闭。这是20世纪90年代以来，电视业

[①] Kuhn, "Squaring the Circle?" pp. 326-327.
[②] 林诗庭：《法国公共广播电视体系与传媒产业分析》，第124页。

中公营领域扩张，民营领域收缩的表现。[①] 两年以后，ARTE 重新创办了公共教育与培训频道"法国电视五台"（la Cinquième），与 ARTE 使用同一个频道，ARTE 晚间播出，la Cinquième 白天播出。2002 年，la Cinquième 改名为 France 5，与法国其他公营电视台保持一致的命名规则，内容以育儿女性为主，广受观众欢迎。2005 年 3 月，法国电视五台变为卫星数字电视频道，24 小时播出包括新闻、儿童、少年、艺术、自然在内的五套节目。

图 9-4　第六电视台标识

1987 年，由多家国际广告公司、节目制作公司和媒介机构合办的"第六台"（M6）获得营业执照。M6 提供影视和流行音乐节目，面向年轻人第六电视台最初也称为音乐台，40% 以上节目是音乐，如今又增加了很多现场录制的真人秀节目，深受年轻人喜爱。2002 年第六台的收视率为 13.2%，广告市场占有率达 22.8%。

1987 年，"第一台"成为法国第一个公营电视台民营化的例子。4 月 3 日，全国通信自由委员会（CNCL）通过决议，宣布将国家电视台法国电视一台的所有权和经营权转让民营企业。从未涉足传媒业的房地产商布伊格集团（Bouygues）和兴业银行成为 TF1 最大的股东。4 月 15 日 TF1 获得商业电视营业执照，接管了 40% 的忠实观众。TF1 的民营化改变了法国电视业的平衡，迫使剩下的两大公营电视台（TF2 与 TF3）与民营电视台竞争。作为法国最早创办的电视台，电视一台的收视率曾经高达 42%，90 年代以后由于有线电视和卫星电视的冲击，收视率有所下降，但仍占据全国总收视率 1/3，是目前法国最大的法语电视台。法国电视一台所属的 TF1 集团以管理出色而闻名，拥有多个专题有线频道和卫星数字频道，2002 年广告收入占总收入达 54%，其他收入来自企业赞助。[②] TF1 还擅长与欧洲其他公司联合制作优良的电视节

[①] Kuhn, "Squaring the Circle?" pp. 326, 329.
[②] 林诗庭：《法国公共广播电视体系与传媒产业分析》，第 122 页。

目，其黄金时间播放的影视剧具有很高的收视率，其他时段的杂志型节目、谈话类节目和纪实性节目也吸引了大量观众。

图9-5　法国电视一台（TF1）标识

当前，法国的民营电视台已经从80年代的3家增加到了200多家，而且形成法国电视一台（TFI）、第六电视台（M6）和新频道电视台（Canal+）三大民营电视网，其影响力远超过公营电视。

表1　2009—2013年法国电视频道收视份额分配

电视频道		2009年	2010年	2011年	2012年	2013年
公营频道	France 2	16.7	16.1	14.9	14.9	14.0
	France 3	11.8	10.7	9.7	9.7	9.5
	France 5	5.1	3.2	3.3	3.5	3.3
	Arte	2.5	1.6	1.5	1.8	2.0
公营频道总计		36.1	31.6	29.4	29.9	28.8
民营频道	TF1	26.1	24.5	23.7	22.7	22.8
	M6	10.8	10.4	10.8	11.2	10.6
	Canal +	3.1	3.1	3.1	2.9	2.8
民营频道总计		40.0	38.0	37.6	36.8	36.2
其他电视频道合计		27.9	31.9	34.8	33.1	35.0
总计		100	100	100	100	100

数据来源：胡正荣等主编：《全球传媒发展报告（2015）》，第115页。

三、有线电视与卫星电视

法国的有线电视与卫星电视发展缓慢。80年代初政府开始扶持大规模的有线电视计划，而且建立了直播卫星（TDF1）以应对高科技的卫星市场竞争。但这两项计划并没有赢得大量的观众。80年代末全国仅有14万有线用户，而同一时期美国有4863万户，联邦德国有480万户，比利时也有310万户。这是因为这段时期法国政府的广电政策正经历多次变革，有线电视的电缆铺设计划屡屡受阻。而且无线广播电视网的观众还在增加，也导致有线电视一开始就面临残酷的竞争。直到 90 年代末期，法国有线电视的市场依然有限，覆盖率仅有 10%，远远不及比利时、荷兰、卢森堡等周边国家。①

法国的卫星直播电视频道也数量有限，观众选择较少。1988—1990 年法国发射了两颗几乎覆盖西欧的广播电视卫星，开始向法国观众播放节目。1996 年 4 月，新频道公司开办了法国第一家数字卫星电视台"卫星频道"（Canal Satellite）。几天以后，卢森堡电台集团与法国电视一台、公共电视公司等联合开办了法国第二家数字卫星电视台。1997 年初，法国电视一台、六台等 6 家公营、民营公司组建"法国卫星电视公司"（TV Par Satellite），当年用户达到 35 万。

卫星频道公司（Canal Satellite）是法国主要的数字电视运营商，其数字电视用户数在 2003 年 6 月至 2004 年 6 月期间新增 25 万，用户总数达到 283 万户。2004 年法国数字电视家庭用户为 532.3 万户。②

但 21 世纪以来，法国政府开始积极推进公、民营广电体系的数字化传播，有线电视与卫星电视不再是政府扶持的重点。

四、代表性大报

进入 20 世纪 90 年代，随着电子媒体与网络媒体的兴起，报业市场进一步萎缩。法国报纸的总发行量在 1990—2005 年间下降了 15%，2006—2013 年又从 70.72 亿份减少至 46.03 亿份，进一步下降了 35%。尽管大部分报纸已经与政治派系脱钩，但法国报团规模小、数量多，主要大报的部分或全部股份为西班牙（《世界报》）、意大利（《解放报》）或德国、瑞士的发行人所有，报刊广告也相对欠发达。2013 年法国报刊发行收入为 53.0 亿欧元，广告收入为 28.6 亿欧元，广告在总收入中的份额从 2008 年的 44% 缩减为 2013 年

---

① Kuhn, "Squaring the Circle?" p. 290.
② 陈力丹：《世界新闻传播史》，第 95 页。

的 35%。[①]

20 世纪 80 年代以来，法国代表性大报主要有全国性日报《费加罗报》《世界报》《队报》《巴黎人报》《法兰西晚报》《解放报》《回声报》等。

《费加罗报》（1826 年至今）是法国历史最悠久的报纸，目前也是法国排名第一的全国性日报。二战期间该报曾迁往里昂，后来被维希政府勒令停刊。二战以后皮埃尔·布里松（Pierre Brisson）重新恢复该报，因为社论的路线问题与报纸发行人发生冲突。最后报社拆分为专门负责经营管理和专门负责新闻编辑的两个公司，而布里松成为两个公司的实际领导者，以温和的政治立场维持住了读者。1965 年布里松去世后，原来持有该报一半股份的普鲁沃斯特报团接管了全部股份，围绕编辑权的斗争再次爆发，最后以总编辑的任命权留给报社为终结。1975 年该报因为经营不善而被埃尔桑报团并购，报社一分为二的协定被取消，引发记者罢工，最后报社承诺如果记者因为报社立场改变而离职则可以获得赔偿金，这正是 1935 年《职业记者法》中规定的良心条款。从 1978 年 10 月开始，该报每周六出版图片增刊《费加罗画报》，后来又出版月刊《费加罗妇女》，都很受读者欢迎，引得《世界报》《晨报》《法兰西晚报》也纷纷出版星期六增刊。如今该报每天出 35—37 版，另外还有一个肉粉色的经济专页和一个黄色的体育专页，以及企业经融、文化娱乐、文学出版、旅游信息、服装服饰、电视节目、时尚女士等专版。《费加罗报》内容丰富，综合性强，版面安排恰当，评论严肃而有深度，每天刊登一幅政治漫画，被认为最能体现法兰西的"贵族风格"，号称"法国中上阶层的圣经"。与标榜言论独立的《世界报》相反，《费加罗报》强调社会责任与舆论引导，主要依靠评论来表达右翼乃至右翼保守派的观点，也通常被认为是法兰西学院的公刊，读者以文化水平较高的商界人士和高级职员为主。该报收入的 75% 来自广告，因为广告所占篇幅较大而维持了相对稳定的销量，2013 年发行量为 32.9 万份。

[①] 2013 年发行量和广告的数据均来自胡正荣等：《全球传媒发展报告（2015）》，第 107–108 页。

《世界报》（*Le Monde*，1944 年至今）目前是法国第二大全国性日报，也是法国在海外发行量最大的日报，主要读者是法国和法国地区的政治、经济、知识界人士和其他专业人士。该报重视对国内外政治、经济、社会问题等进行严肃的报道，以文章、资料和评论的高质量赢得读者。长期以来，该报形成了高级报纸的风格，很少刊登图片，不刊登黄色新闻，经常发表深度分析的解释性报道。2005 年 11 月 7 日《世界报》一改严肃、单调的版面，头版开始使用大幅的新闻照片，同时增大字体，减少文章数量，版面更加丰富多彩。内容上，除了传统的优质新闻与评论之外，《世界报》还增加了生活性内容。"与读者的约会"版面设立了日常生活、文化、游戏、电视与广播等栏目。其中日常生活栏目包含时尚、健康、心理分析、个人福利、理财、家庭、旅游等内容。[①]2013 年，《世界报》发行量为 30.3 万份。

《法兰西晚报》（*France Soir*）前身是 1941 年 7 月由地下抵抗者萨勒蒙（Robert Salmon）和维阿内（Philippe Viannay）创办的地下刊物《保卫法国报》，1944 年 8 月 22 日改名为《法兰西晚报》，占据了《时报》社址。维阿内试图将《法兰西晚报》办成类似战前《巴黎晚报》一样的大众化报纸，该报大量刊登图片和娱乐性新闻，每天刊出一幅半裸女郎的照片，以趣味性吸引读者，政治上趋向保守。在 1947—1953 年的战后报业危机中，《法兰西晚报》因缺乏资金而并入阿歇特报团的《巴黎激进新闻》，维阿内退出，原《巴黎晚报》的主编拉扎雷夫担任主笔。50—60 年代，《法兰西晚报》发行量一度达到 100 万份，报头旁写着"法国发行量达到 100 万份的独家报纸"。可惜 60 年代由于电视的普及，该报单凭娱乐、趣味性栏目已经无法阻止发行量下滑，1979 年阿歇特报团将该报卖给了埃尔桑报团。80 年代《法兰西晚报》逐步改变编辑方针，增加了政治、经济等严肃新闻和评论，不再刊登半裸女郎，但依然未能抵抗电子媒体的冲击，其地位逐渐被《巴黎人报》取代。1997 年该报发行量降为 16 万份，2007 年萎缩至 2.6 万份，2010 年 1 月被俄罗斯富豪阿列克

---

① 郭建良：《严肃报纸放下身架》。

谢·普加乔夫收购。2011年12月《法兰西晚报》停办纸质版，如今网络版每小时更新一次。

《解放报》（*Libération*）1973年5月由哲学家让－保罗·萨特（Jean Paul Satre）与发行人塞尔日·朱利（Serge July）等一批五月风暴的左翼知识分子创办，最初是立场偏社会主义的另类报纸，如今依然是法国最大的左派报纸。该报面向法国、比利时、瑞士等法语国家发行，读者主要是知识分子、政府官员和大学生。2008年《解放报》的前代理社长维多里奥·德·菲利普因涉嫌撰文"诽谤"一位大企业家而被警察拘捕，这在当代法国是极为少见的情况。2014年9月《解放报》宣布以裁员、改版为主要内容的重振报社计划，原来的250名员工裁去93名，180名编辑部人员裁去50名，[1]但员工保留了20%的所有权和对新总监的否决权。[2]《解放报》是法国最早拥有网站的报纸，目前发行量约为18万份，控股人是爱德华·罗斯柴尔德。

《回声报》（*Les Échos*）是1908年由斯克雷兄弟创办的，如今已成为法国最大的经济日报，全面提供法国财政经济方面的消息，主要读者对象为企业主和工商业管理人员，目前发行量为30万份。《回声报》每日出16—24版，经济报道比重大，占全报（广告除外）篇幅80%以上，内容涉及国内外工农业、科技、金融等几乎所有经济部门。

《国际纽约时报》（*International New York Times*）是美国企业在巴黎出版的国际性英文日报，着重报道国际政治、经济、文化等方面的新闻。该报前身是美国著名报人詹姆士·戈登·贝内特（James Gordon Bennet）1887年10月开始出版的《纽约先驱报》（1935年改为《纽约先驱论坛报》）欧洲版，二战期间曾停刊，1944年复刊，1967年5月22日改名为《国际先驱论坛报》（*International Herald Tribune*），2013年10月15日改名为《国际纽约时报》。该报股份属于"惠特尼电台和电视台"公司、纽约时报集团和华盛顿邮报集团。

---

[1] 《法国〈解放报〉计划裁员近百人》，《青年记者》2014年第19期。
[2] 哈林等：《比较媒介体制》，第116–117页。

图 9-6 《回声报》头版

除巴黎以外，《国际纽约时报》还通过卫星传送版面在伦敦、马赛、香港等 38 个城市印刷发行，行销 160 个国家和地区，发行量为 15 万份左右。

儿童报纸《我的日子》1995 年创刊，以 10～14 岁儿童为读者，每天出版 8 版，图文并茂，标题生动，发行量为 6 万份。

总体而言，法国全国性报刊市场持续萎缩，巴黎报纸的发行量普遍下降。根据 1980 年的统计，发行量超过 20 万份的巴黎报纸只有 4 家，而地方报纸则多达 14 家，《法兰西西部报》(Ouest-France) 更是成为全国发行量第一的外省大报。从日报来看，巴黎的全国性报刊发行量只有地方性报刊发行量的 1/3。①

五、地方性日报

相比之下，地区性报纸却拥有大量的读者。据统计，法国地方性报纸超过一半的读者居住在 2 万人以下的小城镇，这些人最感兴趣的是本地发生的事情。1981 年一项对地方报纸读者阅读内容的调查显示，阅读本地新闻和地区性新闻的读者均超过阅读综合新闻的读者。丰富的广告收入也为地方报纸的兴盛提供了保障。相对巴黎报纸仅 12% 的订阅率而言，地方报纸能达到 30% 的订阅率；相对巴黎报纸高达 20% 以上的滞销率而言，地方报纸仅有 9% 左右的滞销率。因此，遍布各地的中小型企业愿意在本地报纸上刊登广告。根据 1984 年的统计，地方报纸的广告版面通常占据总体版面的 30%～50%。

---

① 李峰：《战后法国地方报业的兴起》，第 32 页。

其中本地广告占据广告总收入超过 2/3。1982 年，75 家地方报社均有自己的广告社。[①] 为满足读者对地方新闻的兴趣，报纸纷纷发行各种地方版和本地新闻专页，充分报道当地新闻。例如，1980 年发行地方版最多的报纸有《进步报》（39 个）、《自由多菲内报》（Le Dauphiné libéré，64 个）、《法兰西西部报》（44 个）等。为了报道地方新闻，各报拥有大量地方通讯员，人数是记者的 10 倍。[②]

目前法国发行量最大的日报都已不在巴黎，这种局面似乎已是大势所趋。根据 2013 年的统计，法国发行量最大的地方性日报是《法兰西西部报》（75.1 万份）、《西南报》（26.9 万份）和《北方之声报》（24.3 万份）。《法兰西西部报》（Ouest-France）是目前法国最大的地方报纸，2013 年发行量为 75.1 万份，有 40 个地方版。该报前身是 1898 年创办的《西部闪电报》（Ouest-Éclair），1944 年 8 月后更名为《法兰西西部报》，总部设在伊尔-维兰省省会雷恩，发行范围包括以布列塔尼省为中心、法国西部三个经济大区的 12 个省。该报最大特点是刊登大量地方新闻，开辟了农业、海运等地方经济的专栏、专版。

此外，外省的几个大城市也都有代表性的地方大报，如里昂的《进步报》（Le Progrès）、波尔多的《西南报》（Sud-ouest）、马赛的《普罗旺斯人报》（Le Provençal）、里尔的《北方之声报》。《进步报》1859 年创刊于里昂，以报道罗纳-阿尔卑斯地区当地新闻为主，内容包括社会新闻、杂闻、经济、商业、体育、娱乐、生活、文化、教育、科技、房产、气候等方面。《洛林共和报》（Le Republicain Lorrain）是位于梅斯的地方报刊，贴近生活，贴近市民，将报道的时效性与可读性有机融合。《自由多菲内报》（Le Dauphiné libéré，又译《道芬自由报》《多菲内自由报》）也是知名的地方性日报，于 1945 年创刊，主要提供地方性新闻、突发事件、国际新闻、体育、娱乐、天气、生活、健康等内容。

---

① 李峰：《战后法国地方报业的兴起》，第 34—35 页。
② 李峰：《战后法国地方报业的兴起》，第 33 页。

第四节　媒介集团

相对于英国、德国、美国等报业发达国家，法国传媒产业的集中度并不高，这是由政府鼓励多元文化的原则决定的。法国新闻政策以推行多元化为出发点，要求大众传媒促成社会交流，全面公正地反映各派观点与各种社会思潮，而传媒集中化显然与多元化原则冲突。20世纪70年代以来，意大利完全开放民营传媒企业的自由竞争，导致广电业出现商业集团的集中垄断，这也给法国政府敲响了警钟。因此，即使在广电业开放民营之后，国家依然引入一系列法律法规，防止在广电领域、跨媒体领域出现所有权的垄断。

一、传媒业的规制

法国不允许外国公司对出版公司控股，对本国资本控制出版业也有相应的法律限制。1944年8月26日颁布的法令规定一位发行人不得拥有超过一份日报。广播电视开放民营后，相关法令又规定，出版公司如果拥有或控制发行量超过国内发行总量20%的一份或多份日报，则不可再申请全国或区域性广播电视执照。1977年7月颁布的《集中控制法》和1982年颁布的《反托拉斯法》对市场兼并做了限制与规范。1984年10月的《报业反托拉斯法》规定，全国性或地方性报纸的发行量不得超过全国报纸总发行量的15%。这些法案也引发了一些批评，有些观察者认为相关规定违反了新闻自由。对此，负责司法审查的法国宪法委员会特意发表了反驳意见（1984年10月）。意见指出，要求出版公司公布所有权结构并不侵犯新闻自由，而是更有助于行使新闻自由；公众了解新闻公司的所有人、经济业务与相关利益后，能更好地在不同的报刊中自由取舍。防止出版业过度集中、保持报社编辑团队的规模和记者的采访报道权是《宪法》的目标之一。①

广电领域的运营也受到相应的管制。1986年通过的《通信自由法》规定了执照发放、传媒所有权、多元主义、广告与节目的内容与资助等。这部法案经过多次修订而成为管制广电媒体的基本法律，一直沿用至今。此后一系列法案又增减了一些内容。如1994年的《广播法》放松了1986年《通信自由法》的一些规定。1996年的《信息高速公路法》授权发放试运行的数字和视屏服务执照。2000年的法案增加了最高视听委员会的权限，修改了频率分配程序。2001年的法令定义了广电业者对制作工业的支持和制作数量。2003年的《电信和法国电信的公共服务义务法》消除了法国广播发射公司（TDF）的垄断。2004年的法案向地方机构开放电信服务。2004年的《电子通信法》加强了最高视听委员会的职责，变更了处罚范围。

二、媒介集团

由于政府一直坚持限制媒介集中的原则，跨媒介集团要到20世纪90年代才出现，那就是一度成为世界第二大传媒集团的维旺迪环球公司。维旺迪集团（Vivendi）目前仍是法国最大的传媒集团，在2014年世界50大传媒集团中排第12名。该公司前身是1853年12月14日拿破仑三世下令成立的通用水务公司（Compagnie Générale des Eaux），在水务、垃圾、环保行业经营超过了一百年。自1983年起集团业务开始多样化，在欧洲市场的传媒业与通信业大规模投资，投资领域包括平面媒体、手机、固定电话、教育软件、电子游戏等。从1996年公司开始国际化战略，先入股法国第一家收费电视台所属的新频道集团（Canal+），随后又兼并加拿大的环球电影、宝丽金音乐、施格兰公司（Seagram），美国的霍顿-米夫林出版公

图9-7 维旺迪集团标识

---

① 张玉等：《法国新闻传播管理体制管窥》，第44页。

司、eMusic 音乐网站、网上音乐服务商 mp3.com、USANetwork 等，一举成为继时代华纳公司之后世界第二大媒介集团。1998 年公司正式改名为维旺迪。2001 年 2 月维旺迪与索尼组建互联网公司，在网上销售的音像制品占据市场 40% 的份额，并买下全球第二大卫星电视运营商美国 Echostar10% 的股份。维旺迪公司（Vivendi）、新频道公司（Canal+）与环球公司（Universal）合并后形成维旺迪环球公司（Vivendi Universal，VU），其持有股份的公司包括动视暴雪（Activision Blizzard）、环球唱片公司（Universal Music Group）、摩洛哥电信等。据 R. 戴维森（Roei Davidson）研究，媒体倾向于将维旺迪环球公司的这一系列并购案视作法国政府主导的结果。[1]2002 年维旺迪环球集团因为负债过多而出现巨额亏损，直到 2004 年才重新实现盈利。2006 年，公司又改名为维旺迪（Vivendi），以娱乐电信为主营业务，旗下有环球唱片公司、维旺迪游戏（Vivendi Game）、新频道公司和 SFP、摩洛哥电信（Maroc Telecom）等知名企业，业务遍布全球。最近两年，维旺迪集团出售了动视暴雪和摩洛哥电信、SFR、GVT 三家电信公司，仅保留环球音乐集团和新频道集团，又开设了新的研发中心维旺迪村（Vivendi Village），从一个集传媒、电信及其他服务于一体的综合性集团转型为完全的传媒集团。

法国的电子媒介集团主要形成于 20 世纪 80 年代，包括公营的法国电视集团，以及一些民营的公司如 TFI 集团、新频道集团、哈瓦斯公司等。法国电视一台公司是法国最大的民营无线电视台，如今在法国和欧洲的许多电子媒介中占有股份。

新频道集团（Canal+）建立于 1984 年，最初经营地面有线电视，1992 年开始播出卫星电视节目，1996 年 4 月在法国率先播出卫星数字电视，同时向德国、波兰和南欧、非洲、南美洲的智利发展，建立了一系列属于新频道的电视台。2013 年该公司成为维旺迪公司的全资子公司。

---

[1] Davidson, "An 'Insider's Game': Framing Media Mergers in France and the United States."

哈瓦斯公司（Havas）前身是二战以前哈瓦斯社的广告部，80年代初成为公私合营的大型电子媒介公司，1997年成为法国最大的民营卫星电视台"新频道"的头号股东，在其他电子媒体中也占有很多股份。

但新的电子媒介集团较少进入报业市场，目前法国重要的报业集团仍是索克报业集团（Socpresse）、《世界报》集团等。索克报团总部设在巴黎，在法国和比利时共拥有超过70种法语媒体，控制了法国的全国性大报《费加罗报》，地方报纸《北方之声》《西邮日报》，以及新闻周刊《快报》、经济类杂志《扩张》。2004年6月，索克报业集团被达索工业集团收购。

《世界报》报业集团是法国著名高级报纸《世界报》集团化的成果。1998年《世界报》网络版诞生，1999年该集团占有拉格达尔公司34%的股份，2000年集团收购"自由南方"报业集团，控制了南部法国10多个出版物。2002年11月该集团创办图文并茂的月刊《世界报2》，发行量达到13.2万份。目前《世界报》报业集团尽管经营艰难，但依然是法国举足轻重的报业集团之一。

法国的出版业在2004年经历了大变革，大量出版集团出现转手，到目前形成了阿歇特、埃迪蒂和马蒂尼埃三大出版集团。阿歇特图书出版集团（Hachette livre）是法国最大的图书出版和报刊发行集团，拥有多家出版社，在巴黎报刊发行公司占有49%的股权，还经营书报进出口业务。该公司创建于1826年，属于巴黎荷兰银行集团，二战后一度拥有发行量最大的《法兰西晚报》，如今直接或间接控制的报纸也有20多种，并且参与广告、印刷、广播电视、电影制作等业务。目前，阿歇特的国际出版经营活动已经扩大到全球29个国家，其年收入的40%来自海外市场。阿歇特图书出版集团旗下有6个子集团，分别为大众文学、教育、插图书、丛书、分销和国际。2006年2月，美国第五大大众出版商时代华纳出版集团并入阿歇特图书出版集团。

埃迪蒂出版集团（Editis）是法国第二大出版集团，其前身是维旺迪环球出版集团（Vivendi Universal Publishing），2003年10月维旺迪环球公司破产后被阿歇特集团并购，但由于欧盟反垄断机构强行干预，该集团60%的股权被一家老牌钢铁公司以 6.6 亿欧元购得。

马蒂尼埃出版集团（Martinière）由埃尔韦·德·拉·马蒂尼埃（Hervé de la Martinière）创办于 1992 年，以出版图文书和外版书而迅速发迹，2004 年并购老牌出版商瑟伊之后，成为法国第三大出版商。

第十章 新媒体时代：2000—2016

CHAPTER 10

进入新世纪后，法国传媒业面临着来自很多方面的挑战。新兴传播技术对传统媒体运营模式与内容生产造成冲击。与英美国家相比，法国报纸普遍重视内容而轻视经营，广电业受国家管制较多，这些因素都给转型带来更大的阻力，传媒业受到的冲击也更明显。

全球化导致法国经济紧缩、文化多元化、国际地位改变，由此也引发了一系列认同危机。法国是欧洲各国中少数族裔比例最高的国家之一，平均每10个法国人中就有1个是非洲人、葡萄牙人、西班牙人或南斯拉夫人。面对多元文化语境，媒体如何运用新的传播手段重塑法国的自我认同和国家形象，已成为当前法国各界最关注的问题。

在新媒体时代，为了继续保持法国文化的影响力和吸引力，法国政府进一步加强了以推广法语为中心的对外文化传播战略，通过印刷品、广播节目和传播技术的输出来加强与周边邻国的关系，扩大法国文化在全球的影响。

第一节　报刊业的危机

一、大报被并购

新世纪以来，随着免费报纸和互联网媒体的兴起，传统报纸遭遇了巨大的冲击。法国流动售报点相对较少，报刊零售店只有 2.9 万个（而德国则有 9 万个），这种冲击比别的国家更为严重。2002 年 2 月 18 日，巴黎和马赛分别发行了法国首份免费报纸《地铁报》(Metro) 和《马赛更好报》。此后，《里昂更好报》《20 分钟报》(20 Minutes) 等免费报纸陆续出版。目前，法国已经有 37 份免费报纸，总发行量达到 320 万份，其中《地铁报》发行量达到 160 万份，已经成为世界上发行量最大的免费日报。[①] 免费报纸的内容与付费日报近似，大都是前一晚或当天凌晨国内外的各类新闻消息以及生活、文化、体育、电影等服务类信息。2003 年，《地铁报》和《20 分钟报》的营业额达到 8000 万欧元，比法国男性杂志和电影杂志营业额的总和还要多。在免费报纸冲击下，法国的日报发行量日益减少，一些杂志也被迫停刊，如 2014 年法国第二大女性刊物《心理月刊》停刊。2013 年法国付费报刊发行量为 37.73 亿份，占市场份额 82%，免费报刊发行量为 8.3 亿份，占市场份额已经达到 18%。法国免费报纸的主要读者年龄在 15—35 岁，正是消费能力最强的群体。

---

① 陈力丹：《世界新闻传播史》，第 89 页。

广告商看中了免费报纸这一优势，因此也逐渐加大了对免费报纸的广告投入。2013年，法国付费报刊收入78.4亿欧元，占市场份额的96.1%，免费报刊收入3.2亿欧元，占市场份额的3.9%。①

在经济压力之下，很多报纸被迫改变经营模式。以同人办报为特色的《世界报》最引以为傲的是独立的经济地位，编辑记者对报纸具有投票决定权，能决定编辑内容和经营管理。然而《世界报》的这种办报模式正因为吸纳外部资金而面临威胁。2001年《世界报》进行了一系列并购，试图打造一个以《世界报》为旗舰的媒体集团，报纸发行量一度上升至60万份。②但由于编辑们抵制提高绩效的改革，报纸收益不能应付开销，逐渐积累了巨额债务。到2004年底报纸已经连续4年亏损，亏损总额高达5000万欧元，发行量也下降到38万份。2005年，刚庆祝完60岁生日的《世界报》吸纳6500万欧元外部资金。新股东包括法国拉格达尔公司③和西班牙最大的媒体集团西班牙报业集团，他们各出资2500万欧元而成为持股15%的大股东。世界报持股会拥有的股权则从96%下降到60%。④7月11日报纸宣布改版，开始采用照片和彩色印刷，发行量增至44万份左右。然而截至2010年，《世界报》仍欠下1亿欧元的债务。⑤

其他大报也都难以避免被大财团收购或入股的命运。2002年，《费加罗报》30%的股权被法国大型军火商达索公司购得。2004年达索又投资10亿欧元，拥有了《费加罗报》87%的股权，使该报成为达索公司的子公司，编辑部原有班底与达索公司一直有意见不合的传闻。《解放报》也一样，2005年法国银行家埃德阿尔投资3000万欧元，成为该报持股37%的大股东。⑥

---

① 胡正荣等：《全球传媒发展报告（2015）》，第107页。
② "Le Monde's Uncertain Future: Cap in Hand," *Economist*, Jun 10th, 2010.
③ 拉格达尔公司是欧洲最大的航空公司EADS公司和法国著名杂志《巴黎竞赛》画报的母公司，也是法国排名第二的传媒集团。
④ 郭瑞璜：《法国三大日报被迫吸纳外部资金》，第54页。
⑤ "Le Monde's Uncertain Future."
⑥ 郭瑞璜：《法国三大日报被迫吸纳外部资金》，第54页。

二、杂志稳步发展

相比于日益衰退的日报市场，法国的期刊市场则保持了稳定的增长。80年代来，法国公开出版的杂志为 3000 多种，发行量与报纸几乎相等。80%的法国人都是固定的杂志读者，这也保证了杂志拥有固定的广告收入而能保持繁荣。1994—2004 年，法国付费杂志发行量呈曲折上升的趋势，平均增幅为 29%。时尚类杂志一直处于领先位置，发行量较稳定，占据法国杂志总发行量的 20%～25%。发行量排名前 10 位的杂志中，有 7 个都是电视指南类杂志，其中包括排名第一的《电视杂志》(TV Magazine)，发行量为 4717901 份。发行量占第二位的是女性杂志，包括排名第二的《妇女的说法》(Versian femina)，发行量为 3770568 份。[1]

法国当前主要的新闻财经类杂志有《扩展》(L'Expansion)、《快报》、《观点》(Le Point)、《巴黎竞赛》画报(Paris Match)、《新观察家》(Le Nouvel Observateur)等。《扩展》创办于 1967 年，是法国最早出版的经济类月刊，侧重报道法国工商界的情况及世界各国和各地区的商业行情，20 世纪 80 年代一度在法国同类出版物中排名第一。如今该刊加强了都市、财经新闻和聚焦深度报道，初步形成了要闻、都市、财经、文体、国际国内、聚焦和资讯专刊版的组化结构，使读者阅读更加方便。

《快报》(L'Express)创办于 1953 年 5 月，是法国最早的时事新闻周刊，最初是《回声报》的政治性附刊，如今变成了影响较大的时事生活杂志。该刊仿照美国《时代》周刊的风格，注重调查性报道和新闻分析，政治上倾向右翼自由派，主要读者为中、高级职员和知识阶层。2013 年《快报》的发行量为 50.5 万份，其中 70% 为长期订户。[2]

---

[1] 张书卿:《2004 年法国杂志发行增长，电视类杂志领航》。
[2] 所有杂志 2013 年的发行量数据均来自胡正荣等:《全球传媒发展报告（2015）》，第 107 页。

《巴黎竞赛》画报（Paris Match）创刊于1949年，是法国著名时政类新闻周刊，2013年发行量为63.1万份。该刊一般被认为有右派审美趣味，对国内国际时事的报道十分及时而严谨，但也十分关注政界、演艺界名流的生活百态，追求严肃性与娱乐性的平衡。

《新观察家》（Le Nouvel Observateur）1951年由法国统一社会党负责人之一布尔台在巴黎创刊，原名为《观察家》（L'Observateur），后改名为《法兰西观察家》（France Observateur），1964年改为《新观察家》。该杂志是左翼党团的机关杂志，面向"左"派知识分子和大学生，注重深度报道和连续报道，言论观点较为激进，经常对社会政治、经济体制和文化、道德观念持批判立场。2013年《新观察家》的发行量为51.9万份。

《观点》由法国新闻界颇具影响力的资深记者克劳德·安贝尔（Claude Imbert）创办于1792年9月25日，也是法国著名的新闻周刊。

除综合类新闻周刊外，法国还有一批政治揭丑类杂志，不时发挥巨大的社会影响，如《鸭鸣报》、《玛丽安娜》（Marinanne）、《查理周刊》（Charlie Hebdo）等。《鸭鸣报》由莫里斯·马雷夏尔（MauriceMaréchal）创办于1915年。马雷夏尔信奉无政府主义，刊名即表示敢于大声说出真话。该刊以调查性报道和讽刺性文章著称。1972年揭露沙邦-戴尔马总理的偷税漏税行为，导致总理下台。1979年揭露劳工部长布兰在地产投机上舞弊，导致布兰自杀。同一年揭露德斯坦总统接受中非皇帝的贿赂，影响总统连任。1980年揭露预算部长帕蓬曾押送犹太人去集中营，导致帕蓬入狱。1983年揭露前总理巴尔参与掩盖一家国营石油公司的财政损失，导致巴尔失势。《鸭鸣报》以刻薄调侃的喜剧风格、揭露丑闻的勇气和报道时事的严肃态度赢得了读者信赖，享有很高的政治声望。杂志的发行曾一度达到120万份，目前大约为40万份。政治评论杂志《玛丽安娜》以共和国的象征玛丽安娜命名。萨科齐总统上台后，杂志连续9期以萨科齐为封面人物集中予以批评。有舆论认为，《玛丽安娜》杂志因为经营不善而面临生存危机，批判总统是为了追求轰动效应。①

　　法国有一百多种女性杂志发行量达 4500 万份以上，读者 20%～30% 为男性。女性杂志内容轻松，涉及生活的方方面面，如时装、美容、健美、装饰、艺术、家政、娱乐、育儿、言情、心理学等，注重娱乐性和实用性，并依据特定读者群在内容上有所侧重。月刊《玛丽-克莱尔》（Marie-Claire）是全球最著名的高档女性期刊之一，于 1937 年在法国创刊，主要提供时尚、美容、家居装饰及其他优质报道。该刊最大的优势是采用浪漫的方式，贴近女人的心灵，征服了很多女性读者。目前《玛丽-克莱尔》发行量约为 60 万份，是法国女性杂志中发行量最大的一份。周刊《她》（Elle）创刊于 1945 年，是一本专注于时尚、美容、生活品位的时尚杂志，隶属于法国桦榭集团旗下。该刊贴近年轻女性的时尚需求，树立了自信、活泼、自由的品牌形象，成为法国排名第二位的妇女杂志，发行量达到 37 万份。

　　少儿杂志被电视夺走大批读者，如今正力图改革编辑模式。传统的男孩杂志与女孩杂志界限被打破，目前 8 岁以下的儿童杂志有《费里布纳》，8—13 岁的儿童杂志有《米盖杂志》《大鼻子加德热》《磷》《丹丹》等。14—20 岁的青少年杂志以连环画报、刊登滑稽歌曲和歌星轶事的刊物较为成功，其中历史最悠久的是创刊于 1962 年的《拯救者》（或译《同伴》）。

　　广播电视杂志是 60 年代以来随着电子媒体的兴起而发展起来的。法国虽然只有 7 种广播电视杂志，总发行量却已超过 600 万份。其中，《每周电视》发行达 270 万份，成为发行量最大的期刊。《袖珍电视》的发行也达到 193 万份。

　　随着法国社会的老年化，创办于 1968 年 4 月的老年杂志《我们的时光》（Nortre Temps）也成为法国发行量较大的杂志之一，达到将近 100 万份。

---

① 赫然：《"总统是饭桶"引爆法国新闻自由大辩论》，《世界报》2010 年 8 月 18 日。

三、法新社

法新社如今是世界三大通讯社之一，地位仅次于美联社与路透社。法新社有2000多名员工，其中巴黎有800人左右，其余的在外省或外国，这些员工一半以上是记者和编辑，此外还有2000名按稿付酬的报道员。法新社的国内记者站分布在波尔多、克莱蒙-费朗、哈佛尔、里尔、里摩尔、里昂、马赛、麦次、勒纳、图卢兹等地。1982年法新社在香港设立了首个地区分社，由此开始了全球编辑业务去中心化。如今法新社在全球设立了5个地区总分社，在165个国家建立了110家分社。巴黎的总社负责法国、欧洲和非洲地区的新闻报道；香港总社负责亚洲和太平洋地区；华盛顿总社负责北美和拉丁美洲；尼科西亚（Nicosia）总社负责中东地区；蒙得维的亚（Menevideo）总社负责南美洲。每个地区总社都有自己的总经理与总编辑，有独立的财务。外国分社的社长通常是法国人，但工作人员大都是当地的记者。

法新社与世界上35家通讯社订有交换新闻的合同，每天用法、德、英、阿、西、葡六种文字向全球约7000家报纸、2500家电台和400家电视台发布40万—60万字的信息，也作为巴黎洲际通讯社的主要股东向客户提供约1000幅图片和50幅新闻图表。法新社提供的信息主要有也经济新闻、德语新闻、德语体育新闻、卫星数据广播和企业新闻，也为传媒公司提供的信息技术整合服务。法新社经营上完全独立，营收中除了报刊媒体与民营机构、企业的订阅费外，还有大约40%的政府补贴性订费，即由政府机构、国营大公司订阅法新社的产品而支付的订阅费，2011年法新社共有1.15亿欧元的收入来自政府的补贴性订费。

法新社自20世纪80年代以来不断更新技术，开发新的业务。1984年10月成立了视听部，开始提供广播新闻和音像产品；1985年加强图片新闻供应，不久又开始开发图表新闻；1991年同英国金融时报集团（Extel）联合推出英语经济信息专线（AFX News），打破了路透社独占伦敦市场的局面；1994年开始播出与巴黎三台联合制作的电视节目；2000年开辟了奥运会多媒体新闻服务；2002年开始联手视频软件涉足互动电视业务，还向日本的3G手机提供体育图片；2003年联合雅虎美国公司推出了网上新闻服务，联合盖蒂图片公司（Getty Images）建立了覆盖全球的图片新闻业务。2006年将AFX News业务出售给"汤森金融"（Thomson Financial）。2008年10月，法国政府试图引入外部资本，改变法新社的地位，结果法新社的员工发起网上抗议，认为这是要把法新社私有化。2009年12月10日，文化部长弗雷德里克·密特朗（Frédéric Mitterand）召集了由法新社前行政总监亨利·皮雅（Henri Pigeat）为首的专家委员会商讨法新社未来的发展。

四、新闻教育

法国人认同记者也是精英文化的一部分，新闻工作者经常与公务员一起在巴黎的高等政治学院（Institut des Etudes Politiques）接受培训。①

目前法国从属于公立综合性大学的公立新闻学院包括从属于巴黎四大的信息与传播高等研究学院（CELSA），从属于巴黎二大的法国新闻学院（IFP），从属于斯特拉斯堡大学的新闻教育中心（CUEJ），从属于马赛大学的新闻传媒学校（EJCAM），从属于格勒诺布尔大学的新闻学院（EJDG），从属于波尔多大学的阿基坦波尔多新闻学院（IJBA）等。以巴黎第二大学的法国新闻学院（IFP）为例，该学院前身是1937年成立的巴黎新闻研究中心，因第二次世界大战而中断了十年，战后恢复研究，1951年改名为法国新闻学院，1957年开始归属于巴黎大学，但仍以研究为主。1961年法国新闻学院开始招生教学，颁发新闻学院毕业证书。学院以新闻学理论为主要教学内容，课程包括新闻法、新闻经济学、新闻社会学、新闻史和新闻技术等。学院招收专业大学第一阶段（两学年）结业的学生，毕业生主要从事新闻理论教研、新闻企业管理等工作，虽然也有毕业生做记者，但不如注重实践的巴

---

① 哈林等：《比较媒介体制》，第136页。

黎新闻记者培训中心那么普遍。①

私立的新闻院校包括里尔高等新闻学校（Ecole Supérieure de Journalisme de Lille，ESJ）、巴黎的新闻记者培训中心（Centre de Formation des Journalistes，CFJ）、高等视听制作学校（Ecole Supérieure de Réalisation Audiovisuelle，ESRA）、新闻实践学院（Institut Pratique de Journalisme，IPJ）、传播与跨文化管理学院（Institut de Management et de Communication Interculturels，ISIT）等。新闻记者培训中心（Centre de formation des journalistes，CFJ）是法国著名的私立新闻学校，位于巴黎第九区，由历史学家皮埃尔·米盖尔创立于1978年，1993年成为国家承认的高等院校，2004年开始由高等教育与研究部颁发新闻业文凭。主要专业包括报刊、广播、电视、通讯社、多媒体等，学制为两年。

根据法国学者的研究，法国新闻学院的学生心目中理想的记者仍是现场记者、驻外记者、战地记者，而不是宅在办公室的数字化记者。新闻学院的学生仅在私人领域偏好社交网络与互联网，但求职时却更希望加入严肃媒体。他们认为成功的记者应该尊重事实、诚实无私、不偏不倚、品格高尚，密切联系读者。学生不喜欢精英记者，认为他们太亲近政治权力："记者不应该追求成名，也不应该躲在象牙塔中。"②

第二节　公营广电与数字化

目前法国的公共广电机构包括法国电视集团、法国广播公司、法国国际媒体集团、国家视听研究所（INA）和法德公共电视台（ARTE）等。

---

① 郭京花:《不培养记者的法国新闻学院》。

② M Santos-Sainz, "The Imaginaries of the Future Journalists in France," *Revista Latina de Comunicación Social* 68 (2013), p.155.

一、法国电视集团

图 10-1 法国电视集团大楼

法国电视集团最初由公营的法国电视二台和法国电视三台合并而成。1999年根据新的《媒介法》，电视二台、三台又与第五电视网重新整合为法国电视公司。2000年8月通过了新的《广播电视法修正案》，法国电视集团正式成立，成为法国最大的电子媒体集团。法国电视集团的最高管理单位是法国电视控股公司，其董事会共有14位成员，任期为5年，其中2位由国会推荐，2位由法国公共电视职员票选，5位由政府指派，5位由最高视听委员会指派（其中1位来自非政府组织，1位必须具有海外事务背景，其他3位则来自电视电影业）。董事会的任务是整合政府补助和执照费收入，分配给旗下子公司。公共电视的收费来源主要是执照费和广告费，偶尔也获得政府补助和企业捐赠。执照费为每年700法郎，法国每年大约有400万人没有缴纳这笔费用。公营广播台、电视台最初都没有广告，直到1968年10月才开放广告。1994年综艺、体育、谈话、竞赛节目开始允许播放广告，但电视剧、电影、纪录片中仍禁止播放广告。2000年的《广播电视法修正案》规定公共电视台每小时最多只能播放8分钟广告，因此法国电视集团的广告收入比重并不高。

图 10-2 法国公共电视台标识

法国电视集团旗下有电视二台（France 2）、电视三台（France

3)、电视四台（France 4）、电视五台（France 5）和海外电视台（France Ô）①等子公司。其中电视二台是法国国家电视台，也是法国唯一的综合性全国公营电视网，其

图 10-3　对外视听集团与国际媒体集团的标识

特点是新闻节目少而精，专题节目针对性强，游戏节目多，节目内容综合度高，考虑多数受众的需要和对社会的良性作用。

二、法国国际媒体集团

法国国际媒体集团（France Médias Monde）是法国三大国际传播媒体的控股总公司，旗下包括法国国际广播电台（RFI，控股 100%）、法国 24 电视台（France 24，控股 50%）和世界电视 5 台（TV5Monde，控股 12.5%）。该公司的前身是 2008 年 4 月希拉克总统建立的法国对外视听集团（Société de l'audiovisuel extérieur de la France，AEF），2013 年 6 月 27 日改组为法国国际媒体集团。

法国国际广播电台（Radio France Internationale，RFI）前身是法国电台的对外广播业务。二战以对外广播业务由法国海外广播公司（SORAFOM）统一管理，从法国本土向法属海外省、海外领地、马格里布、撒哈拉沙漠以南非洲地区和亚洲地区的法语国家提供新闻和其他广播电视节目。1982 年根据新颁布的《视听传播法》，海外广播公司改组为独立的国际广播公司。

目前法国国际广播电台每天用法、英、德、西、葡、中等 19 种语言向全

---

① 海外台最初叫 FRO Sat，2004 年为了与其他公共电视台命名风格一致而改成 France Ô，主要面向法国城市播出海外节目。

球广播，其中法语广播每天24小时不间断播出。该电台还与125个国家的700多家电台建立了合作关系，其中350家电台通过卫星接收法国国际广播电台的节目，和当地节目统一编排后播出。法国国际广播集团旗下除法国国际广播电台外，还有蒙特卡洛中东电台、非洲1号电台、巴黎–里斯本电台、法广–索菲亚电台、法广–三角洲

图10-4　法国国际广播电台标识

电台等。蒙特卡洛中东电台（RMCME）创办于20世纪60年代，旨在通过广播增进与阿拉伯国家的关系。该电台在埃及城市地区的听众人数超过BBC，在科威特和沙特阿拉伯的听众人数也名列前茅。地中海国际广播电台（RMI）1980年3月建立于摩洛哥，以北非为主要广播范围。非洲1号电台在非洲加蓬的莫雅毕建立，35%股权属于法国广播公司。①

图10-5　法国24电视台标识

法国24电视台（France vingt-quatre）于2006年12月6日开播，是一家提供国际新闻时事的电视台，总部位于法国巴黎市郊的伊西–雷–穆里诺（Issy-les-Moulineaux），以英语、法语和阿拉伯语对外播出。该电视台的创办得到希拉克总统的支持。在1990年的海湾战争中，希拉克发现法国与美国对战争有不同的看法，却缺少像CNN那样的国际性媒体，因此考虑建立一个国际电视台，以捍卫法国媒体的国际地位。法国24电视台的部分工作由法国国际广播电台员工兼任，合作伙伴包括民营的法国电视一台和公营的法国电视二台，部分节目由法新社、法国国际广播台、法国世界电视五台世界台、欧洲新闻台（EuroNews）、法德公共电视台、国会频道（La Chaîne parlementaire）提供。法国政府为其提供了8000万欧元的资金支持。

---

①　波伊德等:《法国广播公司（Sofirad）》，第57页。

法国电视五台世界台（TV5Monde）于1984年1月1日在外交部推动下成立，成为面向全球法语世界播放的公营有线电视网。电视五台（TV5）得名于最初合作的5家法语媒体，即法国电视一台（TF1）、天线二台（Antenne 2）、法国电视三台（France 3）、比利时法语区广播电视台（Radio Télévision Belge Francophone，RTBF）和瑞士法语区电视台（Télévision Suisse Romande，TSR）。该电台最初同时在欧洲和加拿大播出，尤其注重在黄金时段较多地播放合作媒体的节目，以体现"多元文化"的原则。① 从1992年开始，五台（TV5）改名为电视五台世界台（TV5 Monde），强调作为国际频道的特征，并开始在非洲、拉丁美洲和加勒比海地区播出，1996年又开始在亚洲和南太平洋地区播出，1998年开始在美国和阿拉伯世界播出。如今，电视五台世界台已经成为全球最大的法语国际频道，全台有员工300多人，合作的媒体已经增加到10家，包括加拿大广播电台（Radio-Canada）、魁北克电视台（Télé Québec）、法德公共电视台（ARTE）、法国海外电视网（France Ô）和国际法与广播电视理事会（CIRTEF）。为适应不同地区的需要，世界台开设了8个地区的子频道，对全球五大洲直播。除播放国际新闻以外，法国电视五台世界台还播出电视剧、游戏、电影、音乐资讯等节目，不同地域的广播内容和比例也略有不同。

图 10-6　电视五台世界台标识

三、法德公共电视台

法德公共电视台（Association Relative à la Télévision Européenne，ARTE）是1990年10月2日由法德合资创办的。电视台总部位于法国东部的斯特拉斯堡和德国的巴登巴登，另有两个分别位于法国和德国的节目制作中心。公共电视台与法国电视集团旗下的电视台五台共用一个频道，晚间19点至

---

① 雷霏:《法国对"法语世界"的传播策略解析》，第93页。

次日凌晨3点以法、德双语播出，节目主要是高品质的新闻、纪录片、谈话类节目等。公共电视台的资本与董事会成员都是法国与德国各出一半，董事长与总裁由两国轮流指派，经费主要来自德法两国的视听费而非广告收入。

图10-7　德法公共电视台大楼

四、数字电视与数字广播

法国政府积极推进公、民营广电体系的数字化广播。2000年8月国会通过的《广播电视法修正案》为无线电视数字化提供了法律依据。这一法案摈弃政府垄断数字电视的模式，允许公营、民营公司充分竞争。

2005年3月31日，18个免费地面数字电视频道获得批准，其中6个是法国电视集团下属的公营频道，即地区节目频道法国三台（France 3）、2005年成立的戏剧频道法国四台（France 4）、24小时的文化频道法国五台（France 5）、德法文化公共电视台（ARTE）、儿童频道Gulli，其余12

个是民营的综合频道。2008年10月，第一批高清频道正式开通，包括法国电视一台、法国电视二台、新频道电视台（Canal +）、法德公共电视台和第六电视台。2011年11月30日，政府宣布完全停止模拟信号电视节目的播放，一切广播电视、卫星电视和有线电视以及对外广播频道都实现数字化。2012年12月12日6个新的数字频道开通，即HD1、L'Equipe 21、6ter、Numéro 23、RMC Découverte HD 24、Chérie 25。由于新频道电视台（Canal +）和法德公共电视台的地面高清频道已经关闭，法国目前共有9个全国高清免费数字频道，[1]数字地面电视覆盖法国都市人口的95%。

与此同时，数字卫星电视也在稳步发展。法国有两颗覆盖西欧的广播电视卫星TNT SAT和FRANSAT在发送数字信号。法国公共电视台二台、三台、五台、海外台、国会频道和法德公共电视台都通过FRANSAT免费播放节目。

2014年6月20日，法国地面数字广播系统也在马赛、尼斯和巴黎开通，目前已有62个广播电台在该系统上播放节目，其中有部分广播电台只通过数字系统播出。[2]

第三节　新世纪的传媒政策

新世纪以来，法国传媒界开始面临新的挑战和机遇。以互联网为基础的新媒体崛起，成为《新闻自由法》与《通信自由法》尚未涵盖的监管空白。为此法国政府出台了一系列新政策，试图打击网络滥用的问题。另一方面，随着移民融入造成的社会问题日益突出，保护媒体的言论自由与尊重少数族

---

[1] 胡正荣等：《全球传媒发展报告（2015）》，第112页。
[2] 胡正荣等：《全球传媒发展报告（2015）》，第113页。

裔的宗教与文化产生了日益深刻的矛盾。一些影响重大的个案如《查理周刊》事件、《观点》辱华事件涌现，迫使司法部门和立法机关作出回应，确立前所未有的原则。另外，法国是传统的文化大国和帝国主义国家，为了在新媒体时代也继续扩大法国文化的全球影响，政府也推出了一系列对外传播的重大政策。

一、新媒体的发展与监管

20世纪90年代中期，法国进入了互联网时代，到2013年互联网订户数达到2506.7万户。[①]

目前，综合性门户网站、博客网站成为传播新闻的新渠道。较受法国网民欢迎的综合性门户网站有 yahoo、Alice、Voila、MSN、Afrik 等。Voila 是一个网络综合服务网站，提供的服务包括新闻、电子邮件、聊天、在线电视节目、论坛、百科全书、翻译、购物比价、目录查询等服务在内的多种网络服务，几乎覆盖网民主要使用的网络工具。SkyRock 是法国最大的博客网站，多数博主来自于广播电台的听众。除了提供博客服务外，SkyRock 还加入了 SkyMail 电邮、SkyrockMessager 即时通信以及 Skymobile 手机下载等服务。

如今法国的报纸、杂志和广播一般都有网络版。在报纸无法出版的特定时刻，网络版甚至发挥了无可比拟的影响力。2016年4月28日，法国印刷部门支持工会与学生罢工，包括《费加罗报》《观点》杂志、《队报》《西南报》《巴黎人报》在内的报刊都停止出版，《费加罗报》临时开放了只有订阅读者才可以访问的在线文章版块作为补救。[②]2016年5月26日，法国再次出现"报纸荒"，除了《人道报》以外，几乎所有报纸都被法国总工会（Confédération Générale

---

[①] 胡正荣等：《全球传媒发展报告（2015）》，第123页。

[②] 崔裕仁：《法国人今天无报可看：印刷业公会大罢工报纸停印》，2016年4月28日，载 http://media.sohu.com/20160428/n446623043.shtml，访问时间2016年5月28日。

du Travail,CGT）封锁。尽管如此，当天所有的法国报纸都发行了电子版。《观点》杂志的老板贝托在电子版中称："法国总工会想借此对政府施压，要求政府撤销劳工法。工会对媒体进行了可耻的介入和绑架，这是对民主的恶劣攻击。"《自由报》编辑若弗兰表示："因不堪压力而刊登声明，我们从未、也绝不会妥协"。①

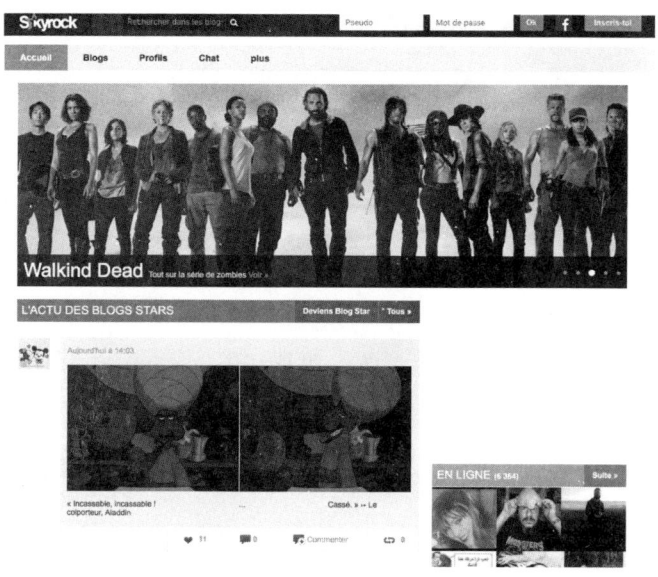

图 10-8　法国最大的博客网站 Skyrock

新的网络报纸也开始出现。2008 年 3 月《世界报》前社长埃德维·普莱内尔（Edwy Plenel）带领 25 名记者创办了网络报纸《参媒》（*Mediapart*），以刊登独立制作的新闻评论和调查报道为特色。《参媒》是一份收费的网络报纸，不刊登广告，全部收入来自订阅费。网站每天 9 点、13 点和 19 点更新一次，读者可以免费浏览新闻摘要，但要阅读详细内容则必须付费，订费为每年 90 欧元。为了支持付费报纸模式，《参媒》联合多家类似的收费网站，于 2009 年秋创立了在线资讯报纸联合会，由普莱内尔任秘书长。该报团队基本上由记者组成，创办资金来自 6 位创办者、支持该报的协会和一些合作投资者。

---

① 《法国劳工法案争议愈演愈烈，工会禁止报业印刷发行报纸》2016 年 5 月 27 日，载 http://www.guancha.cn/europe/2016_05_27_361912.shtml，访问时间 2016 年 6 月 1 日。

截至 2013 年 7 月，其订户已超过 7.5 万，年营业额达到 600 万欧元，净利润为 70 万欧元。①

新媒体领域也正逐渐被法国政府纳入管制范围。1998 年最高行政法院在提交总理的报告中提出共同监管的概念，即一方面由政府相关部门加强传统监管，另一方面，媒介经营者与其他社会组织也参与其中。具体而言，最高视听委员会和电信监管机关（ART）是负责监管互联网的主要政府部门，而国家信息和自由委员会（CNIL）则保护隐私和打击网络滥用。在社会组织方面，2000 年法国政府资助的互联网法律论坛成立，该组织在欧洲互联网共同监管框架下工作，致力于促进有关网络监管与立法的讨论，向网络使用者提供帮助。2004 年新任命的网络特派员主要使命也是帮助和监管网络使用者。除此之外，所有关于版权、隐私、恋童癖、诽谤和种族歧视的法律也都适用于互联网。2015 年 2 月，工业、能源和数字经济部长埃马纽埃尔·马克龙（Emmanuel Macron）宣布成立法国数字管理局。该机构致力于从三个方面推广与发展数字化，即推广超高速网络、扶持创新科技、普及互联网和其他数字技术。

二、多元文化的挑战

前文已述，推广多元文化一直是法国传媒政策的基本原则之一。新世纪以来，政府也不断通过各种政策加强这一原则。近年来，法国文化部部长弗勒尔·佩尔兰（Fleur Pellerin）提出"身边的媒体"项目，预算用 100 万欧元资助以下各种媒体：创新型或面临数字化发展的媒体；继续提升媒体专业度和内容质量的"亲民型"媒体；与传统全国性、地区性媒体建立沟通联系的小型媒体；以信息传播为主的媒体；支持民众参与媒体民主讨论、帮助民众发声的媒体；面向青少年的媒体等。

---

① 张子让：《重塑 21 世纪的报纸》。

但上述项目、甚至法国一直以来的传媒政策都忽视了少数族裔的存在，这在新世纪引发了一系列严重的社会问题。法国是欧洲穆斯林最多的国家，在6500万人口中穆斯林占了500万，他们大都是来自于北非的移民，一直未能融入主流社会，属于弱势群体。法国社会存在强烈的"伊斯兰恐惧症"，丑化甚至妖魔化穆斯林的现象较为常见，法国媒体也经常因为报道穆斯林议题而引发社会争议。

2010年10月，法国议会以246比1的绝对多数票通过立法，禁止在全国所有公共场所戴面罩（Loi interdisant la dissimulation du visage dans l'espace public），这项政策明显是针对只占全国人口0.003%的穆斯林妇女。A. C. 罗伯兹（A. C. Roberts）的研究揭示，法国主流媒体如《世界报》《费加罗报》、《法兰西西部报》、《西南报》（Sud-Ouest）、《自由南方报》（Midi Libre）、《东部共和国人报》和法国新闻社等都曾发表大量支持该禁令出台的文章，反映了法国社会在失业、经济压力和社会紧张之下面临的认同危机。①

2015年1月7日，讽刺杂志《查理周刊》（Charlie Hebdo，又译《沙尔利周刊》）编辑部遭到恐怖分子轰炸，造成12人死亡、多人受伤，进一步激化了媒体与少数族裔的矛盾。《查理周刊》创办于1970年，主要刊登漫画、新闻报道、政治争论和笑话，具有鲜明的世俗化、极左翼、反种族主义立场。杂志在诞生之时就曾因报道戴高乐去世的讽刺标题而被勒令停刊，2007年因刊登一系列讽刺伊斯兰原教旨主义的漫画而被巴黎大清真寺起诉，2008年又因讽刺萨科齐总统的儿子皈依犹太教而被告上法庭。在这两次诉讼中，法庭都判《查理周刊》罪名不成立。但2011年，《查理周刊》编辑部因刊登讽刺穆罕默德的漫画而被人纵火，杂志网站也被黑客入侵。

---

① Roberts, "Veiled Politics."

图 10-9 遇袭后的《查理周刊》编辑部

2015年袭击发生后，社会各界作出了不同的反应。美国洛杉矶的"丹尼尔·珀尔新闻勇气正直奖"将2015年的该奖项颁给《查理周刊》，借以表彰在巴黎恐袭中为言论自由而牺牲的死者。新一期《查理周刊》以"一切已获宽恕"为标题，封面漫画中的穆罕默德流下眼泪，手持"我是查理"的纸牌以宣扬宽容。这期"幸存者版本"首次印刷70万份，后来又增印了120万份，甚至导致当年法国印刷媒体的发行量普遍上升。"我是查理"也成为支持言论自由者的共同口号。而穆斯林地区的反应却正好相反。新加坡的穆斯林印刷商拒绝印刷《经济学人》中出现《查理周刊》的页面，巴基斯坦的《纽约时报》相关页面也被出版商开天窗，土耳其只有一份报纸刊登了《查理周刊》的漫画，结果被民众付之一炬。《查理周刊》发行人劳伦斯·苏里索最后宣布不再刊登以伊斯兰教先知为题材的漫画，负责封面图画的漫画家雷纳尔·卢兹离开杂志。

华人作为法国社会的少数族裔，在媒体中同样处于弱势地位。法国目前只有一份华文报纸专门代表华人发声，即1983年由华文协会在巴黎创刊的华文报纸《欧洲时报》(Nouvelles d'Europe)。该报的创办人主要是来自越南、柬埔寨的华裔难民，创刊号称："作为中华民族的一员，我们都爱民族、爱家乡，我们希望通过这份报纸而令中华民族的文化传统与优良美德能更发扬光大。"《欧洲时报》创刊时每天发行对开 8 版，如今每天发行对开 20 版，周末发行 24～28 版。在《欧洲时报》之外，巴黎原本还有一份《欧洲日报》(Le Europe)，是 1982 年 10 月 4 日由台湾国民党中央常委、著名报人王惕吾创刊的华文报纸，属于台湾《联合报》的子报。该报是王惕吾继 1976 年 2 月在美国创办《世界日报》之后，在海外创办的第二家中文日报。报纸每周出版 5 天，以中文繁体字报道当地华人社会及法国、欧洲的新闻，还侧重报道台湾及中国大陆、港澳地区的消息，读者为法国及周边国家的华人。可惜 2009 年 8 月 31 日，该报因为新媒体的竞争压力而宣布永久停刊。

相对华文媒体而言，法国主流媒体往往忽视华裔群体，即使报道也以负面新闻居多，有时甚至引发争议。2012 年 8 月 23 日《观点》周刊刊登了 J. 皮耶拉（Jérôme Pierrat）撰写的长篇报道《在法华人耐人寻味的成功之道》(L'intrigante réussite des Chinois en France)，将华人成功之道歪曲为超时工作、雇用黑工、偷税漏税，还刻意强调华人非法偷渡、组织黑帮。法国华人青年协会与反种族歧视协会（SOS Racisme）对这篇报道提出了抗议。但《观点》主编的答复却是，该文作者是经过翔实的调查才写下报道，标题是为了取悦读者，并非种族主义。2014 年经过漫长的诉讼程序，法院最终裁定《观点》周刊诽谤罪成立，必须向反种族歧视协会支付 1500 欧元作为赔偿，这在法国还是首例。[①]

三、后殖民时代的法语推广运动

法国政府十分注重在国内传媒中抵制英语霸权。1975 年政府曾经尝试立

[①] 《法〈观点〉杂志辱华 / 被判罚 1500 欧元》,《南岛晚报》2014 年 1 月 26 日。

法抵抗英语新词，鼓励使用官方法语新词，但并未成功。1994年文化部长雅克·杜彭（Jacques Toubon）推动议会通过了《法语使用法案》（loi relative à l'emploi de la langue française），其中虽未提及英语，但明显是针对英语霸权的。1995年底，非政府组织"正确理解协会"（Association Droit de comprendre, DDC）根据该法案起诉英国化妆品公司美体小铺（the Body Shop），理由是该公司的化妆品没有法语产品说明，可能导致用户面临潜在危险。法院最后裁定"正确理解协会"胜诉。[①]

互联网社区成为推广法语的新边疆。罗伯特·布莱克伍德（Robert Blackword）的研究发现，法兰西科学院、法国文化传播部等官方机构也致力于在互联网中推广与维护标准法语。但他们的官方网站缺少互动与参与体验，因此影响有限。致力于语言推广的非政府组织如DLF与维基百科法语版也积极利用网络传播法语价值观，但他们的影响仅限于精英圈。而以Facebook和Twitter为代表的社交媒体并不限制网民使用英语和法语俚语，这导致法语在社交媒体上的使用更加多元化，远离了标准法语的规范。[②]

法国政府历来重视向国际社会推广法语和法国文化。2013年法国文化部发布了《新时代的文化部：文化与媒体2020年》的工作报告，提出在新媒体传播时代推广法语与法国文化的新战略，包括推广法语教学、翻译法文典籍、建设数字化图书馆与博物馆、加强法国媒体的对外传播等。

在推广法语教学方面，发展中国家尤其成为重点。除阿尔及利亚之外，几乎所有的法语国家都加入了"法语推广运动"（francophone movement），一些非法语国家如保加利亚、埃及、黎巴嫩和罗马尼亚等也参与其中。从60年代开始，法语推广运动在各法语国家轮流举行峰会，如1997年在越南河内举行了第七次峰会。历史悠久的非营利性组织法语联盟（L'Aliance Fançaise）建立于1883年，已经在133个国家建立了1000多个中心，其中在中国就有

---

① Rodney Ball, *The French-Speaking World: A Practical Introduction to Sociolinguistic Issues* (Routledge, 1997), 214.

② Robert Blackwood, "French, Language Policy and New Media," *Sociolinguistica*, no. 27 (2013).

15个中心。法语联盟每年招收50万学员学习法语，吸引超过600万人参与法国文化活动。[①] 由于法国政府与民间组织的积极推广，目前法语是世界上最广泛使用的语言之一，全球约有2.2亿人口会讲法语，使用法语的人口仅次于汉语、英语、印地语、西班牙与和阿拉伯语，全世界排名第六。

法国政府也认识到利用法国媒体加强对外传播的重要性。法国国际电视公司（Canal France International，CFI）是法国国家控股的广播金融公司，自1988年创办以来，一直以传播法国电视、宣传法国形象为宗旨。1989年5月开始通过卫星向非洲法语地区每天播送4小时的节目，包括新闻、科技、娱乐和体育等内容。法国政府专门拨款为非洲一些电视台安装了现代化的接收设备，通过这些电视台将节目播送给非洲观众。如今法国国际电视台也采用法、英、西、阿拉伯四种语言向欧洲、拉美等地区播送电视节目。为了响应外交部长提出的"数字外交"口号，法国国际电视台还通过组织各种论坛和研讨会、提供技术援助和咨询建议，将现金的信息通信技术和经验传播到法语地区。[②]

一些国际组织如法语圈国际组织、世界银行、国际电信联盟等也经常成为法国政府对外传播的合作对象。例如，在法语圈国际组织中，法国政府成为最大的资助方，向第三世界法语国家提供了100万本教科书和5个图书馆，在非洲建立了60所电子、机械、计算机方面培训学校，积极致力于缩小各法语区之间数字技术鸿沟。在国际电信联盟中，法国政府为"连通一所学校、连通一个社区"项目投入了50万欧元，致力于法语国家的偏远地区建立读书中心、文化中心和学校。[③]

[①] 法语联盟中国官网简介，www.afchine.org/简介-152，访问时间：2016年3月15日；"法语和法语世界"，载法国外交部官网，www.ambafance_cn.org/-Francophonie-法语国家-2187-，访问时间：2016年3月15日。

[②] 邓文君、李凤亮：《数字时代法国对外文化传播策略》，《天津师范大学学报（社会科学版）》2015年第3期，第45页。

[③] 邓文君等：《数字时代法国对外文化传播策略》，第46页。

结论

如今，法国是欧洲的新闻传媒业大国，拥有规模巨大的国内传媒市场，也拥有覆盖全球法语地区的国际传播网络。2013年法国共有各种报刊4351种，其中日报100多种，发行量超过10万份的报纸除了地方性大众报纸外，还有《费加罗报》《世界报》等严肃报纸。法国是一个期刊杂志大国，主要新闻杂志有《快报》《观点》《新观察家》《巴黎竞赛》画报等，很多杂志拥有众多国际版，读者遍及全球。法国约有6000家出版社，规模较大的有331家，2013年全国共出版图书95484种。位于巴黎的法国新闻社是全球五大国际通讯社之一，经常发布重要的国际新闻。

法国是世界上最早开办广播的国家之一，从1922年就出现了第一座广播电台。截至2013年12月31日，法国有136个在最高视听委员会注册的付费频道，其中包括128个依托网络而非最高视听委员会分配频率进行传播的频道。2013年法国13岁以上居民日均收听广播的时间为176分钟，4岁以上居民平均每天收视时间为226分钟。国营的法国广播公司旗下设有面向全球的法国国际广播电台、24小时播音的法国新闻广播电台（France Info）等，提供综艺、音乐、文化、新闻等6套全国性广播节目，也与地方合资运营40多家地方台。民营电台包括深受欢迎的欧洲第一广播电台（Europe 1）等外围电台。国营的法国电视集团运营六个频道，其中既有广播电视网，也有卫星电视网，较受欢迎的有全国性综合频道法国电视二台、地区性电视网法国电视三台、法德公共电视台、法国电视五台等。①

梳理法国新闻业的历史与现状可以发现，法国新闻传播业的沿革具有不可替代的研究价值。首先，自古登堡印刷术发明的15世纪中期至大革命爆发的18世纪晚期，法国一直是欧洲大陆中央集权君主专制的代表性国家，君主与教会很早就建立了对印刷出版业的双重管制，书报检查的系统性与复杂性都堪称欧洲国家的典范，这也间接造就了后来历代法国政府对媒体监管较多的传统。即使推翻旧制度后，法国人还要历经将近一百年的斗争才能见证1881年《新闻自由法》的通过。在此期间，各种政治势力围绕出版许可、保证金、书报检查与印花税问题展开了反复的博弈与斗争，其激烈与复杂程度都远远超过英美国家的新闻自由斗争史。20世纪以来，法国政府长期垄断了新兴的广播电视业，二战以后更是形成了法国广播电视公司全面管理全国广播电视媒体的格局，直到80年代才向民营公司开放投资。因此，法国的广播电视业也发展出了与英美国家完全不同的所有制与运营管理模式，政府监管、扶植与干预广电业的情况直到今天都时有发生。

其次，法国近代历史的发展经常表现为冲突、断裂，这也成为法国新闻传播史的特点。大革命摧毁了旧制度，形形色色的共和派与保皇派之争导致共和国与帝国频繁更迭，19世纪末的对外战争和20世纪的两次世界大战更是导致了历史发展的中断。在历次动荡中，法国新闻业多次被迫中断、重新洗牌，这造成法国历史上影响重大的报刊数量众多，但却大都稍瞬即逝。而在报业黄金时代盛极一时的报刊大都未能躲过二战冲击，很多当代媒体的历史仅能追溯到二战以后。

另外，法国历史上素有巴黎与外省的区别，这使法国新闻业的全国布局

---

① 2013年的数据参考胡正荣等：《全球传媒发展报告（2015）》。

与很多国家不同。早自旧制度时代开始，巴黎就是法国乃至整个欧洲的政治中心和文化中心，外省则代表落后、贫穷与闭塞。这种对立一直延续到二战以后，直到20世纪60年代以来的战后重建与繁荣，巴黎的优越地位才有所转变。正因为此，法国的新闻出版业传统上一直以巴黎为中心，形成了巴黎繁荣、外省落后的格局。而到二战以后，地方新闻业的影响逐渐超过巴黎，地区性报纸的发行量超过巴黎报纸，又形成了外省繁荣、巴黎落后的格局，明显不同于传媒中心集中于商业都会、港口要冲的一般规律。不仅如此，由于法国政府直到20世纪80年代才开放民营广播，在此之前民众已经习惯于收听法国境外的"外围"电台，政府也在欧盟框架内推动与欧洲国家的广电业合作，这一切都导致了当代法国传媒业地区化、多元化的格局。

最后，法国传媒业历来遭受政治变革的冲击，能维持生存已属不易，接受政府、党派团体津贴的境况也不少见，媒体往往无法作为自负盈亏、有利可图的产业存在。这种情况造成法国传媒业的商业化程度较低，广告收入占媒体总收入的比重不如英美国家的媒体，传媒业的集中化程度也不高，媒介集团的规模较小。很多时候，传媒集团大股东的经营主业并非媒体，国家资本与外国资本参与其中的情况十分常见。因此，法国的媒介体制深受政治体制的影响，媒体很少扮演独立于行政、立法、司法之外的"第四等级"角色。

参考文献

中文文献

中文著作

陈力丹:《世界新闻传播史》(第三版),上海:上海交通大学出版社 2016 年版。

陈日农:《巴黎公社的革命报纸》,《新闻业务》1961 年第 4 期,第 42 页。

陈淑荣:《法国大众传媒实现的艰难历程》,《社会科学论坛》2005 年第 1 期,第 90–93 页。

程曼丽:《外国新闻传播史导论》,上海:复旦大学出版社 2004 年版。

邓文君、李凤亮:《数字时代法国对外文化传播策略》,《天津师范大学学报(社会科学版)》2015 年第 3 期,第 43–47 页。

《法〈观点〉杂志辱华 / 被判罚 1500 欧元》,《南岛晚报》2014 年 1 月 26 日。

《法国〈解放报〉计划裁员近百人》,《青年记者》2014 年第 19 期。

郭建良:《严肃报纸放下身架——谈法国〈世界报〉改版》,《新闻记者》2005 年第 12 期,第 67–68 页。

郭京花:《不培养记者的法国新闻学院》,《中国记者》1985 年第 11 期,第 41–42 页。

郭瑞璜:《法国三大日报被迫吸纳外部资金》,《今传媒》2005 年第 7 期,第 54–54 页。

韩伟华:《论大革命与拿破仑时代的法国新闻自由》,《国际新闻界》2012年第9期,第6-11页。

赫然:《"总统是饭桶"引爆法国新闻自由大辩论》,《世界报》2010年8月18日。

胡正荣、李继东、唐晓芬主编:《全球传媒发展报告(2015)》,北京:社会科学文献出版社2015年版。

雷霏:《法国对"法语世界"的传播策略解析——以tv5monde电视台为例》,《国际新闻界》2010年第10期,第93-98页。

李波、胡正荣:《垄断与"解放"的历史:法国广播电视制度的两次转型》,《现代传播:中国传媒大学学报》2011年第9期,第39-42页。

李峰:《论战后法国报业集中化的趋势》,《国际新闻界》1987年第2期,第21-27页。

李峰:《战后法国报业的"非政治化"》,《法国研究》1987年第1期,第87-94页。

李峰:《战后法国地方报业的兴起》,《国际新闻界》1987年第3期,第32-36页。

李翔:《浅谈法国传媒业特点》,《科技文汇》2012年第8期,第204、206页。

梁萱:《拿破仑新闻宣传思想与实践初探》,《新闻天地》2011年第2期,第27-28页。

林诗庭:《法国公共广播电视体系与传媒产业分析》,台北:淡江大学硕士论文2007年。

刘建明:《法国的大众传播研究》,《国际新闻界》1982年第3期,第6-11页。

刘鸣筝:《法国新闻法规调整机制的变化》,《新闻爱好者》2010年第5期。

罗治平:《法国广播电视的历史分期与体制变革》,《法国研究》2000年第1期,第135-139页。

沈固朝:《欧洲书报检查制度的兴衰》,南京:南京大学出版社1999年版。

沈志红:《畅游法国文化电台:法国广播文化的特色与内涵》,《法国研究》2004年第1期,第197-207页。

孙维佳:《法国报刊出版业的体制、结构及特点》,《国际新闻界》1999年第5期,第71-75页。

孙维佳:《法国广播体制改革》,《新闻记者》1987年第10期,第45页。

孙维佳:《浅谈法国新闻法规》,《国际新闻界》1985年第3期,第30-33页。

孙娴:《1789—1852年法国新闻出版法剖析》,《世界历史》1992年第1期,第56-63页。

汪梦:《法国传媒监管制度考察》,《北方经贸》2009年第3期,第54-56页。

王德禄、蒋世和主编:《人权宣言》,北京:求是出版社1989年版。

王泰玄:《法国的广播电视》,《国际新闻界》1986年第2期,第43-44页。

吴飞、姚颖:《法国当代传媒体制与表达自由理念探析》,《浙江大学学报:人文社会科学版》2004年第1期,第117-124页。

辛兰香:《韩国〈新闻法〉与法国〈出版自由法〉的对比研究》,《新闻传播》2009年第12期,第94页。

许崇山:《法国广播电视业体制的沿革》,《新闻广播电视研究》1984年第2期,第24页。

杨慧彦:《十八世纪末公共领域在法国社会博弈中的作用》,北京:中国人民大学硕士论文2013年。

展江:《1830年代法国的报纸文学与商业革命》,《看历史》2011年第4期,第180–181页。

张彩:《世界广播发展研究》,北京:中国传媒大学出版社2007年版。

张隆栋、付显明主编:《外国新闻事业史简编》,北京:中国人民大学出版社1988年版。

张书卿:《2004年法国杂志发行增长,电视类杂志领航》,《出版参考》2005年第12期,第34页。

张玉、黄延峰:《法国新闻传播管理体制管窥》,《军事记者》2006年第7期,第43–44页。

张子让:《重塑21世纪的报纸——法国付费网络报〈参媒〉的成功之路》,《新闻记者》2013年第9期,第24–29页。

郑超然等:《外国新闻传播史》,北京:中国人民大学出版社2000年版。

中国人民大学新闻系新闻事业史教研室编:《外国新闻事业史参考资料》,北京:中国人民大学出版社1989年版。

周孚林:《法国〈新闻自由法〉评析》,《河北法学》2004年第11期,第134–136页。

周小兰:《法国的新闻史研究》,《世界历史》2009年第3期,第61–70页。

朱静:《报价起伏大成法国报业受贿主因》,《中国报业》2013年第9期,第76–77页。

朱静:《法国报业受贿现象原因浅析》,《今传媒》2013年第8期,第29–30页。

中文译著

阿尔贝,皮埃尔、费尔南·泰鲁著,许崇山译:《世界新闻简史》,北京:中国新闻出版社1985年版。

贝克尔,卡尔著,何兆武译:《18世纪哲学家的天城》,北京:生活·读书·新知三联书店2001年版。

本雅明,瓦尔特著,刘北成译:《巴黎,19世纪的首都》,北京:商务印书馆2013年版。

波伊德,道格拉斯·A、许邦兴、约翰·Y·本齐斯:《法国广播公司(Sofirad)——法国的国际性商业宣传工具王国》,《国际新闻界》1984年第1期,第55–58页。

苍田保雄著,回瑞岩等译:《路透其人和路透社》,北京:新华出版社1980年版。

达恩顿,罗伯特著,郑国强译:《法国大革命前的畅销禁书》,上海:华东师范大学出版社2012年版。

达恩顿，罗伯特著，杨孝敏译:《华盛顿的假牙》，北京: 商务印书馆 2014 年版。

达恩顿，罗伯特著，刘军译:《旧制度时期的地下文学》，北京: 中国人民大学出版社, 2012 年版。

达恩顿，罗伯特著，萧知纬译:《拉莫莱特之吻》，上海: 华东师范大学出版社 2011 年版。

达恩顿，罗伯特著，顾杭、叶桐译:《启蒙运动的生意:〈百科全书〉出版史（1775—1800）》，北京: 生活·读书·新知三联书店 2005 年版。

戴维斯，娜塔莉·泽蒙著，钟孜译:《法国近代早期的社会与文化》，北京: 中国人民大学出版社 2011 年版。

罗什，丹尼尔著，杨亚夫、赵静利、尹伟译:《启蒙运动中的法国》，上海: 华东师范大学出版社 2011 年版。

德布雷，雷吉斯著, 陈卫星译:《法国近代史上的书报审查逻辑》,《国际新闻界》2014 年第 8 期, 第 75-88 页。

多伊尔，威廉著，张弛译:《法国大革命的起源》，台北: 国立编译馆 1995 年版。

盖荷尔，罗兰著，林仪译:《法国的新闻立法》,《国际新闻界》1980 年第 4 期, 第 31-36 页。

哈林，丹尼尔·C、保罗·曼奇尼著，陈娟、展江译:《比较媒介体制: 媒介与政治的三种模式》(第三版)，北京: 中国人民大学出版社 2012 年版。

列万多夫斯基，阿著，陈森、张锦霞译:《马拉传》，北京: 商务印书馆 2015 年版。

米盖尔，皮埃尔著，桂裕芳、郭华荣译:《法国史》，北京: 中国社会科学出版社 2010 年版。

莫尔内，达尼埃尔著，黄艳红译:《法国革命的思想起源（1715—1787）》，上海: 上海三联书店 2011 年版。

斯蒂芬斯，米切尔著，陈继静译:《新闻的历史》，北京: 北京大学出版社 2014 年版。

斯密特，诺埃尔著，由权译:《罗伯斯庇尔传》，北京: 人民文学出版社 2015 年版。

西文文献

英文著作

Ball, Rodney. *The French-Speaking World: A Practical Introduction to Sociolinguistic Issues.* London: Routledge, 1997.

Barber, Giles. "French Royal Decrees Concerning the Book Trade, 1700-1789." *Australian Journal of French Studies*, no. 3 (1966): 312.

Bignon, Vicent and Marc Flandreau. "The Price of Media Capture and the Debasement of the French Newspaper Industry During the Interwar." *The Journal of Economic History* 74, no. 3 (2014): 799-830.

Birn, Raymond. *The Royal Censorship of Books in Eighteenth-Century France*. Stanford: Stanford University Press, 2012.

Blackwood, Robert. "French, Language Policy and New Media." *Sociolinguistica*, no. 27 (2013): 37-53.

Boureau, Alain and Roger Chartier. *The Culture of Print: Power and the Uses of Print in Early Modern Europe*. Cambridge: Polity, 1989.

Briggs, Asa and Peter Burke. *A Social History of the Media: From Gutenberg to the Internet*. 2 ed. Cambridge: Polity, 2009.

Censer, Jack Richard. *Prelude to Power: The Parisian Radical Press, 1789-1791*. Baltimore: Johns Hopkins University Press, 1976.

Censer, Jack Richard. *The French Revolution and Intellectual History*. Chicago: Dorsey Press, 1989.

Censer, Jack Richard. *The French Press in the Age of Enlightenment*. London: Routledge, 1994.

Censer, Jack Richard and Jeremy D. Popkin. *Press and Politics in Pre-Revolutionary France*. Berkeley: University of California Press, 1987.

Chalaby, Jean K. "Journalism as an Anglo-American Invention: A Comparison of the Development of French and Anglo-American Journalism, 1830s-1920s." *European Journal of Communication* 11, no. 3 (1996): 302-326.

Chartier, Roger. *The Cultural Uses of Print in Early Modern France*. Princeton: Princeton University Press, 1987.

Chisick, Harvey and Thomas-Maurice Royou. *The Production, Distribution and Readership of a Conservative Journal of the Early French Revolution: The Ami du Roi of the Abbé Royou*. American Philosophical Society, 1992.

Chisick, Harvey, Ilana Zinguer, and Ouzi Elyada. *The Press in the French Revolution*. Oxford: Voltaire Foundation, 1991.

Collins, Irene. *The Government and Newspaper Press in France, 1881-1914*. New York: Macmillan, 1959.

Collins, Richard. *Broadcasting and Audio-Visual Policy in the European Single Market.*

London: John Libbey, 1994.

Collins, Ross F. *The Development of Censorship in World War I France*. Association for Education in Journalism and Mass Communication, 1992.

Croucher, Stephen M., Deepa Oommen, and Emily L. Steele. "An Examination of Media Usage among French-Muslims." *Journal of Intercultural Communication Research* 38, no. 1 (March 2009): 41-57.

Darnton, Robert. "Reading, Writing, and Publishing in Eighteen-Century France: A Case Study in the Sociology of Literature." *Daedalus* Winter (1971): 214-256.

Darnton, Robert. "The High Enlightenment and the Low-Life of Literature in Pre-Revolutionary France." In *The French Revolution and Intellectual History*, edited by Jack R. Censer, 47-74. Chicago: The Dorsey Press, 1989.

Darnton, Robert. *The Corpus of Clandestine Literature in France, 1769-1789*. New York: W.W. Norton, 1995.

Darnton, Robert. "An Early Information Society: News and the Media in Eighteenth-Century Paris." *American Historical Review* 105, no. 1 (2000): 1-35.

Darnton, Robert. *The Devil in the Holy Water, or the Art of Slander from Louis XIV to Napoleon*. Philadelphia: University of Pennsylvania Press, 2010.

Darnton, Robert. *Poetry and the Police: Communication Networks in Eighteenth-Century Paris*. Cambridge: Belknap Press of Harvard University Press, 2010.

Darnton, Robert, Bernhard Fabian, R. M. Wiles, and Paul J. Korshin. *The Widening Circle: Essays on the Circulation of Literature in Eighteenth-Century Europe*. Philadelphia: University of Pennsylvania Press, 1976.

Davidson, Roei. "An 'Insider's Game': Framing Media Mergers in France and the United States." *International Communication Gazette* 68, no. 4 (2006): 331-346.

Davis, Natalie Zemon. "A Trade Union in Sisteenth-Century France." *Economic History Review* 19 (1966): 48-69.

Dessinges, P. -M. *The Law and the Press in France*. Zurich: IPI Report, 1962.

Dessinges, P. -M. *The Press of Paris and the Press of Provinces*. Zurich: IPI Report, 1962.

Gelbart, Nina Rattner. "'Frondeur' Journalism in the 1770s: Theater Criticism and Radical Politics in the Prerevolutionary French Press." *Eighteenth-Century Studies* 17, no. 4 (1984): 493-514.

Gelbart, Nina Rattner. *Feminine and Opposition Journalism in Old Regime France: le Journal des Dames*. Berkeley: University of California Press, 1987.

Gough, Hugh. *Newspaper Press in the French Revolution*. Chicago: Dorsey Press, 1988.

Hare, G. "The Law of the Jingle, or a Decade of Change in French Radio." In *Popular Culture and Mass Communication in Twentieth Century France*, edited by R. Chapman and N. Hewitt. Lampeter: The Edwin Mellen Press, 1992.

Hargreaves, A. "Gatekeepers and Gateways: Post-Colonial Minorities and French Television." In *Post-Colonial Cultures in France*, edited by A. Hargreaves and M. McKinney. London: Routledge, 1997.

Herr, Maurice. *Readers "Melting Away" from Political Press of France*. Zurich: IPI Report, 1962.

Hultquist, Clark Eric. "Americans in Paris: The J. Walter Thompson Company in France, 1927-1968." *Enterprise and Society* 4, no. 3 (September 2003): 471-501.

Kale, Steven D. *French Salons: High Society and Political Sociability from the Old Regime to the Revolution of 1848*. Baltimore: Johns Hopkins University Press, 2004.

Kennedy, Michael L. *The Jacobin Clubs in the French Revolution: The Middle Years*. Princeton: Princeton University Press, 1988.

Kuhn, Raymond. *The Media in France*. London: Routledge, 1995.

Kuhn, Raymond. "Squaring the Circle? The Reconciliation of Economic Liberalization and Cultural Values in French Television." In *De-Westernizing Media Studies*, edited by Myung-Jin Park and James Curran, 323-334. London: Routledge, 2000.

"Le Monde's Uncertain Future: Cap in Hand." *Economist*. Jun 10th, 2010.

Lusebrink, Hans-Jürgen and Jeremy D. Popkin. *Enlightenment, Revolution, and the Periodical Press*. Oxford: Voltaire Foundation, 2004.

Martin, Leslie J. "The Rise and Development of Agence France-Presse." *Journalism Quarterly* 27, no. 2 (1950): 197-206.

Miller, Minnie M. "The French Periodical Press During the Reign of Louis XIV." *The French Review* 5, no. 4 (Feb. 1932): 301-308.

Murray, William J. *The Right-Wing Press in the French Revolution:1789-1792*. London: Boydell Press for the Royal Historical Society, 1989.

Myers, Robin and Michael Harris, eds. *Censorship and the Control of Print in England and France, 1600-1900*. Winchester: St. Paul's Bibliographies, 1992.

Olson, Kenneth E. "The New Struggle for Freedom of the Press in Europe." *Journalism and Mass Communication Quarterly* 23, no. 1 (1946): 30.

Olson, Kenneth E. "Newsprint, Advertising Problems Plague French Postwar Press." *Journalism Quarterly* 27, no. 1 (1950): 52.

Pekacz, Jolanta T. *Conservative Tradition in Pre-Revolutionary France: Parisian Salon Women*. New York: Peter Lang, 1999.

Perry, Sheila. "Television." In *Aspects of Contemporary France*, edited by Sheila Perry. London: Routledge, 2002.

Popkin, Jeremy D. *The Right-Wing Press in France, 1792-1800*. Chapel Hill: University of North Carolina Press, 1980.

Popkin, Jeremy D. *News and Politics in the Age of Revolution: Jean Luzac's Gazette de Leyde*. Ithaca: Cornell University Press, 1989.

Popkin, Jeremy D. "The Press and the French Revolution after Two Hundred Years." *French Historical Studies* 16, no. 3 (1990): 664-683.

Popkin, Jeremy D. *Revolutionary News: The Press in France, 1789-1799*. Durham: Duke University Press, 1990.

Popkin, Jeremy D. "The Provincial Newspaper Press and Revolutionary Politics." *French Historical Studies* 18, no. 2 (1993): 434-56.

Popkin, Jeremy D. *Media and Revolution: Comparative Perspectives*. Lexington: University Press of Kentucky, 1995.

Popkin, Jeremy D. *Press, Revolution, and Social Identities in France, 1830-1835*. University Park: Pennsylvania State University Press, 2002.

Popkin, Jeremy D. "The Prerevolutionary Origins of Political Journalism." In *The Political Culture of the Old Regime*, edited by Claude Mazauric and Keith M. Baker, vol 1, The French Revolution and the Creation of Modern Political Culture, 213-317. Oxford: Armand Colin, 1987.

Popkin, Jeremy D. and Bernadette Fort, eds. *The Memoires Secrets and the Culture of Publicity in Eighteenth-Century France*. Oxford: Voltaire Foundation, 1998.

Pottinger, David T. *The French Book Trade in the Ancien Régime, 1500-1791*. Cambridge: Harvard University Press, 1958.

Rigogne, Thierry. *Between State and Market: Printing and Bookselling in Eighteenth-Century France*. Vol. 5. Oxford: Voltaire Foundation, 2007.

Roberts, Anne Corbett. "Veiled Politics: Legitimating the Burqa Ban in the French Press." *Atlanta Review of Journalism History 12*, no. 1 (2015): 1-36.

Rollin, Leon. "Lag in Economic Recovery Reflected in French Press." *Journalism Quarterly* 25 no. 1 (1948): 59.

Salmon, Robert. *Successes and Anxieties Mark Growth of French Press*. Zurich: IPI Report, 1962.

Selfridge-Field, Eleanor. "Italian Opera, English Letters, and French Journalism: The Mercure de France's Debts to Joseph Addison." *Revue de Musicologie* 83, no. 2 (1997): 185-203.

Shackleton, Robert. *Censure and Censorship: Impediments to Free Publication In the Age of Enlightenment*. Vol. 8. Austin: Humanities Research Center, University of Texas, 1975.

Skuncke, Marie-Christine and Robert Darnton. *Media and Political Culture in the Eighteenth Century*. Stockholm: Kungl. Vitterhets Historie och Antikvitets Akademien, 2005.

Thogmartin, Clyde. *The National Daily Press of France*. Summa Publications, 1998.

Thomas, Ruth. *Broadcasting and Democracy in France*. Philadelphia: Temple University Press, 1976.

Todd, Christopher. *Political Bias, Censorship, and the Dissolution of the "Official" Press in Eighteenth-Century France*. Lewiston: Edwin Mellen Press, 1991.

Véray, Laurent. "1914-1918, the First Media War of the Twentieth Century: The Example of French Newsreels." *Film History* 22, no. 4 (2010): 408-425.

Weigle, Clifford. "The Press in Paris from 1920 to 1940." *Journalism Quarterly* 18 no.4 (1941): 376.

Weigle, Clifford. "The Rise and Fall of the Havas News Agency." *Journalism Quarterly* 19 no.3 (1942): 227.

法文著作

Albert, Pierre. *La Presse Française*. Paris: la Documentation française, 2008.

Albert, Pierre and Fernand Terrou. *Histoire de la Presse*. 3 ed. Paris: Presses universitaires de France, 1979.

Avenel, Henri. *Histoire de la Presse Française depuis 1789 jusqu'à Nos Jours*. Paris: E. Flammarion, 1900.

Barrillon, Raymond. *Le Cas Paris-Soir*. Paris: Armand Colin, 1959.

Bellanger, Claude. *Presse Clandestine, 1940-1944*. Paris: Armand Colin, 1961.

Bellanger, Claude. *Histoire Générale de la Presse Française*. Paris: Presses Universitaires de France, 1969.

Bellet, Roger. *Presse et Journalisme sous le Second Empire*. Paris: Armand Colin, 1967.

Bertaud, Jean-Paul. *Les Amis de Roi: Journaux et Journalistes Royalistes en France de 1789 à 1792*. Paris: Perrin, 1984.

Bollème, Geneviève. *Les Almanachs Populaires aux XVIIe et XVIIIe Siècles*. Paris: Mouton, 1969.

Bollème, Geneviève. *La Bibliothèque Bleue: Littérature Populaire en France du XVIIe au XIXe Siècle*. Paris: Julliard, 1971.

Celliez, Henry and Charles Étienne le Senne. *Loi de 1881 sur la Presse*. Paris: A. Chevalier-Marescq, 1882.

Chamard, Marie-Eve and Philippe Kieffer. *La Télé: Dix Ans d'Histoires Secrètes*. Paris: Flammarion, 1992.

Cottier, Georges. *De la Résistance à Révolution: Anthologie de la Presse Clandestine Française*. Neuchâtel: Éditions de la Baconnière, 1945.

Darnton, Robert. *Bohème Littéraire et Révolution: le Monde des Livres au XVIIIe Siècle*. Paris: Gallimard: Seuil, 1983.

Delporte, Christian. *Histoire du Journalisme et des Journalistes en France: du XVIIe Siècle à Nos Jours*. Paris: Presses universitaires de France, 1995.

Des Granges, Charles Marc. *La Presse Littéraire sous la Restauration, 1815-1830: le Romantisme et la Critique*. Genève: Slatkine Reprints, 1973.

Duval, René. *Histoire de la Radio en France*. Bibliothèque des Media. Paris: A. Moreau, 1979.

Elyada, Ouzi. *Presse Populaire and Feuilles Volantes de la Révolution à Paris, 1789-1792: Inventaire Méthodique et Critique*. Paris: Société des Études robespierristes, 1991.

Estier, Claude. *La Gauche Hebdomadaire 1914-1962*. Paris: Armand Colin, 1962.

Faucher, Jean André and Noël Jacquemart. *Le Quatrième Pouvoir: la Presse Française de 1830 à 1960*. Paris: l'Écho de la presse et de la publicité, 1969.

Feyel, Gilles. *La "Gazette" en Province à Travers Ses Réimpressions, 1631-1752*. Amsterdam: Holland University Press, 1982.

Feyel, Gilles. "La Presse Provinciale au XVIIIe Siecle: Geographie d'un Reseau." *Revue historique* 552 (1984): 353-374.

Feyel, Gilles. *L'annonce et la Nouvelle: La Presse d'Information en France sous l'Aancien Régime, 1630-1788*. Oxford: Voltaire Foundation, 2000.

Feyel, Gilles. *La Distribution et la Diffusion de la Presse: du XVIIIe Siècle au IIIe Millénaire*. Paris: Panthéon-Assas, 2002.

Feyel, Gilles. *Dictionnaire de la Presse Françaisependant la Révolution,1789-1799*. Tome II. Ferney-Voltaire: Centre International d'Étude du XVIIIe Siècle, 2012.

Franceschini, L. *La Régulation Audiovisuelle en France*. Paris: Presses Universitaires de France, 1995.

Frederix, Pierre. *Un Siècle de Chasse aux Nouvelles: de L'Agence France-Presse, 1835-1957*. Paris: Flammarion, 1959.

Funck-Brentano, Frantz and Paul d'Estrée. *Les Nouvellistes*. Paris: Hachette, 1905.

Gagnière, A. *Histoire de la Presse sous la Commune: du 18 Mars au 24 Mai 1871*. Paris: E. Lachaud, 1872.

Grand-Mesnil, Marie Noële. *Mazarin, la Fronde et la Presse: 1647-1649*. Paris: Armand Colin, 1967.

Hatin, Eugène. *Histoire du Journal en France: 1631-1853*. 2 ed. Paris: P. Jannet, 1853.

Hatin, Eugène. *Le Journal*. 2 ed. Paris: G. Baillière, 1853.

Hatin, Eugène. *Les Gazettes de Hollande et la Presse Clandestine aux XVIIe et XVIIIe Siècles*. Paris: R. Pincebourde, 1865.

Hatin, Eugène. *La Presse Périodique dans Les Deux Mondes*. Paris: Firmin Didot, 1866.

Jeanneney, Jean NoNoël, Agnès Chauveau, and Sophie Bachmann. *L'Écho du Siècle: Dictionnaire Historique de la Radio et de la Télévision en France*. Paris: Issy-les-Moulineaux, 1999.

Kayser, Jacques. *La Presse de Province sous la Troisième République*. Paris: Armand Colin, 1958.

Kintz, Jean-Pierre. *Journaux Politiques et Journalistes Strasbourgeois sous le Second Empire, 1852-1870*. Strasbourg: Istra, 1974.

Labrosse, Claude and Pierre Rétat. *Naissance du Journal Révolutionnaire, 1789*. Lyon: Presses universitaires de Lyon, 1989.

Labrosse, Claude, Pierre Rétat, and Henri Duranton. *L'instrument Périodique: la Fonction de la*

Presse au XVIIIe Siècle. Lyon: Presses universitaires de Lyon, 1985.

Lerner, Henri. *La Dépêche, Journal de la Démocratie: Contribution à L'histoire du Radicalisme en France sous la Troisième République*. 2 vols. Toulouse: Université de Toulouse-Le Mirail, 1978.

Letheve, Jacques. *La Caricature et la Presse sous la IIIe Republique: par Jacques Letheve*. Paris: Armand Colin, 1961.

Lilti, Antoine. *Le Monde des Salons: Sociabilité et Mondanité à Paris au XVIIIe Siécle*. Paris: A. Fayard, 2005.

Livois, René de. *Histoire de la Presse Française*. 2 vols. Paris: Les Temps de la presse, 1965.

Lugan, Anne-Marie. *La Presse Féminine: Fonction Idéologique*. Paris: F. Maspero, 1978.

Mandrou, Robert. *De la Culture Populaire aux 17e et 18e Siècles: la Bibliothèque Bleue de Troyes*. Paris: Stock, 1964.

Manevy, Raymond. *Histoire de la Presse, 1914 à 1939*. Paris: Éditions Corréa and cie, 1945.

Manevy, Raymond. *La Presse Française de Renaudot à Rochefort*. Paris: J. Foret, 1958.

Manevy, Raymond. *La Révolution et la Liberté de la Presse*. Paris: Éditions Estienne, 1964.

Marechal, Denis. *Geneviève Tabouis: Les Dernières Nouvelles de Demain, 1892-1985*. Paris: Nouveau monde, 2003.

Martin, Henri-Jean. *Livre, Pouvoires et Sociétéà Paris au XVIIe Siecle: 1598-1701*. Vol. 1. Geneva: Librairie Droz, 1969.

Martin, Laurent. *Le Canard Enchaîné: Histoire d'un Journal Satirique 1915-2005*. Nouveau Monde Editions, 2005.

Martin, Marc. *Les Origines de la Presse Militaire en France: 1770-1799*. Vincennes: Ministère de la défense, 1975.

Martin, Marc. *Histoire et Médias: Journalisme et Journalistes Français*. Paris: Albin Michel, 1991.

Martin, Marc. *Médias et Journalistes de la République*. Paris: O. Jacob, 1997.

Martin, Marc. *La Presse Régionale: des Affiches aux Grands Quotidiens*. Paris: A. Fayard, 2002.

Martin, Marc. *Les Grands Reporters: les Débuts du Journalisme Moderne*. Paris: Audibert, 2005.

Mathien, M. *La Presse Quotidienne Régionale*. Paris: Presses Universitaires de France, 1983.

Mazedier, René. *Histoire de la Presse Parisienne de Théophraste Renaudot àla IVe*

République, 1631-1945. Paris: Éditions du Pavois, 1945.

Michel, H. *Les Granes Dates de la Télévision Française*. Paris: Presses Universitaires de France, 1995.

Michon, Louis Marie. *Histoire de L'Imprimerie aux XVe et XVIe Siècles*. Paris: Éditions Elzévir, 1942.

Minois, Georges. *Censure et Culture sous L'ancien Régime*. Paris: A. Fayard, 1995.

Mottin, Jean. *Histoire Politique de la Presse, 1944-1949*. Paris: Éditions Bilans Hebdomadaires, 1949.

Mottin, Jean. *Les Maîtres de la Presse*. Paris: Mouvement de liberation du peuple, 1956.

Moureau, François, ed. *De Bonne Main: la Communication Manuscrite au XVIIIe Siècle*. Paris: Universitas 1993.

Mousseau, Jacques and Christian Brochand. *Histoire de la Télévision Française*. Paris: F. Nathan, 1982.

Netz, Robert. *Histoire de la Censure dans L'Édition*. Paris: Presses universitaires de France, 1997.

Palmer, Michael. *Des Petits Journaux aux Grandes Agences: Naissance du Journalisme Moderne, 1863-1914*. Paris: Aubier, 1983.

Problemes et Techniques de Presse. Edited by Foundation Nationale des Sciences Politiques. Paris, 1950.

Rétat, Pierre. *Les Journaux de 1789: Bibliographie Critique*. Paris: Presses du Centre National de la Recherche Scientifique, 1988.

Rétat, Pierre. *La Révolution du Journal: 1788-1794*. Paris: Presses du Centre National de la Recherche Scientifique, 1989.

Rétat, Pierre. *Textologie du Journal*. Paris: Minard, 1990.

Rétat, Pierre. *Le Dernier Règne: Chronique de la France de Louis XVI, 1774-1789*. Paris: A. Fayard, 1995.

Rétat, Pierre and Jeanne-Marie Métivier. *Les Gazettes Européennes de Langue Française: Répertoire*. Paris: Bibliothèque nationale de France, 2002.

Rétat, Pierre and Jean Sgard. *Presse et Histoire au XVIIIè Siècle: L'année 1734*. Paris: Presses du Centre National de la Recherche Scientifique, 1978.

Schwoebel, Jean. *La Presse, le Pouvoir et L'Argent*. Paris: Éditions du Seuil, 1968.

Sgard, Jean. *Bibliographie de la Presse Classique, 1600-1789*. Genève: Slatkine, 1984.

Sgard, Jean. *L'ecrivain devant la Révolution: 1780-1800*. Grenoble: Université Stendhal de Grenoble, 1990.

Sgard, Jean. *Dictionnaire des Journaux, 1600-1789*. 2 vols. Paris: Universitas, 1991.

Sgard, Jean and Anne-Marie Chouillet. *La Presse Provinciale au XVIIIe Siècle*. Grenoble: Centre de recherches sur les sensibilités, Université des langues et lettres de Grenoble, 1983.

Sullerot, Evelyne. *Histoire de la Presse Féminine en France, des Origines à 1848*. Paris: Armand Colin, 1966.

Thérenty, Marie-Ève and Alain Vaillant. *Presse et Plumes: Journalisme et Littérature au Xixe Siècle*. Paris: Nouveau monde, 2004.

Thevenot, Jean. *L'âge de la Télévision et L'Avenir de la Radio*. Paris: Les Éditions ouvrières, 1946.

Thevenot, Jean. *Trente Ans d'Antenne: Ma Radio et Ma Télé des Années Cinquante*. Paris: Harmattan, 2009.

Ulmann-Mauriat, Caroline. *Naissance d'un Média: Histoire Politique de la Radio en France (1921-1931)*. Paris: Harmattan, 1999.

Vaillant, Alain and Marie-Ève Thérenty. *1836, l'An 1 de l'Ère Médiatique: Étude Littéraire et Historique du Journal "La Presse" d'Emile de Girardin*. Paris: Nouveau monde, 2001.

Voutey, Maurice. *La Presse Clandestine sous l'Occupation Hitlérienne: 1940-1944*. Dijon: CNDP, CRDP, 1986.

Walter, Gérard. *Hébert et le Père Duchesne*. Paris: J. B. Janin, 1946.

Weil, Françoise. *L'interdiction du Roman et la Libraire, 1728-1750*. Paris: aux Amateurs de Livres, 1986.

Weil, Françoise. *Livres Interdits, Livres Persécutés, 1720-1770*. Oxford: Voltaire Foundation, 1999.

Weill, Georges. *Le Journal: Origines, Évolution et Rôle de la Presse Périodique*. Paris: la Renaissance du livre, 1934.

附录一 历年宪法的称谓与发布时间

《1791年宪法》（1791年9月3-4日）

《共和一年宪法》（第一共和国，1793年6月24日）

《共和三年宪法》（督政府，1795年8月22日）

《共和八年宪法》（执政府，1799年12月13日）

《共和十年宪法》（执政府，1802年8月4日）

《共和十二年宪法》（帝国，1804年5月18日）

《1814年宪章》（波旁王朝第一次复辟，1814年6月4日）

《帝国宪法修正案》（百日复辟，1815年4月23日）

《1830年宪章》（七月王朝，1830年8月14日）

《1848年宪法》（第二共和国，1848年11月4日）

《1852年宪法》（第二帝国，1852年1月14日）

《1875制宪法案》（第三共和国，1875年2月24日、2月25日、7月12日）

《1945年11月12日制宪法案》（临时政府）

《1946年宪法》（第四共和国，1946年10月27日）

《1958年宪法》（第五共和国，1958年10月4日）

媒体与传媒机构索引

A

阿莫里报团；解放了的巴黎人报团（Amaury; Le Parisien Libéré）/ 208

《阿姆斯特丹公报》（Gazette d'Amsterdam）/ 47, 79

阿歇特分拣分发公司；阿歇特集团（Messageris Hachette; Société Hachette）/ 169, 199, 203, 206-207, 230, 237

阿歇特图书出版集团（Hachette Livre）/ 237

埃迪蒂出版集团；维旺迪环球出版集团（Editis; Vivendi Universal Publishing）/ 237

埃尔桑报业集团，索克报业集团（Hersant; Socpresse）/ 194-195, 205, 207, 225, 239

《埃诺与冈布雷齐报》（Journal du Hainaut et du Cambrésis）/ 72

《埃诺与冈布雷齐省的各类广告、公告和评论》（Affiches, announces et avis divers pour les provinces du Hainaut et du Cambrésis）/ 72

《爱国与文学年鉴》（Annales patriotiques et littéraires）/ 87

B

巴黎电台（Radio-Paris）/ 176, 186

《巴黎革命报》（Les Révolutions de Paris）/ 99

《巴黎公报》（Gazette de Paris）/ 94

《巴黎回声报》（L'Echo de Paris）/ 158-158, 166, 169-170, 178, 180, 186

《巴黎竞赛》（Paris-Match）/ 198-199, 241-243, 262

《巴黎杂志》（Revue de Paris）/ 129

《巴黎人民报》（Le Populaire de Paris）/ 181-182

《巴黎日报》（Journal de Paris）/ 80-81, 98

《巴黎生活》（La Vie Parisienne）/ 171

《巴黎晚报》（Paris Soir）/ 13, 171, 177-178, 182, 194, 205-206, 230

《巴黎新闻报》（Journal de la Ville de Paris）/ 80

《巴黎邮报》（Le Courrier de Paris）/ 99, 109

巴黎邮电电讯台（Paris PTT）/ 175, 177

《保守者》（Le Conservateur）/ 120

《保卫法国报》（Défense de la France）/ 188, 230

《北方回声报》（L'Echo du Nord）/ 183

《北方觉醒报》（Le Réveil du Nord）/ 183

《北方之声》（La Voix du Nord）/ 188, 198, 233, 237

《被缚者报》；《自由人报》（L'Homme enchaîné; L'Homme Libre）/ 151, 171

《本地十字架报》（Croix locales）/ 181

《比尔哈凯姆报》（Bir Hakeim）/ 188

《辩论报》（Les Débats）/

《辩论日报》，全称《政治和文学辩论日报》（Journal des débats, Journal des débats politiques et litteraires）/ 110, 112, 120, 125, 127, 130, 133, 137, 148-149, 158-159, 180, 186-187

《跛脚魔鬼报》（Le Diable Boiteux）/ 120

C

《查理周刊》，又译《沙尔利周刊》（Charlie

Hebdo）/ 243，254，257-258

《朝圣者报》（Le Pélerin）/ 148，154，160，209

《晨报》（Le Matin）/ 149，161-162，169，172，178，180，185，229

《出版法令》（Code de la librairie）/ 17，77

出版管理局（Direction de la librairie）/ 76-79

《出版自由散论》（Fragments sur la liberté de la presse）/ 85

《刺刀》（La Baïonnette）/ 171

《村民报》（La feuille villageoise）/ 99

D

《大军公报》（La Grande Armée）/ 112

《当代报》（Temps présents）/ 181

地区新闻出版社（La Presse régionale）/ 181

《地铁报》（Metro）/ 240

《帝国日报》（Journal de l'Empire）/ 112

第六电视台（M6）/ 222，226-227，253

电视五台世界台（TV5Monde; TV5）/ 250-251

《电讯报》（La Dépêche）/ 163，181，183

《喋喋不休报》（Babillard）/ 69

《东部共和国人报》（L'Est Républicain）/ 257

《杜巴丽伯爵夫人轶事》（Anecdotes sur Mme. la comtesse du Barry）/ 53

《杜歇老爹报》（Le Père Duchêne）/ 13，97，99-100

《杜歇老爹画报》（Le Père Duchêne illustré）/ 146-147

《队报》（L'Équipe）/ 208，229，254

E

儿童频道（Gulli）/ 252

《二十分钟报》20（Minutes）/ 240

F

法布拉通讯社（Agence Fabra）/ 164

法德公共电视台（ARTE）/ 222，225，250-251，262

法国电视二台；天线二台（France 2; Antenne2）/ 218，250，253，262

法国电视集团（France Télévisions）/ 218，247-249，252，262

法国电视三台；法国地区三台（France 3; France Région 3）/ 218，253，262

法国电视五台；第五电视台（France 5; La Cinq; La Cinqième）/ 225-226，249，252，262

法国电视一台（Télévision Française, TF1）/ 201，209，216-218，226-228，236，250，253

法国广播电视公司（Radiodiffusion-Télévision Française, RTF）/ 200，210，215，220，247

法国广播电视局（Office de la radio-télévision française, ORTF）/ 20，201，210-212，216，218

法国广播电台；法国广播公司（Radio-France）/ 216-217

法国广播发射公司（Télédiffusion de France, TDF）/ 216，235

法国国际电视台（Canal France International, CFI）/ 261

法国国际广播电台；法国国际广播公司（Radio France Internationale, RFI; France Inter）/ 261-262

法国海外广播电台；法国海外广播公司（Radio France Outre Mer, RFO; Société de radiodiffusion de la France d'outre-mer, SORAFOM）/ 201，249

《法国人报》（Français）/ 139

法国卫星电视公司（TV Par Satellite）/ 228

法国文化电台（France Culture）/ 23，217

《法国文人共和国旧闻秘录》（Mémoires secrets pour servir à l'histoire de la république des lettres en France）/ 42

法国新闻部（Office française d'Information）/ 165，168-169，172，185，195，200，215

法国新闻电台（France Info）/ 217

法国新闻社，法新社（Agence France-Presse, AFP）/ 13，192，195，199-200，211-212，

245-246
《法国信使》（Mercure français）/ 67
法国音乐电台（France Musique）/ 217
法国制片公司（Société Française de Production, SFP）/ 216
《法兰西爱国者报》（Le Patriote française）/ 99
《法兰西报》（波尔多）（La France (Bordeaux)）/ 181, 183
《法兰西帝国官方日报》（Journal officiel de l'Empire français）/ 145-146, 186-187
《法兰西公报》（Gazette de France）/ 8, 62-63, 69, 79, 83, 98, 112, 127, 161
《法兰西共和国报》（La République française）/ 149, 158
《法兰西共和国官方日报》（Journal officiel de la République française）/ 186-187
《法兰西–神枪手报》（Le France-Tieur）/ 188
《法兰西晚报》（France-Soir）/ 194, 205, 207-208, 229-231, 237
《法兰西西部报》；《西部闪电报》（Ouest-France; Quest-Éclair）/ 183, 232-233, 257
《法兰西信札报》（Les Lettres françaises）/ 188
《法兰西行动报》（L'Action Française）/ 158, 161, 171, 180, 181, 184, 186
《法兰西邮报》（Courrier français）/ 52, 61, 119
《法兰西与布拉班特革命报》（Les Révolutions de France et Brabant）/ 99
《法郎吉报》（La Phalange）/ 128
《法令与总汇通报》，简称《总汇通报》（Journal des décrets et le Moniteur universel）/ 83, 98, 109, 112, 137, 177, 187
《法伦斯泰尔报》（Le Phalanstère）/ 128
《凡尔登报》（Journal de Verdun）/ 78
《费加罗报》（Le Figaro）/ 120, 166, 213, 229, 237
《弗朗索瓦信使》（Mercure françois）/ 58
《复仇者报》（Le Vengeur）/ 145

G

伽马图片社（Gamma Photos）/ 213
《改革报》（La Réforme）/ 128, 133, 135
盖蒂图片公司（Getty Images）/ 246
《高卢人报》（Le Gaulois）/ 154, 170, 178
《格兰瓜尔报》（Gringoire）/ 180, 184
《各地普通新闻》（Les Nouvelles ordinainres de divers endroits）/ 60, 61-62
《各省论坛报》（Tribune des départements）/ 119
《公报》；《法兰西公报》；《法国公报》（La Gazette; La Gazette de France; La Gazette nationale de France）/ 3, 8, 11, 18, 51, 52, 60-64, 68-71, 74, 78-81, 83-84, 93-98, 112, 119, 124, 127, 130, 161
《公社报》（La Commune）/ 146-147
《共和国报》（La République）/ 181
《观察家》，《新观察家》（L'Observateur, Le Nouvel Observateur）/ 198-199, 243
《观点》（Le Point）/ 208, 242-243, 254-255, 259, 262
《光明报》（La Lumière）/ 181
广播投资公司（SORIRAD）/ 233
国会频道（La Chaîne parlementaire, LCP）/ 250, 253
国家视听研究所（Institut national de l'audiovisuel, INA）/ 216, 219, 247
《国民报》（Le National）/ 118-119, 123, 127-128, 133
《国民大事记》（Ephémérides du citoyen）/ 70
《国民观点报》（l'Opinion nationale）/ 137
《国王之友报》（L'Ami du Roi）/ 95

H

哈瓦斯通讯社（Agence Havas）/ 4, 130-131, 141-142, 163-164, 175, 178, 188, 190, 192, 199-200, 208
《海盗报》（Le Corsaire）/ 120
《海洋史志》（historiographes de la marine）/ 81

《号召报》（Le Rappel）/ 139，160

《和平民主日报》（La Démocratie pacifique）/ 128，135

《荷兰观察家》（Observateur hollandais）/ 78

《红帽报》（Le Bonnet rouge）/ 170

《滑稽新闻》（La Gazette boulesque）/ 73

《画报》（L'Illustration）/ 129，171

《环球报》（Le Globe）/ 118-119，128

皇家印刷公司（Imprimerie royale）/ 79，84

《黄矮人》（Le Naine Jaune）/ 118

《回声报》（Les Échos）/ 199，229，231-232，242

J

《基督徒见证者报》（Les Cahiers de Témoignage chrétien）/ 188

《吉尔布拉斯报》（Le Gil Blas）/ 149，159

《吉耶纳日报》（Journal de Guyenne）/ 72

《解放报》（Libération）/ 231

《解放了的巴黎人报》；《巴黎人报》（Le Parisien Libéré; Le Parisien）/ 195，205-206，208，229-230，254

《今晚报》（Ce Soir）/ 182，197

《进步报》（里昂）（Le Progrès (Lyon)）/ 181，183，186，204，233

《竞赛》（Match）/ 172，178，198

《镜报》（Le Miroir）/ 171

《剧院报》（Journal du théâtre）/ 68

《觉醒报》（Le Réveil）/ 139-140

军队摄像部（Section cinématographique de l'armé, SCA）/ 169

K

《刊物集成》（Journal Universel）/ 74

《口令报》（Le Mot d'ordre）/ 140-145

《快报》（L'Express）/ 198-199，206，237，242，262

《扩展》（L'Expansion）/ 199，242

L

拉迪奥拉台（Radiola）/ 175-189

《来自意大利、德国等地的新闻》（Courante uyt Italien, Duytslandt, &c.）/ 73

《莱登公报》（La Gazette de Leyde）/ 47，79

《劳动报》（L'Oeuvre）/ 170，179，181，183，185

《劳动车间》（L'Atelier）/ 128

《老科德利埃报》（Vieux Cordelier）/ 97，104

《老实人报》（Candide）/ 180，184

《黎明报》（L'Aube）/ 174，181，203

《历史政治信使》（Mercure historique et politique）/ 74

《立宪主义者报》（Le Constitutionnel）/ 119，125，127，130，137

《联合报》（L'Union）/ 127，161

《良好公众报》（Le Bien public）/ 133

《两个世界杂志》；《旅行杂志》（Revue des deux Mondes; Journal des voyages）/ 126，128-129

《猎鹰》（Le Voleur）/ 123

M

马蒂尼埃出版集团（Martinière）/ 237-238

马格南图片社（Magnum Photos）/ 212-213

《马赛曲报》（La Marseillaise）/ 139-140

《玛丽-克莱尔》（Marie-Claire）/ 172，178，244

《漫画报》（La Caricature）/ 121，129

《贸易和金融》（Commerce et finance）/ 70

《贸易新闻》（Gazette de commerce）/ 70

美好出版社（La Bonne Presse）/ 181

《美食之乐》（Théatre des menus-plaisirs）/ 81

《民权进步报》（Progrès civique）/ 181

《民主与社会革命报》（La Révolution démocratique et sociale）/ 140

《民族回声报》（L'Echo national）/ 180

《民族前途报》（L'Avenir national）/ 137

《明灯》（La Lanterne）/ 139

《缪斯女神》（Muse historique）/ 68

《牧羊人历书》（Almanach des bergers）/ 57

N

纳沙泰尔印刷公司（Société typogrqphiaue）/ 57

《农业日报》（Journal d'agriculture）/ 70

《女士报》（Journal des dames）/ 69

O

欧洲第一广播电台（Europe 1）/ 201，223-224，262

《欧洲君主内闱密钥》（Clef du Cabinet des princes de l'"Europe）/ 75

《欧洲时报》（Nouvelle d'Europe）/ 259

欧洲新闻台（EuroNews）/ 250

《欧洲邮报》（Courrier de l'Europe）/ 98

P

《庞大固埃报》，又译《巨人报》（Pantagruel）/ 188

《批评者》（Le Censeur）/ 117，120

《普罗旺斯报》；《普罗旺斯通报》（La Provence）/ 71，233

《普罗旺斯人报》（Le Provençal）/ 233，204

《普罗旺斯邮报》（Le Courrier de Provence）/ 99

Q

《七》（Sept）/ 181

《七纪年》（Chronologies Septennaire）/ 58

《汽车报》（L'Auto）/ 163，208

《前途报》（L'Avenir）/ 127

《强硬报》，又译《不妥协者报》（L'Intransigeant）/ 140，154，158-160，170，177-178，180

《青年共和国报》（La Jeune République）/ 181

《权威报》（L'Autorité）/ 153，166

全国记者协会（syndicate national des journalistes）/ 175，179

全国通信自由委员会（Commission nationale de la communication et des libertés, CNCL）/ 219-220，226

R

《人道报》（L'Humanité）/ 160，170，171，173，182，187，195，197，203，209-210，254

《人民报》（Le Peuple）/ 139，188，197，203

《人民代表报》（Le Représentant du Peuple）/ 133-134

《人民呼声报》（Le Cri du peuple）/ 146，185

《人民觉醒报》（Le Réveil du peuple）/ 145，147

《人民论坛报》（Tribun du Peuple）/ 99，105

《人民演说家报》（L'Orateur du Peuple）/ 110

《人民之友报》；《巴黎记者报》；《自由人报》（L'Ami du Peuple; Le Publiciste parisien; L'Homme libre）/ 97，99-103，106，110，132，178

《人民制宪报》（Peuple constituant）/ 133-134

《人权宣言》（Déclaration des Droits de l'homme et du citoyen）/ 4，55，91-93

《日报》（Le Quotidien）/ 177，181，186

《日子》（Le Jour）/ 180，186

《日子-巴黎回声报》（La Jour-Echo de Paris）/ 186

S

《山岳派报》（Journal de la Montagne）/ 97，106

《闪电报》（L'Éclair）/ 154，159，166，170

《社会革命报》（La Révolution Sociale）/ 146

《社会与宗教辩护报》（La Défense sociale et religieuse）/ 160

《圣灵骑士团》（L'Histoire de l'Ordre du Saint-Esprit）/ 81

《十九世纪报》（Le XIXe siècle）/ 149

《十字架报》（La Croix）/ 148，154，160-161，170，181，209

《时报》（Le Temps）/ 118，138，148，153，155，158-159，166，171，174，178-180，186，196，230-231

《时代报》（L'Epoque）/ 180

《时尚》（La Mode）/ 123

《使徒行传报》；《政治与国家报》（Les Actes des Apôtres; Journal politique et national）/ 94-95

《世纪报》（Le Siècle）/ 122，125，128，131，137-139，149，155

《世界报》（Le Monde）/ 196-197，204-206，210，220，228-229，230，237，241，255，257，262

《世界新闻报道》（Relations des nouvelles du monde）/ 61

《视听传播法》（Loi sur la communication

audiovisuelle）/ 220，249

T

《他》（Lui）/ 209

《她》（Elle）/ 208，244

《太阳报》（Le Soleil）/ 148，161

《特雷武新闻报》（Journal de Trèvoux）/ 75

《天主教法国报》（La France catholique）/ 181

《天主教生活》（La Vie catholique）/ 181

《铁甲公报人》（Le Gazetier Cuirassé）/ 69

《铁嘴报》（Bulletin de la Bouche de fer）/ 99，104-105

《通讯者报》（Le Correspondant）/ 137

《图书集成》（Bibliothèque universelle）/ 74

《图书批判》（Bibliothèque critique）/ 75

《图书文摘》（Bibliothèque choisie）/ 75

W

《外国新报》（Nouveau Journal étranger）/ 69

《弯弓报》（L'Arc）/ 188

《王室舰船》（Les Comptes des batiments royaux）/ 81

维蒂斯广播台（Radio Vitus）/ 177

维旺迪集团；维旺迪环球集团（Vivend；Vivendi Universal）/ 225，235-237

卫星频道（Canal Satellite）/ 228

《文人共和国新闻》（Nouvelles de la république des lettres）/ 74

《文人共和国遗闻》（Histoire de la République des lettres）/ 75

《文雅信使》；《新信使》；《信使报》；《法兰西信使》（全称《献给国王的法兰西信使》）（Le Mercure Galant；Le nouveau Mercure；Le Mercure；Le Mercure de France dedié au Roi）/ 52，62，65-67，78，80-81，93，137，177

《问候》（Regards）/ 182

《问讯处简报》（Feuille du Bureau D'adresse）/ 63

《我看见》（J'ai vu）/ 171

《我们的时光》（Notre Temps）/ 244

《我无处不在》（Je suis partout）/ 181，185

《乌德勒支公报》（Gazette d'Utrecht）/ 79

无线电通讯社（Agence Radio）/ 164

X

《西部闪电报》；《法兰西西部报》（Ouest-Éclair；Ouest-France）/ 183，232-233，257

西岱广播台（Radio Cité）/ 177

《西南报》（Sud-ouest）/ 198，233，254，257

《喜剧报》（Le Comoedia）/ 163

《戏剧通信》（Correspondance dramatique）/ 69

《小巴黎人报》（Le Petit Parisien）/ 139，149，156，161-162，169，177，179，185

《小多菲内人报》（Le Petit Dauphinois）/ 183

《小法兰西共和国报》（La Petite République Française）/ 160

《小公报》（Le Gazetin）/ 63，84

《小共和国报》（La Petite République）/ 158，160

《小吉伦特报》（La Petite Gironde）/ 183

《小马赛人报》（Petit Marseillais）/ 158，183

《小普罗旺斯人报》（Le Petit Provençal）/ 183

《小日报》（La Quotidienne）/ 110，117，127

《小日报》（Le Petit Journal）/ 124，138-139，149，154，156，159，161-162，169，179，186

《小日报图画副刊》（Le Petit Journal Supplément illustré）/ 139

《笑》（Le Rire）/ 171

《新观察家》；《法兰西观察家》；《观察家》（Le Nouvel Observateur；France Observateur；L'Observateur）/ 198-199，243

《新观众》（Nouveau spectateur）/ 69

新频道电视台；新频道集团（Canal+）/ 225，227-228，235-236，253

《新时代报》（L'Ere nouvelle）/ 133，181

《新闻报》（La Presse）/ 13，122-126，131，133，138-139

《新闻报》（Le Journal）/ 153，159，163，166，169-170

《新闻纪年》（Chronologies nouvennaires）/ 58

《新学者报》（Nouveau Journal des Savants）/ 74

《星期日裁判报》(Sunday Referee) / 183
《星期五报》(Vendredi) / 181
《行动报》(L'Action) / 158
《叙洛先生报》(Journal de M.Suleau) / 94
《喧嚣报》(Le Charivari) / 121，129
《选民报》(L'Electeur) / 139
《学者报》(Le Iovrnal des Sçavans, Journal des Savants) / 64-65，74，78，80
《学者著作轶事》(Histoire des ouvrages des savants) / 74

Y

《鸭鸣报》；又译《被缚之鸭报》(Le Canard enchaîné) / 13，171，182，243
《演出来信》(Lettres sur les spectacles) / 68
《要闻》(L'Evénement) / 133
《遗闻录》(Lettres historiques) / 74
《益知杂志》(Journal des connaissances utiles) / 123
《英国报》(Journal anglais) / 69
《英国观察家》(Observateur anglais) / 69
《英国密探》(L'Espion anglais) / 69
邮政电报电话部(Postes, télégraphes et téléphones) / 43，175，217
《宇宙报》(L'Univers) / 127，137，148，160

Z

《占领意见报》(Conseils à l'occupé) / 187
《战斗报》(Cambat) / 187-188，197

《哲学学报》，由译《哲学汇刊》、《哲学会刊》(Philosophical transactions) / 65
《真理报》(La Vérité) / 160
《真正的共和国报》(la Vraie République) / 132
《震旦报》(L'Aurore) / 155-156，158，194，205，207
《正义报》(La Justice) / 158
《政治试金石》(La Pierre de touche politique) / 74
《至上报》(Excelsior) / 163
《秩序报》(L'Ordre) / 180
《智慧女神报》(La Minerve) / 119-120
《自行车报》(Le Vélo) / 208
《自由报》(La Literté) / 124，159
《自由多菲内报》；又译《多菲内自由报》、《道芬自由报》(Le Dauphiné libéré) / 204，207，223
《自由南方报》(Le Midi Libre) /
《自由言论报》(La Libre parole) / 153-154，159
《祖国报》(La Patrie) / 141，159
最高视听机构(Haute Autorité de la communication audiovisuelle, HACA) / 219-220，253
最高视听委员会(Conseil supérieur de l'audiovisuelle, CSA) / 219，221-222，235，248，256，262
1881年《新闻自由法》(la Loi sur la liberté de la presse de 1881) / 4，13-14，18，22，118，149-153，156-158，172，193，253

附录三 人名索引

A

阿布，埃德蒙（About, Edmond）/ 149
阿尔默雷达（Almereyda）/ 170
阿拉贡（Aragon）/ 182
阿莫里，艾米利安（Amaury, Emilien）/ 208
阿歇特，路易（Hachette, Louis）/ 207
埃贝尔，J.（Hébert, J.）/ 13，96-97，99-100，104，106
埃伯拉，阿德里安（Hébrard, Adrien）/ 138
埃尔桑，罗贝尔（Hersant, Robert）/ 207
埃朗热男爵（Erlanger, Baron）/ 164
埃里奥（Herriot）/ 181
埃罗尔德-帕基，让（Hérold-Paquis, Jean）/ 189
埃内西（Hennessy）/ 181
矮子丕平（Pépin le Bref）/ 2
艾蒂安，夏尔-纪尧姆（Étienne, Charles Guillaume）/ 119
安贝尔，克劳德（Imbert, Claude）/ 243
安多米蒂斯（Indomitus）/ 188
安托瓦内特，玛丽（Antoinette, Marie）/ 30，34，99
昂吉维利埃公爵夫人（Angivilliers, Madame duke de）/ 36
奥地利的安妮，女王（Anne of Austria, the queen）/ 51-52，64
奥弗雷，奥古斯特-让（Auffray, Auguste-Jean）/ 129

B

巴贝夫，格拉屈斯（Babeuf, Gracchus）/ 99，105
巴拉尔，让·巴蒂斯特·克里斯托弗（Ballard, Jean Baptiste Christophe）/ 54
巴耶，阿尔热（Bayet, Alger）/ 188
巴伊比，莱昂（Bailby, Léon）/ 159，180
白里安，阿里斯蒂德（Briand, Aristide）/ 160，194
班维尔，雅克（Bainville, Jacques）/ 180
鲍里斯，乔治（Boris, Georges）/ 181
贝当元帅（Pétain）/ 177，184，189，207
贝尔加斯（Bergasse）/ 95
贝尔坦（Bertin）/ 110，112，120
贝勒，皮埃尔（Bayle, Pierre）/ 65，74
贝罗，亨利（Béraud, Henri）/ 180
比雷（Buré）/ 180
比洛，弗朗索瓦（Buloz, François）/ 126，129
比洛，夏尔（Buloz, Charles）/ 129
比尼翁，阿贝·让-保罗（Bignon, Abbé Jean-Paul）/ 76
比诺-瓦里拉，莫里斯（Bunau-Varilla, Maurice）/ 162，180
波林尼雅克，A.（Polignác, A.）/ 118
波拿巴，路易（Bonaparte, Louis）/ 132，133，135-137，140，145
波拿巴，拿破仑（Bonaparte, Napoléon）/ 110
波舒哀，雅克—贝尼涅（Bossuet, Jacques-Bénigne）/ 74
伯夫-梅里，于贝尔（Berve-Méry, Hubert）/ 196，204

博马舍, 皮埃尔-奥古斯坦·卡隆·德（Beaumarchais, Pierre-Augustin Caron de）/ 54, 69, 120
博纳尔德（Bonald）/ 119-120
布尔东, 乔治（Bourdon, Georges）/ 179
布勒盖（Breguet）/ 116
布里松, 皮埃尔（Brisson, Pierre）/ 186, 229
布里索, 雅克-皮埃尔（Brissot, Jacques-Pierre）/ 36, 85, 97, 99-100, 104
布隆代尔夫人（Blondel, Madame）/ 36
布卢姆, 莱昂（Blum, Léon）/ 179
布洛克, J. 里夏尔（Bloch, J. Richard）/ 182
布洛利（Broglie, A）/ 149
布吕内蒂埃, 费尔迪南（Brunetière, Ferdinand）/ 129

D

达克, 皮埃尔（Dac, Pierre）/ 189
达拉第, 爱德华（Daladier, Edouard）/ 174, 181
达朗贝尔（D'Alembert）/ 55-56
大卫, 雅克-路易（David, Jacques-Louis）/ 30-31
大仲马（Alexandre Dumas, père）/ 124-126
戴高乐（de Gaulle）/ 19, 189, 202, 204-205, 210-211
戴斯, 雷蒙（Deiss, Raymond）/ 188
德巴顿, 雷蒙（Depardon, Raymond）/ 213
德卡尔布恰, H.（de Carbuccia, H.）/ 180
德拉罗克, 弗朗索瓦（de La Rocque, François）/ 180
德勒克吕兹, 夏尔勒（Delescluze, Charles）/ 139-140
德吕盖, 米歇尔（Druguez, Michel）/ 218
德吕蒙, 爱德华（Drumont, Edouard）/ 143-154, 158-159
德吕西厄, 路易（d'Ussieux, Louis）/ 80
德穆兰, 卡米耶（Desmoulins, Camille）/ 40, 91, 97, 99, 103-104, 106
德纳莱什, E.（de Nalèche, E.）/ 159, 181
德塞尔（de Serre）/ 118

德斯坦, 吉斯卡尔（d'Estaing, Giscard）/ 211, 216, 223, 243
德维泽, 让·多诺（De Vizé, Jean Donneau）/ 65-66
德亚, 马塞尔（Déat, Marcel）/ 185
狄德罗（Diderot）/ 15, 35, 55-56
迪罗苏瓦（Durozoi）/ 94, 97
迪迈, 亨利（Dumay, Henri）/ 181
迪庞卢（Dupanloup）/ 129, 160
迪皮, 保罗（Dubuy, Paul）/ 179
迪皮, 让（Dubuy, Jean）/ 161-162
迪塔克（Dutacq）/ 123, 125, 128
蒂博埃, 迪厄多内（Thiébault, Dieudonné）/ 85
都德, 莱昂（Daudet, Léon）/ 161, 180
杜布莱夫人（Doublet, Madame M.-A. Legendre）/ 36-38, 41-42, 54
杜尔哥,（A.-R.-J.Turgot, A.-R.-J.）/ 35-36, 52, 68
杜米埃（Daumier）/ 121
杜彭, 雅各（Toubon, Jacques）/ 222, 260
多里奥, 雅克（Doriot, Jacques）/ 189

F

法夫尔, 朱尔（Favre, Jules）/ 139
法亚尔, A.（Fayard, A.）/ 180
菲利蓬（Philippon）/ 121
菲歇, 纪尧姆（Fichet, Guillaume）/
费龙-弗罗, 保罗（Feron-Vrau, Paul）/ 161
费希（Fieschi）/ 121
弗雷龙（Fréron）/ 110
弗雷斯特（Forest, Lee de）/ 175
弗约, 路易（Veuillot, Louis）/ 127, 160
伏尔泰（Voltaire）/ 15, 30, 35, 38, 54-56, 95
富瓦（Foy）/ 116

G

盖埃诺, 让（Guehenno, Jean）/ 182
盖鲁尔（Guéroult）/ 137
盖伊, 德尔菲娜（Gay, Delphine）/ 123

盖伊，弗兰西斯克（Gay, Francisque）/ 181
甘必大，莱昂（Gambetta, Léon）/ 149，158
高乃依，托马（Corneille, Thomas）/ 66
贡斯当，邦雅曼（Constant, Benjamin）/ 119

H

哈瓦斯，夏尔-路易（Havas, Charles-Louis）/ 130-131
哈瓦斯，夏尔-奥古斯特（Havas, Charles-Auguste）/ 131
亨里奥，菲利普勒（Henriot, Philipple）/ 189
皇帝凯撒奥古斯都（Imperator Caesar Divi F. Augustus）/ 29
霍尔巴赫男爵（Baron d'Holbach）/ 35-36，52，68

J

基佐，弗朗索瓦（Guizot, Francois）/ 119，121，129
吉拉尔丹，埃米尔·德（Girardin, Émile de）/ 25，123-125，128，188
吉拉尔多，埃米尔（Girardeau Émile）/ 175
吉斯家族（Les Guises）/ 50-51
加克索特，皮埃尔（Gaxotte, Pierre）/ 180
加缪，阿尔贝（Camus, Albert）/ 197
加香，马塞尔（Cachin, Marcel）/ 163，170，173，182

K

卡贝（Cabet）/ 128
卡蒂埃-布列松，亨利（Cartier-Bresson, Henri）/ 212
卡尔梅特，加斯东（Calmette, Gaston）/ 159，166
卡雷尔，阿尔芒（Carrel, Armand）/ 119，123，127-128
卡隆，吉勒（Caron, Gilles）/ 213
卡帕，罗伯特（Capa, Robert）/ 212
卡斯帕·范·希尔滕（Caspar van Hilten）/ 73
卡耶，帕尔马·德（Cayet, Palma de）/ 58

卡约（Caillaux）/ 159，166
科黛，夏洛特（Corday, Charlotte）/ 102-103
科蒂（斯波图尔纳），弗朗索瓦（Coty (Spoturno), François）/ 173，178
科尔贝，让·巴蒂斯特（Colbert, Jean Baptiste）/ 64，81
科朗塞，奥利维耶（Conrancez, Olivier de）/ 80
科雷亚尔，朱尔（Corréard, Jules）/ 188
加尼耶，克劳德（Garnier, Claude）/ 49
沙普，克劳德（Chappe, Claude）/ 131
克雷比永（Crébillon, P. J. de）/ 38
克里利斯，亨利·德（Kerillis, Henri de）/ 180
克列孟梭，乔治（Clemenceau, Georges）/ 139，155，158，171-172
克洛维一世（Clovis I）/ 2
孔布（Combes）/ 143
孔代亲王亨利（Henri de Bourbon）/ 51
孔多塞侯爵（Condorcet, marquis de）/ 35-36，85

L

拉伯雷，弗朗索瓦（François Rabelais）/ 48
拉法耶特侯爵（Lafayette, Marquis de）/ 36，92，98，102，105
拉菲特，皮埃尔（Laffitte, Pierre）/ 163
拉科代尔（Lacordaire）/ 133
拉罗什富科-利昂库尔公爵（La Rochefoucauld-Liancourt, Duke de）/ 35，92
拉马丁，阿方斯·德（Lamartine, Alphonse de）/ 125，132
拉梅内（Lamennais）/ 120，127，132-133
拉辛，让（Racine, Jean）/ 65-66
拉扎雷夫，皮埃尔（Lazareff, Pierre）/ 182，230
莱斯托瓦尔，皮埃尔·德（L'Estoile, Pierre de）/ 59
朗布依埃侯爵夫人（Rambouillet, Mme Marquise de）/ 35
勒布瓦（Lebois）/ 103，110
勒德吕-罗兰，（A.Ledru-Rollin, A.）/ 128，133

勒菲埃尔（Le Fuel）/ 68-69

勒克莱尔，让（Le Clerc, Jean）/ 74

勒鲁，皮埃尔（Leroux, Pierre）/ 128

勒迈尔，科舒瓦（Lemaire, Cauchois）/ 118

勒诺东（Renaudon）/ 182

勒诺多，泰奥弗拉斯特（Renaudot, Théophraste）/ 51-52, 60-64

黎塞留，红衣主教（Richelieu, Cardinal de）/ 51, 60, 63-64

里瓦罗尔，安托瓦内（Rivarol, Antoine）/ 94-95

里歇尔，艾蒂安（Richer, Estienne）/ 58

里歇尔，让（Richer, Jean）/ 58

利奥纳公爵（Comte de Lionne）/ 42

龙格，沙利（Longuet, Charles）/ 158

卢舍尔（Loucheur）/ 179

卢斯塔洛（Loustalot）/ 99

卢梭（Rousseau）/ 55-57, 72

鲁贝，埃米尔（Loubet, Émile）/ 156

路透，保罗·朱利乌斯（Reuters, Paul Julius）/ 130

路易·菲利波，蓬查特兰公爵（Louis Phélypeaux, cout de Pontchartrain）/ 76

罗伯斯庇尔，（M.Robespierre, M.）/ 36-37, 72, 85-86, 89, 91-92, 96-97, 99-10, 104, 107

罗米伊，让（Romilly, Jean）/ 80

罗什福尔，维克多·亨利（Rochefort, Victor Henri）/ 6, 24, 139-141, 145, 159-160

吕歇尔，让（Luchaire, Jean）/ 185

M

马蒂尼埃，埃尔韦·德·拉（Martinière, Hervé de la）/ 237-238, 303

马蒂尼亚克（Martignac）/ 118-119, 127, 140, 145-147

马丁，让（Martin, Jean）/ 60

马丁内兹，菲利普（Martinez, Philippe）/ 209-210

马克龙，埃马纽埃尔（Macron, Emmanuel）/ 256

马拉，让-保罗（Maral, Jean-Paul）/ 25, 30, 89, 92, 94, 99-104

马拉斯特，阿尔芒（Marrast, Armand）/ 119, 127-128

马兰，让（Marin, Jean）/ 189

马勒泽布，G.-C. 德拉姆瓦尼翁·德（Malesherbes, G.-C. de Lamoignon de）/ 68-69

马雷夏尔，莫里斯（Maréchal, Maurice）/ 171, 243

马里诺尼，伊波利特·奥古斯特（Marinoni, Hippolyte Auguste）/ 139

马内维，雷蒙（Manevy, Raymond）/ 6, 9-10, 182

马萨林，枢机主教（Mazarin, Cardinal Jules）/ 16, 52

马肖，J. B.（Machault, J. B. de）/ 52

麦克马洪（MacMahon, M.）/ 149

麦罗贝尔，皮当萨·德（Mairobert, Pidansat de）/ 37, 53, 68

梅尔，欧仁（Merle, Eugène）/ 178, 182

梅克朗，P.（Merklen, P.）/ 181

梅西耶，路易·塞巴斯蒂安（Mercier, Louis Sébastien）/ 68-69, 87

梅耶尔，阿蒂尔（Mayer, Arthur）/ 161

美第奇的玛丽（Marie de Medici）/ 51

蒙洛西耶（Montlosier）/ 95

蒙塔朗贝尔（Montalembert）/ 129

米拉波伯爵（Mirabeau, Comte de）/ 36, 54, 85-86, 98-99, 102

米罗，埃米尔（Mireaux, Emile）/ 180

米涅（Mignet）/ 119, 127

米肖，约瑟夫-弗朗索瓦（Michaud, Joseph-François）/ 110, 117

米约，莫伊兹·波利多尔（Millaud, Moïse Polydore）/ 138

密特朗，弗朗索瓦（Mitterrand, François）/ 211, 219, 221, 225, 246

莫拉斯，夏尔（Maurras, Charles）/ 154, 160, 180

莫鲁瓦，普罗斯珀（Maurois, Prosper）/ 129

莫普，勒内·尼古拉·德（Maupeou, René Nicolas de）/ 68, 79

N

内夫策，奥古斯特（Nefftzer, Auguste）/ 138

内克尔，雅克（Necker, Jacques）/ 40, 52, 101-102

努瓦尔，维克多（Noir, Victor）/ 140

诺蒂埃（Nodier）/ 119

P

帕卢瓦，皮埃尔-弗朗索瓦（Palloy, Pierre-François）/ 31

帕斯帕尔（Paspail）/ 132

帕特诺特，雷蒙（Patenôtre, Raymond）/ 178

庞库克，夏尔-约瑟夫（Panckoucke, Charles-Joseph）/ 25, 63, 67, 83-84, 98, 187

佩蒂纳（Pertinax）/ 180

佩尔蒂埃（Peltier）/ 95

佩尔兰，弗勒尔（Pellerin, Fleur）/ 256

佩拉，阿方斯（Peyrat, Alphonse）/ 137

佩勒，加布里埃尔（Perreux, Gabriel）/ 182

蓬帕杜尔夫人（Pompadour, Madame）/ 38

蓬皮杜，乔治（Pompidou, Georges）/ 211

皮阿，费利克斯（Pyat, Félix）/ 145

皮卡尔，乔治（Picquart, Georges）/ 154-156

皮诺，克里斯蒂安（Pineau, Christian）/ 188

皮雅，亨利（Pigeat, Henri）/ 246

普莱内尔，埃德维（Plenel, Edwy）/ 255

普鲁沃斯特，让（Prouvost, Jean）/ 178, 198, 207

普吕多姆（Prudhomme）/ 99

R

饶勒斯，让（Jaurès, Jean）/ 160, 168, 170

热努德，德（de Genoude）/ 119

儒弗瓦（Jouffroy）/ 119-120

若弗兰，罗朗（Joffrin, Laurent）/ 255

若弗兰夫人（Geoffrin, Madame）/ 35

S

萨洛，德尼·德（Sallo, Denis de）/ 64

萨特，让-保罗（Satre, Jean-Paul）/ 231

塞尔旺-施莱贝尔，（J.Servan-Schreiber, J.）/ 199

塞弗里纳（Séverine）/ 160

塞居尔-迪佩龙（Segur-Dupeyron）/ 129

桑，乔治（Sand, George）/ 125, 132

桑尼耶，马克（Sangnier, Marc）/ 160-161

沙尔东（Charton）/ 129

沙特内，雅克（Chastenet, Jacques）/ 180

尚博尔伯爵（Chambord, comte de）/ 127, 148, 161

尚瑟内茨（Champcenetz）/ 94

尚松，安德烈（Chamson, André）/ 181

圣-伯夫（Saint-Beuve）/ 119, 124, 129

舒瓦瑟尔（Choiseul）/ 62

司汤达（Stendahl）/ 119

苏，欧仁（Sue, Eugène）/ 125, 127

苏磊，弗里德里克（Soulie, Frederic）/ 125

T

塔布伊，热纳维耶芙（Tabouis, Geneviève）/ 14, 183

塔迪厄（Tardieu）/ 180

泰里，古斯塔夫（Tery, Gustave）/ 170, 181

特谢尔，让（Texier, Jean）/ 188

梯也尔，路易-阿道夫（Thiers, Louis-Adolphe）/ 118-119, 127, 140, 145-147

梯也尔，雅克·尼古拉·奥古斯坦（Thierry, Jacques Nicolas Augustin）/ 129

W

瓦朗谢纳（Valenciennes）/ 72

瓦雷斯，朱尔（Vallès, Jules）/ 139

旺多姆，路易（Vendosme, Louis）/ 60

维阿内，菲利普（Viannay, Philippe）/ 230

维奥利斯，安德烈（Viollis, André）/ 181

维尔梅桑，伊波利特·德（Villemessant, Hippolyte de）/ 138，159

维莱勒（Villèle）/ 118

维美徐（Vermeersch）/ 145

维努瓦将军（Vinoy, Général）/ 145

沃，卡德·德（Vaux, Cadet de）/ 80

沃尔特，贝尔纳德（Woltt, Bernard）/ 130

乌多，尼古拉（Oudot, Nicolas）/ 49

乌多，让（Oudot, Jean）/ 49

X

西哀士（Sieyes, E.）/ 86，92，98

西蒙，亨利（Simond, Henri）/ 180

夏多布里昂，弗朗索瓦-勒内·德（Chateaubriand, Francois-René de）/ 120，127

夏斯特吕侯爵（Chastellux, Marquis de）/ 35

小米拉波（Mirabeau le jeune）/ 95

谢尼埃，马里-约瑟夫（Chénier, Marie-Joseph）/ 85

叙洛（Suleau）/ 94-95

Y

雨果，维克多（Hugo, Victor）/ 124，133，139，149

Z

朱代，埃内斯特（Judet, Ernest）/ 156，159，162，166

朱利，塞尔日（July, Serge）/ 231

左拉，埃米尔·弗朗索瓦（Zola, Èmile François）/ 125，154-156，158，163